Die Gesundbeter

Rentendebatten in Deutschland

Argumente der Freiheit

herausgegeben vom
Liberalen Institut der
Friedrich-Naumann-Stiftung

Band 7

Gisela Babel

Die Gesundbeter
Rentendebatten in Deutschland

mit einem Vorwort
von Otto Graf Lambsdorff

Academia Verlag Sankt Augustin

Bibliografische Information Der Deutschen Bibliothek

Die Deutsche Bibliothek verzeichnet diese Publikation in der Deutschen Nationalbibliografie; detaillierte bibliografische Daten sind im Internet über http://dnb.ddb.de abrufbar.

ISBN 3-89665-243-5

2. Auflage 2003

Bahnstr. 7, D-53757 Sankt Augustin
Printed in Germany

Herstellung: Richarz Publikations-Service GmbH, Sankt Augustin

Inhalt

Vorwort

Über die Rentenversicherung wird in Deutschland praktisch seit Bestehen der Bundesrepublik diskutiert. Die zahlreichen parlamentarischen Debatten sind in den Protokollen des Deutschen Bundestages festgehalten; wer sie lesen will, hat freien Zugang.

Aber kaum ein Politiker, der heute in der Verantwortung steht, käme auf die Idee, diese alten Debatten nachzulesen. Die Gegenwart hat schließlich genug eigene Probleme, die nach Lösung schreien. Auch Gisela Babel hat sich erst nach ihrer Zeit als aktive Sozialpolitikerin mit der Geschichte der Rentenversicherung seit 1957 befasst. Dabei ist ihre Absicht klar auf die Gegenwart und Zukunft politischen Handelns gerichtet: erst wer genau weiß, mit welchen Argumenten und Scheinargumenten, mit welchen Tatsachenverbiegungen und Tricks die Wahrheit über die Rentenversicherung immer wieder verborgen wurde, ist für die Zukunft gewappnet.

Die Nachforschungen Gisela Babels haben Erstaunliches zutage gefördert. Die fünf ausgewählten Debatten geben geradezu eine Tragikomödie „Renten" in fünf Akten. Wer diese Arbeit liest, wird Beteuerungen über sichere Renten, über solide Finanzen, über einen sozial gerechten Ausgleich künftig nicht mehr ohne weiteres glauben. Denn von Anfang an wird deutlich: Die Politik hat sich 1957 der bewährten Rentenversicherung durch Umstellung auf das Umlageverfahren bemächtigt und sie von da an unter dem Zwang der Finanzengpässe hemmungslos manipuliert. Den Bürgern, den Rentnern und Versicherten ist darüber in Wahlprogrammen so gut wie nichts vermittelt worden.

Man kann aus Gisela Babels Studie eine Menge lernen, aber zwei Lehren springen besonders ins Auge: Erstens, die Politisierung ist das pure Gift für ein Altersvorsorgesystem; zweitens: das Umlageverfahren kommt nicht nur dem politischen Zugriff besonders willfährig entgegen, es ist auch langfristig nicht geeignet, die Probleme zu lösen – jedenfalls nicht allein, und auch nicht mit einer so zaghaften kapitalgedeckten Ergänzung, wie sie Walter Riester jetzt immerhin eingeleitet hat.

Der Kernsatz, auf dem die erste dieser beiden Lehren gründet, findet sich schon auf Seite 24 – und der Rest des Buches ist auch (neben vielem anderen) eine fast endlose Reihe von Variationen zu diesem Thema: „Wieviel die arbeitende Generation von ihrem Einkommen für die Rentner bereitzustellen hat, war in die Hand der Politik gelegt, und ebenso, wieviel Rente daraus für den Einzelnen erwuchs." Diese Feststellung bezieht sich auf die „Generalreform" von 1957 und sie ist zutreffend bis auf den heutigen Tag.

Es ist bemerkenswert, die Erkenntnis, dass Politik manchmal das Problem ist, wo sie die Lösung zu sein vorgibt, von einer engagierten Politikerin vorgesetzt zu bekommen. Gewiss kommt solcher Einsicht die Distanz zugute, aus der die ehemalige Abgeordnete das Treiben der Politiker betrachtet. Was diesem Buch aber seinen spezifischen Reiz und Wert gibt, ist die Kombination dieser Distanz mit der eigenen Erfahrung als aktive Politikerin: Diese Frau weiß, wovon sie redet; ihre Erkenntnisse sind von blutloser Theorie meilenweit entfernt.

Da überrascht es auch nicht mehr, dass sie die eigene Partei durchaus nicht schont. Es findet sich manche kritische Anmerkung über die parlamentarischen und außerparlamentarischen Liberalen, die ich aus verständlichen Gründen nicht auch noch im Vorwort breittreten will. Aber es ist auch tröstlich, feststellen zu können, dass bei allen Fehlern, die auch sie machten, die Liberalen doch in den meisten Fällen ein wenig weiter über den

Tellerrand der nächsten Wahl hinausgesehen haben als ihre Konkurrenten.

Zu einer wirklich radikalen Lösung konnten auch sie sich noch nicht durchringen.

Ich erinnere mich nur zu gut an einen Bundesparteitag Mitte der 90er Jahre auf dem ich versuchte, gemeinsam mit den Jungen Liberalen einen Beschluss zur Einführung des Kapitaldeckungsverfahrens durchzusetzen. Die Zahl der Nein-Stimmen war eindrucksvoll.

Ich freue mich, die Arbeit Gisela Babels als eine Publikation des Liberalen Instituts der Friedrich-Naumann-Stiftung einer hoffentlich ausgedehnten Leserschaft vorlegen zu können, und wünsche dem Buch eine große Verbreitung.

Otto Graf Lambsdorff

Einleitung

In den letzten zwölf Jahren hat der Deutsche Bundestag allein drei Reformen der gesetzlichen Rentenversicherung beschlossen, jedesmal mit großem Gepränge. Solide gerechnet, sozial ausgestaltet, finanziell auf festem Grund gebaut, zukunftssicher, so hieß es. Aber auch die letzte Reform von Walter Riester (SPD) ist wie die vergangenen mit Zweifeln aufgenommen worden. Der politische Streit bleibt, ob die Rentenversicherung in ihrer jetzigen Form eine Zukunft hat.

Seit drei Jahrzehnten gibt es diesen Streit. Anlaß sind immer wieder die auftretenden Finanzprobleme, die zu neuen Gesetzen zwingen, nach endlosen Reden und Verhandlungen über taugliche Vorschläge. Warum aber die deutsche Rentenversicherung die Reparaturwerkstatt nicht verlassen kann, bleibt im Unklaren.

Seit sie 1889, zunächst als Invalidenversicherung, von Bismarck eingeführt wurde, ist sie die Grundlage für den Lebensunterhalt der meisten alten Menschen in Deutschland. Man spricht nicht ohne Pathos von ihrer Zählebigkeit und Anpassungsfähigkeit.[1] Sie habe zwei Weltkriege und die Inflation überlebt, sie habe sich in den unterschiedlichsten Staatsformen bewährt, im Kaiserreich ebenso wie in der Weimarer Republik und in der Bonner Republik. Was liegt also näher, als ihr ein unbegrenztes Weiterleben vorauszusagen?

Doch allmählich schwindet die Zuversicht, daß sich auch die neuen drängenden Probleme einer sich verändernden Arbeitswelt und des veränderten Altersaufbaus der Bevölkerung **innerhalb**

---

[1] Vgl.z.B. Dr. Blüm (CDU/CSU), BT-Prokolle, 11. Wahlperiode, 132. Sitzung, 10.3.1989

der gesetzlichen Rentenversicherung lösen lassen. Eine Reform, die das System in Frage stellt, gibt es dennoch nicht. Lieber sichert man ein hohes illusionäres Rentenniveau und bestellt den Staat als Garanten für die erforderlichen Finanzmittel. So fließen heute Mehrwertsteuer und Ökosteuer zusätzlich zu den hohen Beiträgen in die Rentenversicherung, so daß die Einnahmen schon zu einem Drittel aus Steuergeldern stammen.

Seit der Wiedervereinigung gilt das alte, jeweils reformierte Rentenrecht auch wieder für alle versicherten und in Rente lebenden Bürger in Ostdeutschland. Sie werden die Streitigkeiten in den Jahren davor kaum mitverfolgt haben. Heute sind sie die Erben aller Vorzüge dieser Sozialversicherung, aber auch aller Ungereimtheiten und Gefahren. Sie werden noch weniger als die Bürger im Westen die Vorgänge verstehen können.

Die Schwierigkeiten, mit denen die Rentenversicherung zu kämpfen hat, beruhen im Grunde auf der politischen Entscheidung von 1957.

Die ursprüngliche Gestalt der Rentenversicherung von 1889 war eine andere. Sie war ausschließlich eine Form der Eigenvorsorge für das Alter, bei der die eingezahlten Beiträge auf den Rentenbeginn des Versicherten gleichsam warteten. Erst 1957 wurde im breiten politischen Konsens der Charakter verändert und das Umlageverfahren errichtet. Diese Verwandlung und ihre Folgen prägten sich im Bewußtsein der Bevölkerung aber nicht ein. Nach wie vor herrscht der Glaube, daß die von Arbeitgeber und Arbeitnehmer eingezahlten Beiträge bei der Rentenversicherung liegen, dort bleiben und sich am Ende des Arbeitslebens in monatlich ausgezahlte Renten für den Versicherten verwandeln. In Wirklichkeit werden die Beiträge aber sofort ausgegeben und für den Lebensunterhalt anderer, nämlich der heutigen Rentner verwendet. „Pay-as-you-go-System" nennt man das auch. Auf den Versicherten wartet nur ein Stück Papier, auf dem sein Rentenanspruch verbrieft steht; und die bange Frage, was dieses Stück Papier zum Zeitpunkt des Rentenbeginns in Heller und Pfennig wert ist, kann nicht beantwortet werden. Wie unsicher und abhängig von der jeweiligen Politik das ist, ahnen viele, wissen aber nur wenige.

Seit die Rentenversicherung ihren Charakter der Eigenvorsorge verloren hat, ist sie zum chronisch Kranken der deutschen Sozialpolitik geworden. In jeder politischen Konstellation und von unterschiedlichsten Politikern ist an ihr herumgedoktert worden, „als Teil von jener Kraft, die stets das Gute will und stets das Böse schafft", so könnte man den „Faust" verkehrt zitieren.

Zunächst löste die Reform von 1957 fast nur Jubel aus und wurde auch noch Jahrzehnte später als große soziale Errungenschaft gefeiert. Die Renten wurden damals deutlich erhöht, und zwar von jetzt auf gleich, und sie sollten teilhaben am Wachstum der deutschen Wirtschaft in den folgenden Jahren. Kassandrarufe, die es auch gab, verhallten ungehört, die Zweifler und Mahner drangen nicht durch.

Bald aber bewahrheiteten sich alle Befürchtungen. Die finanziellen Probleme nahmen zu, sie führten dazu, daß Schritt für Schritt neues Geld nachgeschoben werden mußte. Kaum waren die Finanzen einigermaßen geordnet, kam die nächste Krise und drängte zu neuen Manipulationen. Die Rentenversicherung war und blieb ein Sorgenkind.

Mit welchen Mitteln hat die Politik die Sanierung jeweils betrieben? Wie hat sie ihr Handeln erklärt oder verschleiert? Welche Unterschiede gab es zwischen den Parteien und wer wagte es, die Wahrheit zu sagen?

Den Aufschluß über diese Fragen muß man nicht in Geheimdokumenten suchen, die Protokolle des Deutschen Bundestags sind jedermann zugänglich. Dennoch liegen diese Vorgänge weitgehend im Dunkeln. Der Grund ist, daß das Rententhema als langweilig und schwierig gilt, daß die Reden nachzulesen nur selten Vergnügen macht und sich das Drama nur mühsam Schritt für Schritt herausschälen läßt.

Mit dieser Schrift soll der Weg in die Vergangenheit, zu den wichtigsten Rentendebatten, zurückverfolgt und dabei aufgezeigt werden, welche Entscheidungen in der Zeit von 1957–89 getroffen und wie sie begründet wurden. Grundlage sind also die Protokolle der Bundestagsdebatten. Sie offenbaren die Sprache der Politik und wie man die Tatsachen vertuscht und um sie herumgeredet hat. Sie zeigen auch, wie die beteiligten Parteien immer in Versuchung waren, mit der Rententhematik weite Teile der Bevölkerung zu beglücken und dadurch Wähler für sich zu gewinnen.

Deswegen wurden auch die Parteitagsbeschlüsse und Wahlprogramme herangezogen, da sie Auskunft geben über die Absichten der um die Regierungsverantwortung kämpfenden Parteien. In der Rentenfrage, das erwies sich bei jedem Regierungswechsel, war die Rolle der Opposition die weitaus bequemere, die der Regierung die gefährlichere. Da man das Drama aber in wechselnder Besetzung spielte, konnte im Laufe der Zeit immer die eine Partei auf zurückliegende Sünden der anderen verweisen, ohne daß es deshalb schon zu vernünftigem Handeln aller Beteiligten gekommen wäre.

Die Öffentlichkeit hat die Auseinandersetzungen über Rentenfragen interessiert, wenngleich nicht immer sachkundig begleitet. Die Sachverhalte ließen sich in schlagkräftige Überschriften fassen: „Die Renten werden gekürzt, die Renten werden erhöht, die Renten sind sicher." Aber die den Schwierigkeiten zugrunde liegenden Ursachen sind dabei oft nicht hinlänglich erklärt worden, manche Wortmonster wie z.B. der demographischer Faktor übrigens auch nicht.

Begleitet haben die Gesetzesverfahren stets ein Heer von Experten, Wissenschaftlern und Praktikern. Ihre Chance, Einfluß auf die Politik zu nehmen, war gering. Es erging ihnen wie Bußpredigern bei ihren Gläubigen, man hörte ihren Warnungen schaudernd zu, handelte aber anders. In der vorliegenden Schrift wird ihnen das Wort fast völlig entzogen, es sei denn, sie tauchten in der Debatte als Kronzeuge für eine politische Behauptung auf. Der Scheinwerfer richtet sich also nur auf das Parlament, die Parteien, die Minister, die Regierung. Fünf ausgewählte Rentendebatten, unter jeweils fünf verschiedenen Kanzlern und Arbeitsministern werden zeigen, wie die gesetzliche Rentenversicherung der Politik aus dem Ruder lief.

Das Rentenrecht gilt als verworren. Seit über hundert Jahren liegt es in den Händen von Bürokraten, die es zu einem undurchdringlichen Dschungel haben werden lassen. Es soll heute nur fünf Experten in der Bundesrepublik geben, die es wirklich durchschauen und beherrschen. Zu diesen gehört die Verfasserin gewiß nicht. Was mir aber im Gegensatz zu den Experten vertraut ist, das sind Strategien und Techniken des politischen Handwerks, die ich in den Jahren 1990–98 im Bundestag lernen konnte. Hier war ich auch an Reformen unmittelbar beteiligt, gewissermaßen in der Täterrolle. Deswegen soll die kritische Rückbetrachtung auch 1990 enden, schon um dem Vorwurf der Befangenheit zu begegnen und nicht in Selbstanklagen zu verfallen.

1. Der Gegenstand

Zunächst mögen einige allgemeine Bemerkungen die Situation in Deutschland erhellen. Die Lage ist nämlich hierzulande besonders prekär.

Die in der Rentenversicherung Versicherten beziehen ihren Lebensunterhalt im Ruhestand zu 85% aus der gesetzlichen Rente, ergänzt durch 5% einer betrieblichen Rente und 10% Eigenvorsorge. Diese Proportionen sind charakteristisch für die Altersversorgung in Deutschland. Zu Unrecht spricht man bei uns von einem Drei-Säulen-System, vielmehr ranken sich Betriebsrente und Eigenvorsorge um die **eine** mächtige Säule, die gesetzliche Rentenversicherung. Hier liegt der Unterschied zu der Altersversorgung in den anderen Industriestaaten. Dort beträgt der Anteil der umlagefinanzierten Rente lediglich 65% (Großbritannien), 50% (Niederlande), 45% (USA) oder 42% (Schweiz).[2]

Das Übergewicht der gesetzlichen Rentenversicherung in Deutschland läßt sich nur historisch begründen. Mit dem Gesetz zur Invalidenversicherung, die später zur Rentenversicherung wurde, war Deutschland damals Pionier, im Vergleich zu allen anderen Staaten. Die Konstruktion, daß Arbeitnehmer und Arbeitgeber mit Beiträgen im Kapitaldeckungsverfahren für die Renten sparen, versprach eine gewisse Staatsferne, die auch den Begriff Versicherung rechtfertigte. Dies sollte sich erst im Jahre 1957 ändern, denn erst dann geriet die Rentenversicherung in die Hände der Politik, weitete sich unaufhörlich aus und eroberte den Riesenanteil an der Alterssicherung.

---

[2] Reformerfahrungen im Ausland, Deutsches Institut für Altersvorsorge GmbH, Köln, Eigenverlag 1999, S. 4

Diesen Sachverhalt könnte man nun als Erbe der Bismarckschen Gesetzgebung ehrfürchtig bestehen lassen, oder als Erbe der Nachkriegsgeneration ergeben hinnehmen, wenn er nicht für die deutsche Sozialpolitik, insbesondere die Alterssicherung, fatale Folgen hätte. Daß die Bürger länger leben, länger Rente beziehen, die Alterssicherung sich also ständig verteuert, und auf der anderen Seite, wegen der sinkenden Geburtenrate die Zahl der Erwerbstätigen schrumpft und diese somit ständig höhere Lasten zu tragen haben, dieses Problem trifft man auch in allen anderen vergleichbaren Industriestaaten an. Nach Reformen ruft man also allenthalben, und geht mit Energie und Mut zu Werke. Nur in Deutschland sind die notwendigen, aber schmerzlichen Reformen nicht durchsetzbar. Warum nicht?

Es gibt zwei mögliche Erklärungen:

- Die deutsche Rentenversicherung versorgt auf hohem Niveau, nicht zuletzt durch die jährliche Anpassung an die wachsenden Nettolöhne. Viele Jahre zuvor gab es wegen des Aufholbedarfs der niedrigen Renten sogar die Anpassung an die Bruttolöhne. Davon auch nur allmählich herunterzukommen, erfordert unpopuläre Maßnahmen, die politisch gefährlich sind. Rentner sind Wähler, die Erwerbstätigen und Beitragszahler des Krisenjahrzehnts 2030 ff. sind noch keine Wähler.

- Das beherrschende Umlageverfahren verschlingt die Geldmittel, die nötig wären, um eine kapitalgedeckte Altersvorsorge aufbauen zu können. Gerade hier liegt aber der Schwerpunkt der Reformen in den Nachbarländern.

Beides trifft zu. Wenn das durch die Umlage geschaffene Rentenniveau nicht angetastet werden darf, weil man den Entzug der Wählergunst fürchtet, und wenn der Aufbau einer kapitalgedeckten Vorsorge nicht zustande kommt, weil die Mittel fehlen und zusätzliche Verpflichtungen ebenfalls unerträglich wären, dann ist man in der Tat in eine Sackgasse hineingeraten, aus der man nur schwer wieder herauskommt. In diese Sackgasse hat man sich seit 1957 konsequent hineinmanövriert – wie, das zeigen die folgenden Untersuchungen der vergangenen Rentendebatten.

Die Rentenversicherung ist ein umfangreiches Rechtsgebiet, das für die Zwecke dieser Schrift stark eingegrenzt werden mußte. Im Vordergrund steht die Umstellung des Systems auf Umlagefinanzierung, insbesondere die Beitragsgestaltung, sodann die Anpassung der Renten, die Armutsfrage und die Generationengerechtigkeit. Wichtig ist auch die meist unterbelichtete Rolle des Bundeszuschusses im Zusammenhang mit den sogenannten versicherungsfremden Leistungen. Auf die politische Entwicklung dieser Elemente der Rentenversicherung beschränkt sich die Darstellung und spart die großen Themen der Hinterbliebenenversorgung, der Rehabilitation, der Erwerbs- und Berufsunfähigskeitsrente aus. Diese sind zwar auch gewichtige Kostenbrocken in der Rentenversicherung, aber ihre rechtliche Gestaltung im Einzelnen interessiert hier nicht.

Ausgewählt wurden fünf Debatten, die allerdings kein vollständiges Bild der Rentengesetzgebung abgeben. Diese Gesetzgebung und ihre politische Kommentierung muß man sich wie einen unaufhörlich fließenden Strom vorstellen, auf den sich der Blick von fünf markanten Punkten aus richten soll. Für die Wahl der Zeitpunkte ist ausschlaggebend, wie schwerwiegend die getroffenen Entscheidungen für die Entwicklung der Rentenversicherung waren. Es sind dies die Rentendebatten von 1957, 1967/68, 1972, 1978 und 1989. Aufschlußreich sind diese Debatten auch deswegen, weil die Regierungsverantwortung jeweils in den Händen unterschiedlicher politischer Koalitionen lag und die Entscheidungen unter fünf verschiedenen Kanzlern getroffen wurden.

Unter der Kanzlerschaft von Konrad Adenauer beschloß der Deutsche Bundestag in 1957 die große Rentenreform, Ausgangspunkt für alle späteren Rentengesetze. In den Jahren 1967/68, der Zeit der großen Koalition unter Kurt Georg Kiesinger, kam es zu ersten größeren Korrekturen. In der sozialliberalen Koalition mit Willy Brandt als Kanzler wurden diese Änderungen 1972 wieder zurückgenommen. Während der Kanzlerschaft von Helmut Schmidt war man 1978 gezwungen, die Rentengeschenke von 1972 wieder einzusammeln. Zu einer im breiten Konsens verabschiedeten, wieder als groß bezeichneten Rentenreform kam es 1989 unter Kanzler Kohl. Sie sollte endlich die erhoffte Ruhe an der Rentenfront bringen. Aber noch nicht einmal bis zum Zeitpunkt des Inkrafttretens, nämlich 1992, hielt der trügerische Friede. Neben Einzelgesetzen kündigte sich schon die nächste bahnbrechende Rentenreform an, die im Wahljahr 1998 beschlossen und nach dem Regierungswechsel wieder außer Kraft gesetzt wurde. Diese, wie auch die vorläufig letzte von Walter Riester sind schon nicht mehr Gegenstand der Untersuchung. Inwieweit die drohende Nähe des Wahltermins in den politischen Strategien eine Rolle gespielt und Einfluß genommen haben könnte, wird in den jeweiligen Beispielen mit zu betrachten sein.

2. Rentenreform 1957: Die verhängnisvolle Weichenstellung

Die berühmte Rentenreform von 1957, ihre Vorgeschichte und die Entwicklung, die sie bis zur Entscheidung im Deutschen Bundestag genommen hat, ist schon oft und ausführlich dargestellt worden. Die Debatte zur ersten Lesung wird sogar zu den „Sternstunden" des Parlaments gezählt[3], als ein von großem Zeit- und Arbeitsaufwand getragener imponierender Kraftakt. Dem Pathos der Befürworter stand das Pathos der Gegner gleich lautstark gegenüber. Auch wenn sich im Rückblick die Reform als Verhängnis herausgestellt hat, so ist doch den Politikern der ersten Stunde der Respekt nicht abzusprechen. Sie haben mit großem Ernst ihre Argumente ausgetauscht. Auf Regierungsseite, eine Koalition von CDU/CSU mit DP und FVP, suchte man den Weg zwischen den drängenden und weitergehenden Anträgen der SPD einerseits und den Vorschlägen der Zweifler und Bedenkenträger andererseits. Diese fanden sich in den Reihen der Union bei den Mitgliedern des Wirtschaftsflügels, vor allem aber bei der FDP und DP.

Die Auseinandersetzungen über die künftige Gestalt der Rentenversicherung begannen schon 1952 und zogen sich bis ins Jahr 1957, einem Wahljahr hin. Ohne das von Wahlkampfüberlegungen gesteuerte Machtwort des Kanzlers Adenauer wäre der Konflikt zwischen dem Arbeitsminister Storch und den ablehnenden Ministern Erhard und Schäffer nicht aufzulösen gewesen. So aber mündete die Rentenreform in einen breiten politischen Konsens der Volksparteien CDU/CSU und SPD, ein Konsens, der

[3] Sternstunden des Parlaments, Hrsg. Rainer Barzel. Die Stunde der Sozialpolitik, Walter Kannengießer

auch für die Zukunft prägend wirkte. Es galt seitdem die Handlungsmaxime, daß beim Thema Rente die Parteien sich einigen und die Verantwortung gemeinsam tragen sollten. Dies vor allem wegen des Vertrauens der Bürger in ihre Alterssicherung, so hieß es. Das hat aber nicht verhindern können, daß, wie auch sonst die Sozialpolitik, das Thema Rente in Wahlkämpfen eine wichtige Rolle spielte, leider nur nach dem Motto „Wer gibt mehr?"

2.1 Das Umlageverfahren

In den Nachkriegsjahren herrschte bei den meisten Rentnern große Armut. Die Kapitalreserven waren im Krieg verlorengegangen und aus dem Staatshaushalt wurden nur geringe Zuschüsse geleistet. Diese machten aber immerhin 40% der Renteneinnahmen aus. Der Topf war also leer. Die Zeit zum Ansparen neuer Reserven schien zu lang, der Bedarf für eine grundlegende Reform wuchs.

Die Grundüberlegungen zu dem neuen Umlageverfahren gehen auf Wilfried Schreiber zurück, der sie Adenauer vortrug. Sie fanden sogleich Anklang, wie auch später beim Arbeitsminister Storch. Es war die Idee eines neuen Solidarvertrages zwischen den Generationen. Aus den laufenden Beiträgen der versicherten Erwerbstätigen sollten die Renten gezahlt und an die Lohnentwicklung angekoppelt werden. Das war die dynamische Rente, schon vom Wort her eine Verheißung. Zwei wichtige Einschränkungen, die in Schreibers Konzept enthalten waren, sind aber gleich vom Tisch gefegt worden. Schreiber hatte nämlich darauf hingewiesen, daß zu diesem Umlageverfahren die Förderung der Familien, die Kinder erziehen, zwingend dazugehöre, um ein gerechtes Verhältnis zwischen Beitragszahlern und Rentenempfängern für die Zukunft zu sichern. Und ebenso deutlich war seine

Empfehlung, daß das Rentenniveau nur 50% des Einkommens der Erwerbstätigen betragen dürfe, weil sonst ein Staatszuschuß auf Dauer notwendig sei.

Adenauer hielt die Familienförderung in diesem Zusammenhang nicht für dringlich und befand, daß man mit einem Niveau von 50% im Vergleich zu den von der SPD geforderten 70% die Wahlen nicht gewinnen könne.

Der Berichterstatter der CDU/CSU, Schüttler, hat die neuen Grundprinzipien mit folgenden Worten dargestellt:[4]

> „Nach der Fassung der Vorlage wandelt sich die Rente von einer Zuschußrente der Vergangenheit in eine Lebensunterhaltsrente der Zukunft, die den Rentner aus der Nähe des Fürsorgeempfängers in die Nachbarschaft des Lohn- und Gehaltsempfängers rückt. Die Solidarität der im Erwerbsleben Stehenden und der durch Alter oder Arbeitsfähigkeit bereits Ausgeschiedenen wird auf diese Weise noch stärker begründet. Dies wird vor allem schon dadurch recht deutlich, daß die bereits heute im Rentenalter stehenden Menschen – rund 6 bis 7 Millionen Menschen an der Zahl – eine Anhebung ihrer Bezüge und Renten durch die Beiträge der noch in Arbeit Stehenden erhalten, und zwar gemäß ihrer früheren Beitragsleistung, aber so, als ob sie bereits die Beiträge in der heutigen Höhe von ihrem Einkommen entrichtet hätten.
>
> Ein weiterer großer Gedanke der Reform ist, daß die bereits in Rente Stehenden auch in der Zukunft an dem steigendem Sozialprodukt der Volkswirtschaft laufend teilnehmen. So sorgen die jetzt schaffenden und tätigen Menschen mit ihren Beiträgen für die bereits im Ruhestand lebenden Menschen, und die nach ihnen kommende junge Generation wird für die heute in Arbeit Stehenden die Mittel aus dem von ihr erarbeiteten Sozialprodukt zur Verfügung stellen müssen."

Alles, was hier ausgeführt wird, klingt vertraut. Wie oft hat man es schon gehört! Auf einen verräterischen Halbsatz lohnt es sich

---

[4] 2. Wahlperiode, 184. Sitzung, 16.1.1957

aber hinzuweisen, **„so, als ob sie bereits die Beiträge in der heutigen Höhe von ihrem Einkommen entrichtet hätten".**

Bis zur Reform betrug der Beitrag noch 11% des Lohnes, Arbeitnehmer und Arbeitgeber je zur Hälfte. Nunmehr sollte der Beitrag auf 14% angehoben werden. Die Bestandsrentner sollten aber so gestellt werden, als hätten auch sie immer 14% ihres Einkommens für die Alterssicherung ausgegeben. Dabei waren in den zurückliegenden Zeiten die Beitragssätze ungleich niedriger, etwa 5 oder 6%, erst nach dem Krieg stiegen sie an. Zwar blieb es dabei, daß ein durchschnittlich verdienender Erwerbstätiger eine durchschnittliche Rente erwarten konnte. Die Eintrittspreise für diese Rente veränderten sich aber grundlegend und sollten sich in den kommenden Jahren immer wieder verändern. Schließlich blieb es ja nicht bei den 14%, es wurden 18, 19, 20% des Lohnes, ohne daß der Beitragszahler mehr bekam als seine Durchschnittsrente.

Darauf sei an dieser Stelle bereits hingewiesen. An keiner Stelle ist die kritische Frage aufgeworfen worden, wie weit dafür gesorgt ist, daß die im Vertrag verbundenen Generationen auch jeweils in der gleichen Weise, in derselben Höhe belastet werden. Im Gegenteil, der damalige Bundesarbeitsminister Storch ging gutgläubig noch von einem statischen Beitragssatz aus. „Hier ist es doch so, daß der jeweils Versicherte einen festen Prozentsatz für die soziale Sicherung an den Versicherungsträger einzahlt und ganz genau weiß, daß diese seine Gelder für die jetzt Rentenberechtigten verwandt werden. Die kommende Generation soll **in derselben prozentualen Höhe** Gelder zur Verfügung stellen, damit auch er, wenn er Rentner ist, seine Rente erhält, die im selben Verhältnis zum Lohn steht, wie heute".[5]

---

[5] 2. Wahlperiode, 154. Sitzung, 27.6.1956

Lohnersatz sollte die Rente sein. Dazu schreibt das Bundesarbeitsministerium in seiner Übersicht über das Sozialrecht:[6] „Diesen Ersatzfunktionen der Renten entspricht es, daß sich ihre Höhe nicht am Geldwert des gezahlten Beitrags, sondern an der Höhe der durch Beiträge versicherten Arbeitsentgelte bzw. -einkommen orientiert." Wieviel die arbeitende Generation von ihrem Einkommen für die Rentner bereitzustellen hat, war in die Hand der Politik gelegt, und ebenso, wieviel Rente daraus für den einzelnen erwuchs. Das System der Relation von Lohn zu Durchschnittslohn und die sich daraus für die Höhe des Rentenanspruchs ergebenden Entgeltpunkte zeigen ein hohes Maß an verwaltungstechnischer Intelligenz und Raffinesse. Das täuscht aber nicht darüber hinweg, daß an die Stelle des eingezahlten Kapitals und des daran gebundenen Anspruchs nunmehr ein Anspruch treten sollte, der von den Beiträgen anderer abhängig war, von der Zahl und dem Grad der Beschäftigung der Erwerbstätigen, sowie der Zahl der Rentner. Dieser Anspruch soll eigentumsähnlichen Charakter haben, wohl dem Bestand, nicht aber der Höhe nach.

2.2 Die Rentenanpassung

Neben die Finanzierung der laufenden Renten durch die Beiträge der Versicherten trat als „großer Gedanke"[7] die Anpassung der Renten an den Fortschritt der Volkswirtschaft. Dieses Motiv war aus der damaligen Situation durchaus verständlich, denn die Löhne und Preise stiegen damals ständig an – Zeit des Wirtschaftswunders –, und die Renten verloren ständig an Kaufkraft.

---

[6] Übersicht über das Sozialrecht, Hrsg. Bundesministerium für Arbeit und Sozialordnung, 1998, S. 244

[7] Schüttler (CDU/CSU) 2. Wahlperiode, 154. Sitzung, 27.6.1956.

Schon vorher hatte daher der Gesetzgeber des öfteren Rentenverbesserungen beschlossen. Nunmehr sollte das Wachsen der Renten in ein System eingebaut werden, nach dem Regierungsentwurf ausgerichtet am Wachsen der Volkswirtschaft im Abstand von 5 Jahren, nach den Vorstellungen der SPD der Lohnentwicklung entsprechend, im Abstand von einem Jahr. Strittig war auch das anzustrebende Rentenniveau, ob 60 oder 75% der Bruttolohnes.

Dieser Punkt der Rentenreform war am heftigsten umstritten. In den ablehnenden Äußerungen kam die ganze Angst aus den Erfahrungen der großen Inflation zum Ausbruch, die damals auch in der Öffentlichkeit enorme Resonanz fanden. Man fürchtete, daß eine galoppierende Lohn- und Preisentwicklung Inflationstendenzen auslösen könnte, denen die jeweils anzupassenden Renten noch Nachschub verleihen würden. Stellvertretend für viele Dehler (FDP).[8]

> „Dabei übersieht man gewollt oder ungewollt, daß eine solche Maßnahme zur völligen Entwertung jeder anders gearteten Spartätigkeit führen muß, weil eben die ersparten Kapitalien nicht automatisch einem wachsenden Lohnniveau mit der dadurch bedingten Kaufkrafterhöhung folgen können. Die Indexrente [anderer Ausdruck für dynamische Rente] ist in jeder Form ein Schritt zur Entwertung der Währung und deshalb verderblich."

Der Arbeitsminister begegnete diesen Vorwürfen mit dem Hinweis, daß für Inflationstendenzen diejenigen verantwortlich seien, die Löhne und Preise aushandeln, nicht aber Rentner mit abgeleitetem Einkommen.[9] "Rentner können niemals mehr für Konsum ausgeben, als die arbeitende Generation in Form von Beiträgen an Konsumverzicht auf sich genommen hat."

---

[8] Dr. Dehler, 154. Sitzung, ebd

[9] Storch, 2. Wahlperiode, 186. Sitzung, 18.1.1957

Während die SPD die Anpassung an die Lohnentwicklung des Vorjahres forderte, wollte die Regierung und ihr folgend die Koalition, daß die Renten entsprechend der gesamtwirtschaftlichen Entwicklung der vergangenen Jahre angepasst werden sollten.

Kritisch zu dieser Idee äußerte sich der Abgeordnete Dr. Berg (FVP):

> „Es gibt keinen brauchbaren Index für die Messung der Entwicklung der Produktivität. Es gibt überhaupt keinen Index für die Feststellung der Entwicklung der Wirtschaft, der sich für die Zwecke dieses Gesetzes irgendwie eignen würde. Es gibt nur die Alternative: entweder man bemißt die Rente nominell, zahlungsgerecht nach den gezahlten Beiträgen – diese Regelung ist politisch und sozial in unserer Zeit aus vielen Gründen nicht machbar – oder man schafft, so wie es hier geschehen ist, eine auf die Lohnentwicklung bezogene Rente, baut Bremsen ein, die dafür sorgen, daß die Giftzähne gezogen werden."[10]

Ablehnend gegenüber jeglicher Anpassung äußert sich Jentzsch (FDP), der zwar alle Renten auf den Stand von 1956 anheben, aber nicht steigen lassen wollte.

In diese Debatte hat auch der Wirtschaftsminister Dr. Erhard eingegriffen mit seiner in der Öffentlichkeit vertretenen Meinung, daß Löhne sich nicht immer im Rahmen des Produktivitäszuwachses halten, was die Stabilität gefährde, insbesondere wenn dann die Renten noch entsprechend angepasst werden. Insofern sprach er lieber von einer Produktivitätsrente als von einer Lohnwertrente.

Dr. Hellwig (CDU/CSU) hielt es für unabdingbar, daß der Gesetzgeber die Rentenanpassung beschließen müsse, und führte dann aus:[11]

---

[10] Dr. Berg (FVP) ebd.

[11] Dr. Hellwig (CDU/CSU) ebd.

„Die Anpassung der laufenden Renten soll erfolgen, es soll aber vermieden werden, diese Anpassung an irgendeinen bestimmten Index oder eine bestimmte volkswirtschaftliche Größe isoliert zu binden, sondern man muß die verschiedenen Dinge nebeneinander sehen. Weil es Neuland ist, meinten wir, es wäre gut, nicht nur die Gesetzgebung, sondern auch den Sozialbeirat mitwirken zu lassen."

Was dann auch geschah.

Bedeutsam wurde diese Entscheidung in mehrfacher Hinsicht. Es gab von da an regelmäßig Rentendebatten aus Anlaß der Anpassungsgesetze, diese waren anfangs noch von lauten und leisen Tönen des Triumphes begleitet, weil, zumindest in den ersten Jahren, sich die Befürchtungen einer Inflation nicht bewahrheiteten. Später erwies sich aber die Anpassung an die Lohnentwicklung, die von der SPD in späteren Reformen schließlich durchgesetzt wurde, als einer der wichtigsten Hebel, um Finanzengpässe zu überwinden, dadurch nämlich, daß man sie verschob oder in der Höhe senkte. Fast in jeder Wahlperiode und von jeder Regierung ist der Hebel der Anpassung in dieser Weise betätigt worden. So konnte man mit einer quasi wissenschaftlichen Rentenformel für den erworbenen Rentenanspruch ein sicheres Fundament vorgaukeln und gleichzeitig höchst flexibel die notwendigen Finanzmittel steuern. Die Jubeltöne über die nunmehr vorgeschriebene Anpassung der Renten wären damals wohl verstummt, wenn man die späteren Manipulationen vorhergesehen hätte.

2.3 Versicherung oder Fürsorge

Die soziale Frage

Von Anfang an strittig war die Frage, ob die Rentenversicherung, die den Lebensunterhalt im Alter leisten sollte, ihrem Charakter und bleibe

Deine [illegible]

21.12.02

Lieber Alexander, alles driftet in Richtung Abgrund, und mein Buch wird Dich da auch nicht heiterer stimmen können. Dennoch frohe Weihnachten und ein gutes Neues Jahr wünsche ich Dir nach eine Versicherung sei oder nicht. Wenn sie als Versicherung aufzufassen war, dann gab es keine Garantie dafür, daß die nach der neuen Formel berechnete Rente zum Leben reichte. War sie ein Instrument der sozialen Sicherung, dann mußte die Rente die Mindestanforderung an einen ausreichenden Lebensunterhalt gewährleisten. Im engen Zusammenhang damit stand auch die Frage, ob die Rentenversicherung nur die Personen erfassen und pflichtversichern sollte, die dieses Risiko nicht selbst tragen können, also ein gewisses Schutzbedürfnis haben, oder ob man, davon absehend, möglichst alle erfassen sollte.

Der Regierungsentwurf enthielt hier widersprüchliche Ansätze. Den Kreis der Versicherten zog er weit. Zwar ließ er alle freiwillig Versicherten, Selbständigen und Hausfrauen außen vor, dafür dehnte er die Versicherungspflicht auf alle Angestellten aus, unabhängig von ihrem Einkommen. Die Regierung näherte sich damit den Vorstellungen der SPD, die ja immer schon und noch lange danach dem Gedanken an eine Volksversicherung anhing. Das Schutzbedürfnis wurde also weit ausgelegt und auch bei den Einkommensstarken bejaht. Andererseits erteilte die Regierung der Forderung nach einer Mindestrente oder Sockelrente, die damals noch bestand und das Überleben der Niedrigverdiener sichern sollte, eine klare Absage. Sie begründete diese Auffassung damit, daß es sich um eine Rentenreform handele, bei der in Zukunft Altersarmut bei den Versicherten ausgeschlossen werden könne, und daß in einer solchen Versicherung kein Raum für eine Mindestabsicherung sei, die nach wie vor Aufgabe der Fürsorge bleibe.

In beiden Sachfragen, Kreis der Versicherten und deren Schutzbedürfnis einerseits, Garantie einer Mindestrente andererseits, beschloß der Ausschuß für Arbeit und Sozialordnung des Deutschen Bundestages Änderungen. Für die Angestellten wurde eine Versicherungsgrenze eingezogen und die Bezieher der Mindestrente erhielten für den Übergang einen höheren Zuschuß, der ihre Lage aber kaum besserte. Das soziale Problem ist in der Rentenversicherung bis heute nicht gelöst, allerdings ist der Anteil der Sozialhilfe beziehenden Rentner klein und liegt zumindest unter dem Durchschnitt aller Sozialhilfeempfänger.

Aufschlußreich kritisch äußert sich in den Debatten zu diesen Problemen Frau Kalinke (DP)[12]. Sie meint, daß es die Pflicht des Parlamentes gewesen wäre, sich über die „sozialen Tatbestände unter dem Aspekt der Schutzbedürftigkeit der Versicherten klar zu werden", nämlich ob, nachdem das Ideal der Sicherheit an die Stelle des Ideals der Freiheit gesetzt und verkündet worden ist, nun das Schutzbedürfnis durch das Sicherheitsbedürfnis ersetzt werden muß. „Wer die Erfahrung der zwei Kriege und der letzten Jahrzehnte mit einer nicht immer zielklaren Sozialpolitik auf sich wirken läßt, der wird feststellen, daß der Sog und der Schrei nach immer umfassenderer Sicherheit zugenommen hat." Eine totale Versicherungspflicht sei wesentliches Merkmal des Wohlfahrtsstaates. Es liege ein großer sozialethischer Auftrag aber darin, "möglichst vielen Menschen unseres Volkes die Gelegenheit und die Möglichkeit zum Tragen des Risikos aus eigener Kraft zu geben." Sie sprach sich schon früh gegen die Ausdehnung der Versicherungspflicht auf alle Arbeitnehmer aus.

Dagegen Frau Döhring (SPD)[13]: "Die Behauptung, daß höher bezahlte Angestellte einen Versicherungsschutz nicht brauchen, entbehrt jeder Grundlage. Fürsorgeämter könnten Beispiele nennen, die zeigen, daß Angestellte mit früher hohem Einkommen Fürsorgeleistungen bekommen." Angeführt wird dann der hoch bezahlte Facharbeiter, etwa der Fliesenleger, dessen Schutzbedürfnis auf Grund seines momentan hohen Einkommens man

---

[12] Frau Kalinke, 2. Wahlperiode,184. Sitzung 2. Lesung, 16.1.1957

[13] Frau Döhring, ebd.

dann konsequenter Weise auch bezweifeln müsse. Darauf erwiderte Frau Kalinke bissig, daß sie diesen Tatbestand nicht bezweifle, wohl aber andere Schlüsse daraus ziehe, nämlich in der Tat auch einem solchen Facharbeiter das Schutzbedürfnis absprechen und ihm die gleiche Selbstverantwortung wie einem leitenden Angestellten übertragen würde.

Deutlich und überzeugend formuliert Thomas Dehler[14] die liberale Auffassung:

> „Wir sind betroffen über die Unbedenklichkeit, über die Unbekümmertheit, mit der gerade auch die Regierung in ihrer Vorlage der besorgniserregenden Neigung unserer Zeit zur kollektiven Sicherung um jeden Preis nachgibt und die individuelle Selbstverantwortung, dieses große soziale Stimulans preiszugeben bereit ist. Nicht die Devise gilt: wir helfen dir mit allen unseren Möglichkeiten, damit du dir selbst helfen kannst. Nein, man will durch immer weitergehende Ausdehnung der Versicherungspflicht den Menschen zur Unselbständigkeit zwingen, selbst da, wo ein Schutzbedürfnis nicht mehr gegeben ist. Beide Vorlagen [auch der SPD-Entwurf, d. Verf.] haben einen gefährlichen Zug zu dem, was man als Vermassung bezeichnet, sie wissen nichts von dem Geheimnis des Lebens, das den Menschen sagt: Du findest weder Wohlstand, noch Glück, noch Freiheit, wenn du nicht bereit bist, das Risiko der eigenen Verantwortung, der eigenen Entscheidung und der eigenen Leistung auf dich zu nehmen. Willst du die eigene Verantwortung, die eigene Entscheidung, die eigene Leistung auf fremde Schultern abwälzen, dann kommen sie als Gebote und Verbote einer bösen Apparatur zu dir zurück und unterjochen dich. Daher wenden wir uns gegen die in den Gesetzentwürfen enthaltene Ausdehnung der Pflichtversicherung auf alle in irgendeinem Beschäftigungsverhältnis stehenden Personen."

Wie recht Thomas Dehler hatte, beide Volksparteien hier anzugreifen, zeigte sich später erst, als in der großen Koalition die zunächst eingeschränkte Versicherungspflicht auf alle, also ins-

---

[14] Dr. Dehler, 1. Lesung, 154. Sitzung, 27.6.1956

besondere auch auf die leitenden Angestellten ausgedehnt wurde. Motiv war da schon nicht mehr das Schutzbedürfnis, sondern eher das Geldbedürfnis der Rentenversicherung, verklärt ausgedrückt: das Solidarprinzip.

Während das Schutzbedürfnis der Reichen umstritten war, war das Schutzbedürfnis der Armen unstrittig. Hier ging es um einen Kreis von Personen, deren Kleinstrente der einzige Lebensunterhalt war. Sie erhielten vor der Reform eine Mindestrente, auf die ihre niedrigere Rente aufgestockt wurde und die ihnen das Überleben sichern half. Da alle Altrenten nun nach neuem Recht berechnet werden sollten – und das führte in der Regel zu beträchtlichen Rentenerhöhungen –, stellte sich das Problem, wie bei diesen Sockelrenten in Zukunft zu verfahren sei.

Der Glaube an die Wirkungen der Reform übertraf alle Bedenken. Die Rentenversicherung sollte ja in Zukunft den Lebensstandard sichern, den Lebensunterhalt aber allemal. Die Regierung hielt die Sockelrente für ein Übergangselement und widerstand allen Anträgen, die von Seiten der SPD für eine Mindestrente, von Seiten der FDP für eine an die Prüfung der Bedürftigkeit gebundene Zusatzrente für diesen Personenkreis eingereicht wurden. Die Begründung war, dies passe nicht in eine Versicherung.

Mit dieser systematisch richtigen Feststellung gerieten die Befürworter aber in eine moralisch zumindest schwierige Lage. Schließlich sollten durch die Beitragserhöhung um 3% auf 14% über 5 Mrd. DM zusätzlich in die Rentenversicherung fließen. Diese Mittel sollten die bestehenden Renten erhöhen und ihr Wachstum für die Zukunft sichern, aber nach dem Motto: das größte Glück für die größte Zahl, nicht zielgerichtet zur Behebung elementarer Notlagen. Es war im Grunde die Gießkanne, die hier in die Hand genommen wurde, und die Erhöhungen für die Übergangszeit waren denn auch lächerlich gering.

Dazu das sehr krasse und anschauliche Beispiel, das Frau Kalinke (DP) bringt[15]: für eine Kriegerwitwe, die von 90 DM leben muß, sind 10 DM keine Hilfe. "Wenn wir aber einer großen Zahl der alten Rentner, die einen Zuschuß nicht brauchen, diese 10 oder 20 DM nicht geben würden, um dafür den armen Rentnern und den alleinstehenden Frauen 40 DM geben zu können, so wäre wesentlich geholfen."

Sie fügt aber richtiger Weise hinzu: "Diese gezielte Leistung kann man aber im Rahmen des Versicherungsprinzips nicht geben. Das Versicherungsprinzip schließt die Möglichkeit der Anwendung des Fürsorgeprinzips und der Prüfung der sozialen Tatbestände nicht ein." Sie fordert die Zielgenauigkeit staatlicher Leistungen: "Sozialpolitik ist nicht richtig, wenn sie nicht gezielt Leistungen mit den Mitteln der Steuerzahler und der Staatsbürger dort zu geben bereit ist, wo die Hilfe der Gemeinschaft notwendig ist. Deswegen soll die Mindestrente nicht durchweg an alte Leute gehen. Es sind nicht alle alten Leute arme Leute, auch nicht alle alten Rentner."

Anders die SPD, die die Auffassung vertrat, man könne hier schon vom reinen Versicherungsprinzip abweichen. Professor Schellenberg (SPD) lehnte eine Bedürfnisprüfung strikt ab, ebenso Schüttler (CDU), der sich gegen den Antrag der FDP wandte. Diesen begründete Dr. Hammer mit dem Hinweis, daß „das System aufhöre vor der sozialen Aufgabe."

So bildete sich eine aus heutiger Sicht überraschende Allianz von Systemanhängern gegen die Sozialpraktiker. Besonders klar in seiner Entgegnung der Abgeordnete Schüttler:[16]

> „Die Reform bringt Beitrag und Leistung in ein gerechtes Gefüge mit entsprechenden Rechtsansprüchen. Der FDP-Antrag konstruiert

---

[15] Frau Kalinke, 2. Wahlperiode, 184. Sitzung, 2. Lesung, 16.1.1957

[16] Schüttler, ebd.

mit einer vom Bund finanzierten Zusatzrente 100%ig die Fürsorge in ein Gesetz hinein, in das sie überhaupt nicht hineingehört. Wollen Sie die Angelegenheit so komplizieren, daß derjenige, der Beiträge bis zu einer Rente von 150 DM zahlt, und derjenige, der Beiträge bis zu 60 DM zahlt, praktisch wieder gleichgestellt werden?" Es handele sich zwar um „gute Gedankengänge der Gerechtigkeit, die aber hier doch nicht die mindeste Aussicht auf Realisierung hat."

Darauf erwidert Hammer (FDP)[17]: „Was hilft diesen Rentnern die Systematik dieses Gesetzes, wenn sie am Ende daneben stehen und nicht das bekommen werden, was sie vielleicht, nicht nach versicherungsrechtlichem Denken, aber als Mitleidende der großen Katastrophe der letzten 20 Jahre zu beanspruchen haben."

Beeindruckend bei diesen Vorstößen der FDP und der DP war nicht nur die soziale Sensibilität für unterversorgte Rentner, sondern vor allem das systematisch richtige Denken. Beide Vertreter wollten ja die Rentenversicherung zur Finanzierung dieser sozialen Zusatzrente nicht heranziehen, in der richtigen Einschätzung, daß für soziale Tatbestände ausschließlich der Staat zuständig und zu belasten sei. Im Ansatz ist das aber die ordnungspolitisch richtige Trennung von Versicherungsprinzip und Versorgungsprinzip. Der Staat sollte seine Transferleistungen nach dem Versorgungsprinzip, auf Grund des Nachweises der Bedürftigkeit zielgerecht zahlen, nicht aber pauschaliert in das System der Versicherung. Diese Problematik spielt auch eine Rolle beim Thema Bundeszuschuß.

Die SPD nahm sich der Kleinstrenten durchaus auch mit Verve an, beharrte aber mit ihrem Vorstoß auf einer aufgestockten Mindestrente innerhalb der Versicherung. Das bedeutet, daß die Beitragszahler, um deren Geld es ja schließlich ging, die soziale Aufgabe hätten solidarisch lösen sollen und nicht die Steuer-

[17] Dr. Hammer, 2. Wahlperiode, 184. Sitzung 16.1.1957

zahler. Im Ansatz begegnen wir hier schon einer der versicherungsfremden Leistungen, die später ja zu so unsäglich verwirrenden Debatten geführt haben.

Die Reform von 1957 enthielt aber von diesen Ausgleichselementen noch nichts, sie folgte streng den Versicherungsprinzipien oder was man dafür hielt. Das Thema einer ausreichenden Alterssicherung, auch bei niedrigem Verdienst oder unterbrochenen Arbeitsbiographien, das Thema der in diese Kategorie fallenden Frauenrenten, die Einbeziehung der Selbständigen oder Hausfrauen, wurde ebenso mutig wie unbedacht beiseite geschoben. Mutig, weil man sich in dem auf Arbeiter und Angestellten beschränkten neuen Rentensystem sicher fühlte und nur dieses für finanzierbar hielt, unbedacht, weil natürlich alle diese offenen Fragen wie ein Bumerang immer wieder zurückkamen und die nachfolgenden Parlamente quälend beschäftigte.

2.4 Der Bundeszuschuß

Vor der Rentenreform 1957 wurden 40% der Rentenausgaben durch einen Zuschuß aus dem Bundeshaushalt gedeckt. Über die Funktion dieser Finanzmittel wurde nicht viel geredet, es gab eben zu wenig Geld in der Rentenkasse. Im neuen Regierungsentwurf war ein Bundeszuschuß weder für die Alterssicherung der Arbeiter noch der Angestellten vorgesehen. Das war sehr bemerkenswert und unterstrich, daß die Rente als eine reine Beitragsrente gedacht war. Der Staat sollte nur, falls entgegen der langfristigen Prognosen die Beitragsmittel für die Renten nicht ausreichen sollten, eine Art Garantie übernehmen. Darüber hinaus gab es einen Zuschuß lediglich zur Berufs- und Erwerbsunfähigkeitsrente. Damit sank der Anteil des Bundeszuschusses von 40 auf 31%.

Der nur wenige Tage vor dem Regierungsentwurf veröffentlichte SPD-Entwurf schlug hier einen anderen Weg ein. Er hielt an 40% Bundeszuschuss fest, wollte die Beitragserhöhungen von 11% auf 12% begrenzen und 14% damit vermeiden. Der Abgeordnete Professor Schellenberg (SPD) begründete das wie folgt:[18]

> „Der Bund soll sich nach dem Gesetzentwurf der SPD wie bisher mit 40% an den Rentenausgaben beteiligen als Ersatz für die Millionenwerte, die durch Krieg und Währungsumstellung verlorengegangen sind. Durch diesen Bundeszuschuß sollen gleichzeitig die bisherigen Erstattungen des Bundes für Kriegsbeschädigte, Heimatvertriebene nach dem Fremdrentengesetz, Verfolgte des Nationalsozialismus usw. abgegolten werden. Indem keine Einzelabrechnung über viele Haushaltspositionen mehr geführt zu werden braucht, wird eine klare Finanzgestaltung deutlich."

Dagegen der Regierungsentwurf in seiner Begründung, die dem Bundesrat am 25. Mai übersandt worden war:[19]

> „In Zukunft wird die Alterssicherung allein aus Beiträgen finanziert werden, während für die Hilfe bei Invalidität eine einmalig festgesetzte, später sich mit der Entwicklung der wirtschaftlichen Verhältnisse ändernde Beteiligung des Staates zusammen mit Beiträgen vorgesehen ist. Die Beteiligung des Staates ist zu einer geordneten Finanzierung der Rentenversicherung **jedenfalls bis auf weiteres nicht zu entbehren.**"

Professor Schellenberg greift in der ersten Lesung den Regierungsentwurf an dieser Stelle auch an und kritisiert, daß von den Mehraufwendungen 85% aus Beiträgen und nur 15% aus dem Zuschuß kommen.[20] Der Bundeszuschuß sei ein Ausgleich für die durch Krieg und Währungsumstellung verlorengegangenen Vermögenswerte, neben der Aufgabe der Erstattung für die Rentenverluste der Heimatvertriebenen und sonstigen Kriegslasten der

[18] Professor Schellenberg, 2. Wahlperiode, 143. Sitzung, 4.5.1956

[19] Bundesrat, 25.5.1956

[20] Professor Schellenberg, 2. Wahlperiode, 154. Sitzung, 27.6.1956

kriegsbeschädigten Rentner. Eine Rückführung des Bundeszuschusses im Verhältnis zum Rentenaufwand sei daher nicht angebracht.

Auch Thomas Dehler[21] (FDP, 1. Lesung, S. 8362) spricht von einer Art Schuldverpflichtung des Staates gegenüber den Rentenversicherungsträgern:

> „Man hat bis vor kurzem – auch im Schoße der Regierung – die Notwendigkeit diskutiert, in der Rentenversicherung die sogenannte alte Last, also die Verschuldung des Staates an die Versicherungsträger aus Krieg und Kriegsfolgen abzudecken, getrennt von der Aufbringung der Mittel für die erst entstehenden Renten. Davon ist im Gesetzentwurf nicht mehr die Rede. Man geht mit keineswegs immer durchschlagenden Argumenten in kühnem Schwung von dem bisherigen Anwartschaftsdeckungsverfahren zu einer Art Umlageverfahren, mit leichtem Reservepolster für kleine Schwankungen in der Konjunktur und in der Bevölkerungsstruktur über. Wir halten uns verpflichtet, auf die Bedenklichkeit dieser Methode sehr eindringlich hinzuweisen".

Frau Kalinke (DP) kritisiert die fehlende Durchsichtigkeit des Staatszuschusses in Bezug auf die Erstattung des Staates für Kriegsopfer und Kriegsfolgelasten.[22] „Daß hier eine zielklare Abgrenzung der Verpflichtung des Staates nicht erkennbar ist, möchte ich heute schon als Mangel und Gefahr ansprechen. Wir wünschen keine manipulierte pauschale Abgeltung des Staatszuschusses, sondern Klarheit über die sozialen Lasten, die heute eine Reform so ungeheuer schwierig machen".

Richtig ist auch ihr Hinweis, daß "die rettungslose Vermengung von Versicherungs- und Versorgungsprinzipien, von Anwartschaftsdeckung und Umlageverfahren, von Staatsbeiträgen und echten und unechten Leistungen des Staates nur dann bereinigt

---

[21] Dr. Dehler, 2. Wahlperiode, 154. Sitzung 27.6.1956

[22] Frau Kalinke, ebd.

werden kann, wenn die Kriegsfolgen sauber abgedeckt werden". Sie war überzeugt davon, daß, wenn die alte Last abgedeckt wäre, die Renten nach der bisherigen Formel besser ausgefallen wären als jetzt mit der neuen Formel.

Ein klares Bild über den Staatszuschuß ergeben diese Stellungnahmen der Abgeordneten allerdings nicht. Weil aber in der Folgegeschichte der Rentenversicherung dieser Zuschuß zu einer der wichtigsten Stellschrauben bei der Finanzierung wurde, durch welche die Rentenkasse mal aufgebessert, mal belastet wurde, lohnt es sich, die Argumente noch einmal genauer anzusehen.

Es lassen sich fünf Funktionen des Bundeszuschusses ausmachen, die angesprochen wurden:

1. Der Bundeszuschuß beteiligt sich allgemein und unspezifiziert an den Leistungen der Rentenversicherung (im Entwurf vorgesehen für die Invalidität).
2. Der Bundeszuschuß ist Ausdruck der Garantenstellung des Staates für die Rentenversicherung.
3. Der Bundeszuschuß umfaßt die Leistungen der nicht beitragsgedeckten Renten, also insbesondere die durch Kriegsfolgen entstandenen Lasten z.B. der Heimatvertriebenen.
4. Der Bundeszuschuß soll für die sozialen Elemente, die Fürsorgecharakter haben, wie die Mindestrente, einstehen, die nicht innerhalb einer als Versicherung ausgestalteten Rentenversicherung geleistet werden können.
5. Der Bundeszuschuß soll die der Rentenversicherung durch den Krieg verlorengegangenen Vermögenswerte ersetzen.

Gedankliche Schärfe ist nicht Kennzeichen politischen Handelns. Der Bundeszuschuß war und ist ein „im Nebelkleid aufgetürmter Riese", unscharf in seinen Konturen und dadurch zur Manipulation hervorragend geeignet. Zunächst erscheint es im Rückblick auf die Reform von 1957 ehrenwert, daß das neue System, so gebaut und mit entsprechenden Hoffnungen begleitet, grundsätzlich ohne Staatszuschüsse auskommen wollte. Dies war vielleicht auch dem Einfluß des starken Finanzministers zu verdanken. Damit knüpfte man an die Anfang des Jahrhunderts errichtete Angestelltenversicherung an, die den Charakter einer Selbsthilfeorganisation hatte. Die Garantiefunktion konnte in dem neuen Gesetz nicht fehlen, weil man ja bewußt Neuland betrat und möglichen Befürchtungen entgegentreten wollte. Daß der Bundeszuschuß der Rentenversicherung die Erstattung nicht beitragsgedeckter Ausgaben schuldete, war nicht strittig, wohl aber die der Transparenz dienende genaue Berechnung. Die gab man nicht und die sollte es auch in Zukunft nicht geben, obwohl sie im Parlament mehrfach gefordert wurde.

Weil nun aber diese Teile des Zuschusses unbestimmt blieben, konnten auch die sozialen Elemente der Alterssicherung, die man in der Rentenversicherung allmählich unterbrachte, nicht erkennbar und nicht berechnet als steuerfinanzierte Leistungen verbucht werden. In großem Maßstab wurden, wie in dem Absatz über die Rentnerarmut bereits dargestellt, solche sozialen Tranfers in der Reform von 1957 auch nicht beschlossen. Nur die leicht verbesserten Anhebungen der besonders niedrigen Renten könnte man dazu rechnen, und hierzu sind konsequenter Weise auch mehr Bundesmittel verlangt worden. Das Thema brach sich erst mit voller Wucht Bahn, als man aus Anlaß der Wiedervereinigung und dem vermehrten Zuzug der Aussiedler im Volk glaubte, daß die Renten dieser Bürger von „ihren" Beiträgen gezahlt würden und der Staat also in die Rentenkasse frech hineingreife. Auch das war eine Folge der in diesem Feld vorherrschenden Wetterlage: Nebel.

Schließlich die letzte der angesprochenen möglichen Funktionen des Bundeszuschusses, nämlich daß er die im Krieg verlorengegangenen Vermögenswerte ersetzen sollte. Frau Kalinke (DP), die in den Debatten überhaupt durch die Qualität ihrer Äußerungen hervortrat, hatte das angesprochen. Dazu gab es aber überhaupt keine vertiefte Diskussion. Es war ja klar, daß man durch einen Staatszuschuß, der die verlorengegangenen Kapitalreserven der Rentenversicherung über viele Jahr hinweg wieder aufgefüllt hätte, auch zum Kapitaldeckungsverfahren zurückgekehrt wäre. Daran war aber nun fast niemand interessiert.

Wenn man aus heutiger Sicht die getroffenen Entscheidungen bewertet, so war die Absicht, grundsätzlich ohne die Staatszuschüsse auskommen zu wollen, löblich. Die sozialen Fragen beiseite zu schieben unter Berufung auf die einer Versicherung innewohnenden Grundsätze und ohne sich über die Verantwortung des Staatszuschusses klar zu werden, war blauäugig. Die Ambivalenz des Staatszuschusses nicht beseitigt zu haben, war kurzsichtig. Denn alle diese Fehler sollten sich noch bitter rächen.

2.5 Prognosen und Berechnungen

Das neue Rentensystem beruhte auf Berechnungen des Bundesarbeitsministeriums, die sogleich Zweifel hervorriefen und zu Gegengutachten führten. Zugestandenermaßen war die Aufgabe überaus schwierig. Es mußte nicht nur die Zahl der künftigen Rentner geschätzt werden, sondern auch das Ausmaß der Inanspruchnahme der Leistungen, insbesondere deren Dauer. Das betraf die **Ausgaben**. Noch schwieriger war es, die wirtschaftliche Entwicklung vorauszusehen, die Zahl der Beschäftigten und damit die Höhe der **Beitragseinnahmen**. Aus Gutachten der Versicherungswirtschaft ergaben sich andere, ungünstigere Zahlen als die des Ministeriums, die verständlicherweise von den Gegnern der Reform herangezogen und als Argument benutzt wurden. Dazu ausführlich und eindrucksvoll Dr. Berg (FVP), der zu dieser Kontroverse folgendes sagte[23]:

> „Ich stelle hier fest, daß es dem Bundesarbeitsministerium nicht gelungen ist, die schweren Bedenken, die gegen die Einnahmen- und Ausgabenrechnungen für die kommenden Jahrzehnte erhoben worden sind, zu zerstreuen. Auch wer nicht geneigt ist, die Beitragsentwicklung, wie sie von der Bundesvereinigung der Versicherungsmathematiker angegeben wird – 1961 15,4%, 1966 18,1%, 1976 23% – ohne weiteres als gesichert anzuerkennen – dafür stehen in der gesamten Rentenrechnung zu viele Unsicherheitsfaktoren –, hätte erwartet werden müssen, daß das federführende Ministerium in seinen Voraussagen über die Möglichkeit der Finanzierung derart hoher Leistungen viel zurückhaltender gewesen wäre".

Konjunkturpropheten und Meteorologen sei gemeinsam, daß die Wahrscheinlichkeit ihrer Aussagen mit den Zeiträumen schnell geringer werde. „Es genügt ein Abbau des Zustandes der Überbeschäftigung, ein Wegfall der Überstunden, das Ausscheiden der vielen zusätzlich beschäftigten, geringwertigen Arbeitskräfte, es genügt die Rückkehr zum Normalzustand des Ausgleichs von Angebot und Nachfrage auf allen Märkten, daß sofort der Ausgleich zwischen Beiträgen und Rentenleistungen gefährdet wird."

Vor allem weist Berg darauf hin, daß die längere Lebenszeit der Rentner in den Berechnungen nicht berücksichtigt wird.

> „Den Berechnungen der Vorlage liegen Tabellen über die Lebenserwartung sowohl der Versicherten, wie vor allem der Rentner, der alten Leute über 65 Jahre, zugrunde, die einer kritischen Erörterung nie und nimmer standhalten. In aller Welt ist die Erkenntnis einer geradlinigen Steigerung der Lebenserwartung anerkannt und gesichert. Ausgerechnet unser deutsches Rentengesetz, die Vorlage, mit

---

[23] Dr. Berg, 2. Lesung, 184. Sitzung, 16.1.1957

der wir es hier zu tun haben, rechnet mit einer gleichbleibenden Lebenserwartung, und die Kosten dieser Fehlrechnung werden in absehbarer Zeit die Versicherten in Form erhöhter Beiträge und die Steuerzahler zu tragen haben."

Im übrigen sei die Alterssicherung nicht das einzige soziale Problem. Auch die Jungen bräuchten Unterstützung. „Unser Volk ist im Begriff, ein sterbendes Volk zu werden." In kürzerer Zeit würden höhere Beiträge oder ein höherer Bundeszuschuß nötig sein, so daß jegliche Bewegungsfreiheit bei der Gestaltung der Sozialhaushalte des Bundes und der Länder verloren gehe.

Gegen diese Bedenken wendet sich der Abgeordnete Ruf (CDU/CSU),[24] der zwar das Maßhalten grundsätzlich befürwortet und auch der Meinung ist, daß man sich an der Grenze der Belastbarkeit der Wirtschaft befinde, aber der Versicherungswirtschaft dasselbe entgegenhält wie die Kritiker dem Ministerium, nämlich daß auch diese nicht in die Zukunft sehen könne.

In gleicher Weise zieht der Abgeordnete Dr. Preller (SPD) die Zahlen der Versicherungswirtschaft in Zweifel und glaubt auch nicht an eine verlängerte Lebenserwartung. Demgegenüber weist Berg noch einmal auf die Nachbarländer Holland, Belgien, Schweiz und Norwegen hin, in denen bereits damals die Lebenserwartung höher war.

Das Thema des Altersaufbaus ist also schon früh, am Beginn des Umlageverfahrens im Jahre 1957 angesprochen worden, ohne daß es Resonanz oder gar Berücksichtigung gefunden hätte. Insgesamt bewahrheiteten sich die düsteren Prophezeiungen der Versicherungswirtschaft, wenn auch nicht in den angegebenen Zeiträumen und der vorausgesagten Höhe der Beitragssätze. Schließlich drehte man ja an den anderen Stellschrauben der Rentenversicherung, an der Anpassung der Renten ebenso wie an

---

[24] Ruf, 2. Lesung, 186. Sitzung, 16.1.1957

der Höhe des Bundeszuschusses. In späteren Debatten hat man dann so getan, als sei allen die Gefahr bewußt gewesen, die ein veränderter Altersaufbau für die Rentenversicherung mit sich bringt.

2.6 Schlußbewertung

Am Ende der Marathonsitzung gaben alle Parteien, bis auf die FDP und einige Mitglieder der DP, darunter die streitbare Frau Kalinke, der Reform von 1957 ihre Zustimmung. In ihren Stellungnahmen zur dritten Lesung lassen sich die Unterschiede in der Bewertung gleichwohl deutlich herauslesen.

Ollenhauer (SPD) begrüßte das Gesetz und beanspruchte für seine Partei das „Erstgeburtsrecht" für den Entwurf.[25] Gleichwohl stellte er auch die Mängel heraus. Es gebe keine echte Sozialreform, keine sinnvolle Abgrenzung der sozialen Leistungen, keine Sicherung für Selbständige und Freiberufler, es gebe keine Vereinfachung. Die Beitragszahler müßten mehr zahlen, nämlich 14%, während der Bundeszuschuß sinke. Die eigentlichen Ziele der sozialdemokratischen Partei enthüllen sich in seinen Worten: „Die wirkliche Aufgabe unserer Zeit ist vielmehr die Schaffung einer neuen Ordnung der sozialen Sicherheit, einer Ordnung, die die Pflicht der Gemeinschaft des ganzen Volkes zur Grundlage hat, allen alten Menschen einen Lebensabend ohne Furcht und Not in Sicherheit und Freiheit zu gewähren."

Demgegenüber betont Dr. Krone[26] (CDU/CSU), daß man zwar nach zwei Weltkriegen ein wachsendes Sicherheitsbedürfnis feststellen müsse, und den Wunsch, in ein von der Allgemeinheit

---

25 Ollenhauer, 187. Sitzung, 21.1.1957

26 Dr. Krone, ebd.

verbürgtes Sicherheitssystem einbezogen zu werden, wendet sich aber mit Worten, die so auch von der FDP hätten stammen können, gegen eine umfassende Versicherung: „So verständlich dieses Verlangen ist, so gefährlich wird ein solches Denken, wenn die Menschen ihre persönliche Verantwortung für ihr Schicksal preisgeben und ihre Existenz einer anonymen Organisation überlassen. Es ist eine schlechte Politik, gerade auch im Zeitalter der modernen Gesellschaft, dem Einzelnen seine Verantwortung, statt sie zu stärken, noch weiter abzunehmen."

Auch Bundesarbeitsminister Storch läßt erkennen, daß er es für richtig hielte, die reine Beitragsrente aus der Zuständigkeit des Staates herauszunehmen und in die Eigenständigkeit der Sozialpartner zu überführen. Er stellt aber gleichzeitig lobend heraus, daß nunmehr der Bund nicht nur in die Rentenversicherung der Arbeiter, sondern auch in die der Angestellten Zuschüsse zahle.

Frau Kalinke (DP) vermißt die große Konzeption für eine echte Sozialreform sowie die fehlende Abgrenzung zwischen Versicherung und Fürsorge, beklagt die Angleichung der Angestelltenversicherung an die Arbeiterversicherung und hält es für eine verpaßte Chance, daß man bei der erstgenannten nicht ohne Zuschüsse auskomme. Sie hält eine Versicherungspflichtgrenze auch bei Arbeitern für richtig. Der Staat hätte nicht nur für die Wohlfahrt seiner Bürger zu sorgen, sondern müsse auch die Frage beantworten, was das koste. [27]„Denn der Staat muß ja die Mittel, die er verteilen will, in der Regel denselben Menschen abnehmen, denen er die Leistungen gibt. Es stimmt doch nicht in unserem Staat, wenn bei steigendem Wohlstand die Zahl der Schutz- und Hilfsbedürftigen laufend steigt."

Eigene Sparanstrengungen unterblieben, weil jeder überlege, ob es sich überhaupt noch lohne zu arbeiten, oder ob nicht der viel

[27] Frau Kalinke, 3. Lesung, 187. Sitzung, 21.1.1957

klüger sei, der versuche, aus dem Pott so viel wie möglich herauszuholen. Sie zitiert Tocqueville, dessen schreckliche Vision sich erfüllen könnte, „daß wir mit dem Schrei nach immer mehr Sicherheit am Ende Sicherheit und Freiheit verlieren."

Berg (FVP)[28] weist nochmals auf die unzuverlässigen Berechnungen hin, die sich auf die Zeit der Hochkonjunktur beziehen, und sieht schon für normale Zeiten beträchtliche Finanzierungsschwierigkeiten voraus. „Die lohnbezogene Rente wird seit einiger Zeit als der gewaltige soziale Fortschritt hochgepriesen. Man sollte mit solchen Lobpreisungen besser eine Generation zuwarten." Seine Schlußbewertung lautet: „Die Frage, ob das Gesetz wirklich eine Reform darstellt; und vor allem die Frage, ob diese Reform auf die Dauer einer Kritik standhält, müssen offenbleiben. Zu viele Unbekannte stehen in dieser Gleichung."

Schließlich Dr. Becker (FDP), der am klarsten die Bedenken formuliert und die Ablehnung seiner Partei begründete. Die FDP habe drei Ziele verfolgt:

1. allen Rentnern, nicht nur einem Teil, Verbesserungen zu garantieren,
2. die Beitragslast zumutbar zu halten,
3. die Versicherungspflicht auf die sozial Schutzbedürftigen zu beschränken.

Er stelle fest, daß alle drei Ziele verfehlt worden seien. Ein Viertel der Rentner erhielten keine Verbesserungen, die Versicherung umfasse nicht nur die sozial Schutzbedürftigen, die Beitragslast sei zu hoch. Die FDP habe eine einfachere Rentenformel angestrebt, nach der jeder seine eigene Rente selber hätte ausrechnen können. Mit einer Zusatzrente hätte man denen helfen wollen,

---

28 Dr. Berg, ebd.

die ohne eigenes Verschulden nur unzulängliche Beitragsleistungen erbracht hätten.

Zur Gefährdung der Währung sagt er:

> „Die Gefahren für die Kaufkraft unseres Geldes und die Erhaltung unserer Währung werden nur dann vielleicht gebannt werden können, wenn schnell und entschlossen eingegriffen wird, falls das System der lohngebundenen Produktivitätsrente zu scheitern droht. Wir stellen nicht ohne Bitterkeit fest, daß selbst die Väter dieses Gesetzes mit dem Scheitern rechnen, da sie einem künftigen Bundestag dieses Eingreifen zur Auflage machen und damit die letzte Verantwortung einem künftigen Gesetzgeber zuschieben." Das Fazit lautet: „Das Gesetz ist dem guten Ruf der Sozialversicherung abträglich."[29] Daher stimme die FDP mit Nein.

Der Abgeordnete Jentzsch (FDP) meinte zu der Äußerung des Bundesarbeitsministers, er sei bereit, ein Risiko einzugehen und wolle hoffen, daß die Dinge richtig und gut gehen werden: „Ich weiß nicht, ob man da ein Risiko übernehmen kann, ohne sich dem Verdacht auszusetzen, ein Vabanquespiel treiben zu wollen."

Außer diesem Nein der FDP ergab sich eine übergroße Mehrheit für das Gesetz. Die Stimmung war aber keineswegs euphorisch. Es war den Abgeordneten klar, daß das Ganze ein Wagnis darstellte.

Nicht mehr aus dem früher angesparten Geld der Rentner, sondern aus dem „vorgeschossenen" der Beitragszahler sollten die Renten nunmehr bezahlt, jährlich angepaßt und auf diese Weise laufend erhöht werden. Dabei sollte der Bundeszuschuß in der Höhe beschränkt bleiben und der Beitragssatz nicht steigen. Dem Gesetzgeber wurde die Verantwortung übertragen, Maßnahmen zu ergreifen, falls das Geld nicht reichen sollte. Darüber sollte

---

[29] Dr. Becker, 3. Lesung, 187. Sitzung, 21.1.1957

aus Anlaß der Rentenanpassung das Parlament jährlich diskutieren und die Empfehlungen des dafür gebildeten Sozialbeirates einholen. Als weitere Vorsichtsmaßnahme kann gelten, daß anfangs noch nicht das reine Umlageverfahren beschlossen wurde, sondern auch die Pflicht, am Ende einer zehnjährigen Deckungsperiode eine Rücklage zu bilden, die einer Jahresausgabe entspricht. Schließlich hat man im ersten Jahr nach der Reform, 1958, die fällige Anpassung ausfallen lassen. Später sollten alle diese Bremsen gelöst werden.

Man nahm nur die abhängig Beschäftigten in das Rentensystem hinein, diese aber weit über ein nachweisbares Schutzbedürfnis hinaus. Man schloß die Tür vor den Zumutungen der Rentnerarmut.

So zog man das trojanische Pferd in die Stadt, zwar nicht mit Jubelrufen, wohl aber unter Mißachtung aller Warnungen. Die Kassandrarufe sollten sich ja auch erst viel später bewahrheiten. Zunächst hoffte man, daß alles gut geht.

3. Parteien zur Rente

Parteitagsbeschlüsse und Wahlprogramme 1949–1969

Die 1957 vorgenommene Umgestaltung der Rentenversicherung bedeutete einen unerhörten Kraftakt des Gesetzgebers, und darüber hinaus eine überaus folgenreiche, stille Revolution. In welchen Parteiprogrammen oder Parteitagsbeschlüssen schlägt sich das nieder? Welche Partei hatte sich die Verwandlung der Rentenversicherung von einem Kapitaldeckungsverfahren in ein Umlageverfahren zum Ziel gesetzt und sich damit zur Wahl gestellt? Welche Partei hat die Entscheidung des Parlamentes seinen Mitgliedern, Anhängern und der eigenen Wählerschaft erklärt?

Das Ergebnis vorweg: Es herrschte vorher und nachher beredtes Schweigen. In keinem einzigen Wahlprogramm oder Parteitagsbeschluß findet sich ein Wort zu diesem Thema. Kein Wunder also, daß sich diese stille Revolution bei der Bevölkerung in keiner Weise einprägte. Der Konsens war da, die Renten wurden angehoben und jährlich verbessert. Daß insofern der Drang zur Aufklärung über das nun noch kompliziertere Rentenrecht nicht sonderlich groß war, ist durchaus verständlich.

Was aber sagten die Parteien zur Alterssicherung?

3.1 Programme der SPD

In den Anfangsjahren waren die Aussagen noch sehr allgemein. Sie forderten 1949 eine grundlegende Reform der Sozialversicherung und noch deutlicher 1953 die soziale Sicherung für alle, auch Selbständige, Handwerker, Bauern und Freiberufler. Im Programm 1956/57 steht die Klage:[30]

> „Eine ausreichende wirtschaftliche Sicherung der Alten, der Berufsunfähigen, der Kranken, der Kriegsopfer und Lastenausgleichsempfänger ist noch immer nicht erreicht, obwohl unter dem Druck der Sozialdemokraten die Renten endlich erhöht worden sind. Vor allem müssen die Renten automatisch dem Lebensstandard der arbeitenden Bevölkerung angepaßt werden."

1960/61 versprechen die Sozialdemokraten[31] jedem Versicherten ein Rente, die 75% seines Arbeitseinkommens beträgt. Sie versprechen die Öffnung der Versicherung für Selbständige und die Aufstockung kleiner Renten auf einen Mindestbetrag von 225 DM. Wie schlug das soziale Herz doch bei dem Versprechen, allen Rentnern ihren Lebensabend zu verschönern, indem man ihnen den Erwerb eines Fernsehgerätes finanziell ermöglichen wollte.[32]

1965 wiederholte man die Forderung nach einer Volksversicherung. Im Programm von **1969** sind die Aussagen etwas weniger dürftig, dazu folgende Beispiele aus dem Regierungsprogramm der SPD[33]:

> „Die SPD hat die Anpassung der Renten an Bruttolöhne und -gehälter erfolgreich verteidigt. Es ist deshalb gelungen, die Renten in drei Jahren um 24 Prozent zu erhöhen."

Kein Wort über die notwendigen und einschneidenden Maßnahmen, die die große Koalition auf Grund des Konjunktureinbruchs und der Finanzschwierigkeiten der Rentenversicherung beschlie-

---

[30] aus Jahrbuch der Sozialdemokratischen Partei, S. 347

[31] Jahrbuch der Sozialdemokratischen Partei, S. 482

[32] ebd.

[33] Regierungsprogramm der Sozialdemokratischen Partei Deutschlands, 1969, S. 11

ßen mußte und die unten noch näher zu behandeln sind. Dafür aber die wohlklingende Versprechung:

> „Wir werden die dynamische Rente durch langfristige Finanzgrundlagen, durch ausreichende Bundeszuschüsse und durch zumutbare Beiträge endgültig sichern. Niemand braucht um seine Rente zu bangen."

Die Botschaft lautet also: Wir werden die Wasserhähne aufdrehen, Beitragssatz und Bundeszuschuß werden steigen. Und es gibt darüber hinaus noch weitere schöne Versprechungen:

> „Eine sozialdemokratisch geführte Bundesregierung wird die Volksversicherung durchsetzen. Nach Aufnahme aller Angestellten in die Rentenversicherung wird auch Selbständigen und Hausfrauen (Hausfrauenrente) die Teilnahme an der sozialen Altersversicherung ermöglicht. Die SPD wird schrittweise die Wahlfreiheit der Altersgrenze einführen."

Das alles war ziemlich schlimm, wenn man bedenkt, wie wacklig die finanzielle Statik der Rentenversicherung schon war und wie genau die Eingeweihten darüber Bescheid wußten. Aber immerhin hat die sozialdemokratische Partei deutlich formuliert, wohin mit ihr die Reise gehen sollte. Daß Worte wie Beitragsstabilität, Inflationsgefahr, Überforderung der Wirtschaft oder des Bundeshaushalts in diesem Zusammenhang nie fielen, kann den nicht erstaunen, der die Sozialdemokraten in Debatten über soziale Sicherheit kennt.

3.2 Programme der CDU

Kommen wir zur CDU, der Partei, die in dieser Zeit die Regierung stellte, und bis zum Jahr 1969 drei Kanzler, Konrad Adenauer, Ludwig Erhard und zur Zeit der großen Koalition Kurt Georg Kiesinger. Mit inhaltsvollen Aussagen in Programmen hat diese Partei ihre Anhänger stets verschont und begnügte sich eher mit den Portraits ihrer Kanzler. Nur zwei Grundsatzprogramme lassen sich heranziehen, das Hamburger Programm aus dem Jahr **1953** und das Berliner Programm von **1968**. Über das Hamburger Programm sagt der ehemalige Generalsekretär der CDU Peter Hintze,[34] daß es die Grundlage für die praktische politische Arbeit der Regierungen unter Führung von Konrad Adenauer, Ludwig Erhard und Kurt Georg Kiesinger bildete.

Über die Notwendigkeit einer Sozialreform waren sich schon in den Anfangsjahren der Bundesrepublik alle Parteien einig. Im Gegensatz zur SPD, die ja zunächst eine Volksversicherung anstrebte, wollte die CDU die Abgrenzung zwischen Versicherung mit Rechtsanspruch und der Versorgung und der Fürsorge beibehalten. Dazu forderte die CDU auf ihrem 5. Bundesparteitag 1954 eine Vorlage und zugleich „baldmöglichst" die Anpassung der Leistungen in der Rentenversicherung.

Das Hamburger Programm **1953** hatte sich noch im Wesentlichen auf Aussagen beschränkt, die das bestehende System mit Grundrentenbeträgen betrafen, enthielt aber auch schon weitergehende Forderungen, z.B. nach Übersichtlichkeit der Berechnung, nach voller Gegenleistung für den geleisteten Beitrag, bzw. einem verbesserten Verhältnis zwischen Arbeitseinkommen, aus welchen die Beiträge zur Rentenversicherung geleistet werden, und den gewährten Rentenleistungen. Kündigte sich hier schon das Umlageverfahren an?

Eindeutiger ist die Unterstützung der CDU für den neuen Gesetzentwurf in ihrer Entschließung vom **29.4.1956**:[35]

> „Den Forderungen der CDU zur Alters-, Invaliditäts- und Hinterbliebenenversicherung ist im Gesetzentwurf des Bundesarbeitsministeriums Rechnung getragen worden. Das Gesetz sollte deshalb unver-

[34] Peter Hintze Hrsg. Die CDU-Parteiprogramme, 1995, S. XIV

[35] 6. Bundesparteitag, 26.–29. 4.1956, ebd. S. 198

züglich verabschiedet werden und in Kraft treten. Es geht davon aus, daß der Rentner, der Invalide und die Hinterbliebenen gleichberechtigte Glieder der Gesellschaft sind, und es gibt allen Arbeitnehmern ausreichende Sicherheit für den Lebensabend, indem es den Rentner aus der Nachbarschaft des Fürsorgeempfängers heraushebt, um ihn stattdessen am Fortschritt und Erfolg der arbeitenden Bevölkerung teilnehmen zu lassen."

Weitere aber magere Programmsätze enthalten die Beschlüsse auf dem 13. Bundesparteitag **1965**, in denen man sich rühmt, wie sehr die Ausgaben für soziale Leistungen angewachsen seien, von 5,3 Mrd. DM in 1950 auf 19,3 Mrd. DM in 1965, und daß die Renten 32% zugelegt hätten. Über die grundlegende Änderung, die die Rentenversicherung 1957 erfahren hat, wird nichts gesagt.

Programmatik war wohl die Sache der CDU nicht. Erst **1968** empfand man die Notwendigkeit, etwas Neues zu formulieren, das Berliner Programm, das zunächst nur Aktionsprogramm sein sollte und erst später zum Grundsatzprogramm wurde.

Die hier interessierenden Aussagen stehen unter dem Titel: Soziale Sicherung. Es beginnt merkwürdiger Weise mit der betrieblichen Sicherung, die wie die private Sicherung die gesetzliche ergänzen soll. Dann stehen zur gesetzlichen Alterssicherung die Aussagen, daß der Zusammenhang von Alterseinkommen und Lebensarbeitseinkommen erhalten bleiben müsse und daß man deshalb an der dynamischen Rente festhalte. Die Rentenversicherung solle für die Selbständigen geöffnet werden und langfristig auch Frauen einen Rechtsanspruch auf ausreichende Sicherung gewähren. Schließlich seien die Altersgrenzen im Rahmen der finanziellen Möglichkeiten flexibel zu gestalten.

Hier fehlt nun jeder Hinweis auf die schwere Finanzkrise der Rentenversicherung während der Konjunkturabschwächung in den Jahren 1966/67 und die Sanierungsmaßnahmen, welche die große Koalition treffen mußte, etwa die beachtliche Beitragssteigerung von 14 auf 17%. Die Erfahrungen aus diesen Jahren haben auch die Vorsicht vor unhaltbaren Versprechungen nicht wachsen lassen. Immerhin wollte man die flexible Altersgrenzen nur im Rahmen des finanziell Möglichen, schon das zeigt Einsicht.

3.3 Programme der FDP

Wie hat die FDP sich in Programmen und Beschlüssen über die Alterssicherung, insbesondere zur Rentenversicherung geäußert?

Nach den sehr allgemein gehaltenen Formulierungen in den Programmen von 1949 und 1952 gab es erst im Berliner Programm von 1957 etwas konkretere Aussagen.

Schon auf der Bremer Plattform von 1949 kam der Gedanke zum Ausdruck, daß der Staat den Versicherungsträgern Schadenersatz für die Vermögensverluste im Krieg und die Währungseinbußen schulde, daß also nur wegen dieses Verlusts der Vermögenswerte die Renten insgesamt so niedrig seien. So heißt es:[36]

> „Wir fordern deshalb eine ausreichende Verwaltungsautonomie für alle Sozialversicherungsträger. Sie müssen geschützt werden vor fiskalischen Zugriffen, die nun schon zum zweiten Male die Rücklagen für die Alters- und Hinterbliebenenversorgung, wie für die Krankenhilfe, dem öffentlichen Finanzbedarf preisgegeben haben . . . Staatliche Zuschüsse sind notwendig, als Kriegsschadensersatz, für die volle, den gegenwärtigen Lebenskosten angepaßte Rentenleistung, welche die staatlichen Versicherungsträger der Invaliden- und Angestelltenversicherung bei ordnungsgemäßer Weiterführung ihrer Geschäfte hätten entrichten müssen."

[36] Peter Juling: Programmatische Entwicklung der FDP 1946 bis 1969, 1977, S. 101

Die Analyse ist zutreffend, die Forderung berechtigt. Die FDP wollte auf die Wiederherstellung der vorher bestehenden Kapitalreserven der Versicherung hinaus, um die Träger in den Stand zu setzen, ihren Verpflichtungen nachzukommen Noch deutlicher steht das im 1952 verabschiedeten Sozialprogramm:[37]

> „Die Sozialversicherung als Kranken-, Unfall- und Alterssicherung ist zum Ausgleich der durch die Währungsreform erlittenen Verluste finanziell neu zu unterbauen."

Als allgemeine Maßnahme wird gefordert: „die Schaffung eines Bundesversicherungsamtes und einer Bundesversicherungsanstalt für Angestellte unter Übertragung des Restvermögens der Reichsversicherungsanstalt, die stufenweise Wiederherstellung des Anwartschaftsdeckungsverfahrens."

Wichtig ist, darauf hinzuweisen, daß die staatlichen Zuschüsse den Charakter des Schadensersatzes haben sollten. Darüber hinaus gab es unter der Überschrift Sozialfürsorge schon Aussagen über die Notwendigkeit der Vorsorge:

> „Bei aller Förderung der Sozialversicherung und Sozialfürsorge darf eines nicht vergessen werden: Die Stärkung des Gedankens der Selbstverantwortung und des Willens zur Selbsthilfe. Diese Selbsthilfe soll vor allem für die Sicherung des Lebensabends wirksam werden. Den Weg dazu sieht die FDP in der Bildung von Kleineigentum auf breiter Basis."

Auch aus heutiger Sicht goldene Sätze.

Das Berliner Programm wurde am **26.1.1957**, zu dem Zeitpunkt beschlossen, als im Bundestag die zweite und dritte Lesung zur Reform gerade zu Ende gegangen war, 21.1.1957. Zum heiß bekämpften Umlageverfahren findet sich allerdings kein Wort. Die Neuordnung soll diejenigen erfassen, die nicht aus eigener Kraft

---

[37] Peter Juling, Programmatische Entwicklung der FDP 1946 bis 1969, 1977, S.117

Vorsorge für Alter, Krankheit und vorzeitige Arbeitsunfähigkeit treffen können. Die Neuordnung soll auch die Notwendigkeit berücksichtigen, daß der erarbeitete Lebensstandard nicht absinkt. Empfänger unzulänglicher Renten sollen nicht der Fürsorge anheimfallen, sondern eine Zusatzrente erhalten.

Zur Förderung der privaten und freiwilligen Altersvorsorge möchte die FDP die Beseitigung der durch die Währungsumstellung entstandenen Härten, um auch hier das Vertrauen in die private Vorsorge und Sparkapitalbildung wiederherzustellen.

Die Veränderung der Position wird nicht ganz deutlich. Im Gegensatz zu den vorangegangenen Programmen sagt die FDP nun nicht mehr, daß sie die Wiederherstellung der Kapitalreserven fordert, ohne sich deshalb schon zum Umlageverfahren zu bekennen oder gar zur jährlichen Rentenanpassung an den Produktivitätsfortschritt. Dagegen hält sie fest an einem durch Schutzbedürfnis gekennzeichneten eingeschränkten Personenkreis, an der Zusatzrente für arme Rentner und der Förderung der privaten Vorsorge.

Das Programm von **1961** wiederholt die Forderung nach einer Gesamtreform der Sozialpolitik, die alle sozialen Sachverhalte zunächst untersuchen soll. Staatliche Zuschüsse müßten den Versicherungseinrichtungen aller Bevölkerungsgruppen in gleicher Weise und im notwendigen Umfang zugute kommen. Erstmals gibt es die Mahnung, daß eine Erhöhung der Sozialversicherungsbeiträge sich gerade für die einkommensschwachen Bevölkerungsschichten unsozial auswirkt. Zur Eigenvorsorge wird wieder ermuntert.[38] „Wer aus eigener Kraft für sein Alter sorgt, darf nicht bestraft, sondern sollte gefördert werden. Die private Altersversorgung und die Vorsorgeeinrichtungen der freien Berufe sind deshalb mit der gesetzlichen Rentenversicherung steu-

---

[38] Peter Juling, Programmatische Entwicklung der FDP, 1977, S. 165

erlich gleichzustellen. Die Altlebensversicherungen sind aufzuwerten."

Alles gut gemeinte Ratschläge und Richtlinien für Details, aber kaum eine ernste Auseinandersetzung mit der 1957 getroffenen Entscheidung. Das ist auch nicht anders in dem Aktionsprogramm der Freien Demokratischen Partei mit dem Titel „Ziele des Fortschritts" von 1967. Da wird äußerst lakonisch formuliert:[39]

Sozialpolitik erfordert

- Bejahung der Pflicht zur ausreichenden Sicherung vor Lebensrisiken und zur Vorsorge für das Alter
- Bessere Transparenz der Leistungen und Beiträge im Bereich der Sozialversicherung
- Schaffung dauerhafter und solider Leistungs- und Finanzierungssysteme, damit das Vertrauen der Anspruchsberechtigten und Beitragszahler in die Leistungsfähigkeit der Sozialversicherung erhalten bleibt.

Da wird sich der aufgeweckte Wähler vielleicht gefragt haben: Wie denn? Wann denn? Auf wessen Kosten?

Zusammenfassend läßt sich sagen, daß die FDP nach anfänglich konservativen Restaurationsplänen, welche die Rückkehr zur kapitalgedeckten Rentenversicherung anstrebten, das beschlossene System als gegeben hingenommen und nur noch die ergänzende Förderung der privaten Sicherung verlangt hat. Eine grundlegende Alternative zum beschlossenen Umlageverfahren hat sie anfangs noch nicht entwickelt.

Dies leistete als erster und einziger der stellvertretende Bundesvorsitzende der FDP, Wolfgang Mischnick, der seine Gedanken

---

[39] ebd. S. 195

erst vor der Friedrich-Naumann-Stiftung und dann 1963 auf dem Parteitag in München vortrug. Ein Jahr davor war die erste versicherungstechnische Bilanz mit zweijähriger Verspätung vorgelegt und damit die Entwicklung der Rentenversicherung bis 1966 errechnet worden. Auch wenn nicht alle Daten so wie prognostiziert zuträfen, so lasse sich doch eine Tendenz erkennen, die den Befürchtungen der FDP im Jahre 1957 recht gäben, so Mischnick. Falls es zu keinen Änderungen der gesetzlichen Bedingungen von 1957 käme, müßten die Beitragssätze von 14 auf 18,6–20,1% angehoben oder der Bundeszuschuß von 6,5 Mrd. DM verdoppelt oder die Renten um 25% gekürzt werden.

Wolfgang Mischnick[40] schlug nun vor, die Invalidenversicherung aus der Rentenversicherung auszugliedern und sie der Kranken- und Unfallversicherung zuzuordnen, in der richtigen Einschätzung, daß nur diese Versicherung eine echte Risikoversicherung ist, wohingegen die Alterssicherung als „normale Erscheinung" betrachtet werden sollte, die in einem sozialen Rechtsstaat eine Selbstverständlichkeit sei. Er schlug weiter vor, die getrennt gezahlten Arbeitgeber- und Arbeitnehmerbeiträge als einheitlichen Lohnbestandteil auszuweisen, „um damit jedem einzelnen ins Bewußtsein zu rufen, welche Aufwendungen für die soziale Sicherung notwendig sind."

Für die Altersversorgung baute er drei Stufen, erstens die Sockelrente, zweitens die Versicherungsrente, drittens die Eigenvorsorge.

Die unterste Stufe war die Sockelrente für jedermann (außer den Pensionären); sie sollte über Steuern finanziert werden und eine Art Währungsgarantie erhalten, also nur ganz vorsichtig angehoben werden. Der zu dieser Zeit gezahlte Bundeszuschuß von

---

40 Mischnick, in Sozialpolitische Mitteilungen, Gedanken zur Neugestaltung der Altersvorsorge,1963

6,5 Mrd. DM sollte aus der Rentenversicherung zu diesem Zweck herausgenommen werden und die Finanzierung sichern.

Die zweite Stufe war die Versicherungsrente. Sie sollte aus 15 jähriger Beitragszahlung entstehen, bei einem Beitragssatz von 10%, und mit etwa 40 Jahren erreicht werden können. Nach dieser Zeit in der dritten Stufe sollte jeder selbst entscheiden, die nunmehr freien 10% des Einkommens entweder weiter zu zahlen und die Rente damit aufzustocken oder aber sie in anderen Sparformen anzulegen.

Diese Versicherungspflicht könne man auch Selbständigen auferlegen, etwa nach dem Muster der Handwerkerversicherung.

Heute kann man über die Aktualität dieses Vorschlages nur staunen. Die Sockelrente erfüllt exakt die Voraussetzung eines vom Staat zu garantierenden „minimum vitale" und löst das Problem der Altersarmut, das ja innerhalb einer lohnbezogenen Rentenversicherung nicht gelöst werden kann. Die Versicherungsrente sollte nicht aus der Umlage, sondern den eingezahlten Beiträgen und deren Verzinsung erwachsen. Schließlich gab es in diesem Konzept den Freiraum zur weiteren Eigenvorsorge in allen Formen der Kapitalbildung, vom Sparbuch über Wohneigentum bis zur Aktie.

Auch über die Zeiträume des Übergangs gab es durchdachte Vorschläge, wobei Wolfgang Mischnick eher für eine kurze Übergangszeit eintrat[41]. Denn: „Wir können die Dinge gründlich überlegen. Wir haben aber nicht die Zeit, sie zu vertagen, um dann wiederum, wie so oft in unserer parlamentarischen Geschichte der neuesten Zeit, kurzfristig Entscheidungen treffen zu müssen, die nicht genügend ausgereift sind."

---

41 Sozialpolitische Mitteilungen, Wolfgang Mischnick, Gedanken zur Neugestaltung der Altersvorsorge, 1963, S. 18

Das Ganze erscheint uns heute so, als habe der Arzt rechtzeitig nach richtiger Diagnose zur Operation geraten, die eine völlige Genesung herbeigeführt hätte. Aber nicht einmal die eigene Partei hat die Richtigkeit der Diagnose wahrhaben wollen, geschweige denn die Tragfähigkeit des Drei-Stufenmodell. Heute wissen wir aus den vielen Beispielen unserer Nachbarländer, daß diese durchdachten Mischmodelle am ehesten geeignet sind, die Alterssicherung auch bei verändertem Altersaufbau sicherzustellen.

Ganz ohne Spuren blieb der Mischnick-Plan nicht. Im Programm von 1969, als die FDP nicht in einer Koalition eingebunden war, sondern gegen beide Volksparteien kämpfen mußte, beschloß sie folgende Aussage:[42]

> „Sozialpolitik soll Sicherheit bringen, aber nicht Abhängigkeit. Nicht Einengung, sondern Stärkung der Eigenverantwortung ist das Ziel. Das heißt für die Altersversicherung: Jedem Staatsbürger soll eine Altersgrundsicherung gewährt werden. Die Mittel sind durch allgemeine Steuern und einkommensbezogene Beiträge aufzubringen.
>
> Jeder Staatsbürger ist darüber hinaus zu Invaliditäts-, Hinterbliebenen- und weiterer Altervorsorge verpflichtet. Die Höhe dieser Vorsorge kann sich an einem Prozentsatz seines Einkommens oder an einem Steigerungssatz der Grundsicherung orientieren. In der Wahl der Vorsorgeart und -institution soll weitgehend Wahlfreiheit bestehen. Über Grundsicherung und Pflichtvorsorge hinaus ist die Vermögensbildung auch zum Zwecke der Existenzsicherung und Altersvorsorge auf breiter Basis zu fördern."

Unabhängig von der Systemfrage wollte die damalige FDP den Freien Berufen Zugang zur Rentenversicherung ermöglichen und durch Änderung des Sozialversicherungsrechts den Hausfrauen einen eigenen Rechtsanspruch auf Alterssicherung gewähren.

---

[42] in Peter Juling, Programmatische Entwicklung der FDP 1946 bis 1969, S. 205

Etwas wirr sind diese Vorschläge im Vergleich zum Vorschlag von Wolfgang Mischnick allemal. So soll die Grundsicherung sowohl aus Steuern wie auch aus Beiträgen bezahlt werden, in welchem Verhältnis bleibt offen. Die zusätzliche Pflichtversicherung wird in ihrem Volumen völlig unbestimmt gelassen. Bei der Förderung der Eigenvorsorge ist nicht klar, ob sie nur allgemeine Eigentumsförderung sein soll, die sich zur Altersvorsorge auch eignet, oder einer Zweckbestimmung unterliegt. Leider vernebelt sich das Ganze noch dadurch, daß im alten System, also dem von 1957, kostspielige Leistungsausweitungen stehen, nämlich die auch von anderen Parteien gewünschte Öffnung für die Freien Berufe. Der Eindruck, sich vom bestehenden System insgesamt lösen zu wollen, wird dadurch verwischt. Vor allem fehlt die für eine solche Neuordnung politisch unbedingt erforderliche kritische Bestandsaufnahme der unhaltbaren Finanzsituation der **bestehenden Rentenversicherung**. Die schiefe Ebene hätte beschrieben werden müssen. So wundert es nicht, daß schon das nächste Wahlprogramm der FDP wieder zahm zum Alten zurückkehrte. Die Revolution fand nicht einmal hier statt. Auf den Fahnen der Liberalen standen dann nur noch notwendige Korrekturen **innerhalb** des Systems, etwa bei der Bruttolohnbezogenen Rentenanpassung.

4. Die Zwischenzeit von 1957–67

Man hoffte 1957, daß es gut gehen werde. Und verhängnisvoller Weise ging es auch gut, zumindest in den darauffolgenden 10 Jahren, so daß die jährlichen Rentenanpassungen schon zu einer Art Gewohnheitsrecht wurden. Die Leute glaubten, daß Rentenerhöhungen so selbstverständlich seien wie die jährlichen Lohnsteigerungen, und der Wirtschaftsaufschwung verhalf zu traumhaften Steigerungsraten.

Da im Parlament jährlich aus Anlaß dieser Rentenanpassungsgesetze über die Rentenversicherung debattiert wurde, gab es auch jährlich diese Jubel-Arien über die Politik, die das möglich machte. Es mischten sich aber auch Töne der Besorgnis über die künftige Entwicklung ein, wie sie z.B: der damalige Bundesarbeitsminister Blank anschlug.[43]

> „Es haben nun die ersten versicherungstechnischen Bilanzen festgestellt, daß sich das Verhältnis der Anzahl der Rentner zur Anzahl der Beitragszahler in den nächsten Jahren ständig vergrößern wird. Wenn sich aber das Verhältnis . . . erhöht, wird sich auch das Verhältnis der Ausgaben zu den Einnahmen stark zu den Ausgaben verschieben." Mit dem Hinweis auf diese Bilanzen bittet er um höchste Aufmerksamkeit und sagt dann: „Die Sorge um den Bestand der Ansprüche von 8 Millionen Rentnern bewegt mich zu dieser Bitte. Denn was wir heute vielleicht falsch machen, werden wir später nur sehr schwer wieder regulieren können."

Der damalige Fachexperte der SPD, Professor Schellenberg, entgegnete, daß man in der Vergangenheit die Lage immer viel zu pessimistisch eingeschätzt habe und daß die Bilanzen günstiger

---

[43] Bundesarbeitsminister Blank, 4. Wahlperiode, 48. Sitzung, 14.11.1962

sein könnten.[44] Dabei bejaht er die Verantwortung auch seiner Partei für die Rentenversicherung und sagt dann treuherzig:

> „Niemand wird doch so töricht sein, oder niemand sollte so töricht sein, anzunehmen, daß wir Sozialdemokraten die Rentenversicherung in Schwierigkeiten bringen würden für eine Zeit, in der wir Sozialdemokraten auf der Regierungsbank sitzen. Für so töricht werden Sie uns nicht halten."

Das war 1962. Für wie töricht man sie hätte halten müssen, konnte man erst zehn Jahre später, als sie dann wirklich auf der Regierungsbank saßen, an ihren Rentengesetzen merken.

Für die FDP sprach in diesen Jahren der Abgeordnete Spitzmüller, oft sehr kritisch und weitblickend. Seine große Zeit kam während der Koalition von Union und SPD in den Jahren 1966 bis 69. Aber schon früh erhob er seine warnende Stimme, als man noch in den fetten Jahren lebte, 1963 zum Beispiel:[45]

> „Wir glauben, daß in der Dynamik eine riesige Gefahr liegt. Die Wirtschaft ist zwar dynamisch, Gott sei Dank. Aber wir übertragen die Dynamik der Wirtschaft ein bißchen zu automatisch in zu viele Lebensbereiche, wodurch die Wirtschaft plötzlich überfordert wird und in sich selbst keine Dynamik mehr entfalten kann und damit alles gefährdet wird."

In derselben Debatte weist Dr. Franz (CDU) auf die unterschiedlichen Rentenbiographien hin, die Spiegelbild auch des deutschen Schicksals der ersten fünfzig Jahre des Jahrhunderts sind. Er prophezeit für die Zukunft wesentlich glattere Verläufe mit gleichmäßigen hohen Ansprüchen, die zu höheren Ausgaben führen werden, während die Einnahmen stagnieren. Wegen der Alterspyramide erwartet er Beitragserhöhungen von 14 auf 19/20% und meint[46]: „Wenn das Geld einmal gebraucht werden sollte,

---

[44] Professor Schellenberg ebd.

[45] Spitzmüller 4. Wahlperiode, 96. Sitzung, 14.11.1963

[46] Dr. Franz, 4. Wahlperiode, 96. Sitzung, 14.11.1963

um die Rentenansprüche zu erfüllen, muß es eingehoben werden, ganz gleich, wer die politische Verantwortung dafür zu tragen hat."

Aber er führt dann aus: „Wir sind nicht zufrieden, daß die Masse unserer Versicherten heute eine verhältnismäßig große Möglichkeit hat, am allgemeinen Konsum teilzunehmen, und darüber hinaus keine andere Chance, als die sehr hoch gewordenen Beitragsverpflichtungen in den gesetzlichen Versicherungszweigen zu erfüllen." Er fordert mehr Spielraum zwischen Konsum und der Beitragsverpflichtung für eine individuelle Gestaltung des einzelnen Schicksals.

Er mahnt noch in derselben Legislaturperiode eine Überarbeitung der Rentengesetze von 1957 wegen möglicher Härten der Niedrigrenten an, sagt dann aber doch: „Ich gebe ehrlich zu, es kann sein, daß wir gesündigt haben und nicht alle Möglichkeiten ausgeschöpft." Fast alle Leistungen seien gewissermaßen auf die Hochkonjunktur zugeschnitten, und die Bewährungsprobe all dieser Gesetze werde erst kommen.

Professor Schellenberg (SPD) hatte sich auch in dieser Debatte über zu pessimistische Prognosen aufgeregt, aber immerhin zugegeben, daß es ein Alarmzeichen sei, wenn der Sozialbeirat sich für eine baldige Erhöhung des Beitragssatzes ausgesprochen habe. Davor müsse es eine gründliche Beratung geben.

Man kann zur Bewertung dieser Zwischenzeit also Folgendes zusammenfassen: Die Regierung hat die Renten ständig erhöht, nicht immer ohne Sorgenfalten, aber doch mit überwiegender Genugtuung. Die Opposition hätte immer noch ein bißchen mehr draufgelegt. Die FDP nahm die erste versicherungstechnische Bilanz zum Anlaß, eine gründliche Reform zu verlangen, weil sie langfristig große Finanzengpässe vorhersah.

Die Stunde des Erwachens kam 1967 – und damit der Beginn neuer erbitterter Auseinandersetzungen.

5. Reform 1967/68: Die ersten Korrekturen

1967 hatte sich auf einmal die Liquidität der Rentenversicherung dramatisch verschlechtert. Noch 1966 gab es in der Rentenversicherung Überschüsse, nun tat sich ein Defizit von 3,2 Mrd. DM auf. Daran waren nicht nur die Umstände schuld, die der Politik vorgegeben waren, wie die Konjunkturabschwächung und die Zunahme der Rentner. Die Politik selbst verschärfte die Situation noch zusätzlich dadurch, daß sie sich anschickte, mit der Kürzung des Bundeszuschusses den Bundeshaushalt zu sanieren.

Es war die Zeit der großen Koalition unter Kanzler Kurt-Georg Kiesinger, mit Franz Josef Strauß als Finanzminister und Hans Katzer als Arbeitsminister. Die einschneidenden Maßnahmen, die jetzt getroffen werden mußten, konnten sich damit zwar auf eine übergroße Mehrheit stützen, lösten aber dennoch scharfe Kontroversen zwischen den Koalitionspartnern und den Protest der einzigen Oppositionspartei FDP aus. Seltsam aus heutiger Sicht ist, daß diese Rentendebatten im Rahmen eines Finanzänderungsgesetzes und der Haushaltsgesetze 1967 und 1968 stattfanden.

Für die starke Stellung des Finanzministers sprach die Tatsache, daß der Sanierung des Haushalts gegenüber der Rentenversicherung Priorität eingeräumt wurde und das Kabinett dem Vorschlag zustimmte, den Bundeszuschuß schon im Haushalt 1967 um 200 Millionen DM zu kürzen. Mittlerweile war man dazu übergegangen, den Zuschuß nicht mehr in bar, sondern in Form von Schuldbuchforderungen zu zahlen, was den Protest der Versicherungsträger hervorrief.

Als Hüterin der Rentenversicherung fühlte sich die SPD herausgefordert, und ihr Rentenexperte Professor Schellenberg kündigte schon in der ersten Lesung einen Antrag an, die Kürzung rückgängig zu machen. Der Bundeszuschuß dürfe nicht zum Zwecke der Haushaltssanierung gekürzt werden. Dieser Antrag kam später, bei der Verabschiedung des Haushalts 1967, auch durch. „Ein Tiefschlag gegen die Koalitionsregierung", so wurde es in der Öffentlichkeit kommentiert. Aber der Sieg hielt nicht lange, denn schon im Oktober desselben Jahres sollte im Finanzänderungsgesetz der Bundeszuschuß für mehrere Jahre zurückgeführt werden.

5.1 Die Systemfrage

Die Auseinandersetzung über den Bundeszuschuß lenkte aber von der wirklichen Misere der Rentenversicherung und ihrer langfristigen Entwicklung eher ab. Angesichts der Vorausberechnungen für die Finanzen der kommenden Jahre war das Bild geradezu verheerend. Je nachdem, welche Annahmen zugrunde gelegt wurden, fehlte bis zum Jahr 1974 ein Betrag von 44,7 oder 70 Mrd. DM, im ersten Fall hätte man die gesamten Rücklagen von 27,3 Mrd. DM aufgelöst, was das Bundesarbeitsministerium für akzeptabel hielt. Zum Ausgleich der Defizite zog aber der Sozialbeirat die Beitragserhöhung einer Auflösung der Rücklagen vor, weil sich gerade in Zeiten des Konjunkturabschwungs eine Beeinträchtigung des Kapitalmarktes und der notwendigen Investitionen verbiete. Man ging dort von der Notwendigkeit einer Erhöhung des Beitragssatzes von 14% auf 20% bis zum Jahr 1974 aus.

Das war der Offenbarungseid. Spätestens jetzt mußte allen klar sein, daß das ganze System neu auf den Prüfstand gehört hätte, daß die Rentenformel, insbesondere die auf den Bruttolohn bezogene jährliche Anpassung, nicht zu halten war.

Aber die Sozialpolitiker beschworen die heilige Formel und ihre Unantastbarkeit. So schrieb Walter Kannengießer am 10.6.1967 in der FAZ in einem langen Artikel unter genauer Darlegung der Finanzlücken geradezu verzweifelt: „Angesichts dieser ungeheuren zusätzlichen Belastung muß man sich bestürzt fragen, wie ein Minister, wie die gesamte Garde der Sozialpolitiker den Mut aufbringen kann, jede Änderung der heutigen Rentenformel glatt abzulehnen und so zu tun, als ob es nur darum ginge, den Rentnern etwas wegzunehmen. Mit der Entscheidung über die künftige Rentenformel, daran kann nicht gezweifelt werden, wird zugleich über Erfolg und Mißerfolg der gesamten Finanz- und Wirtschaftspolitik unseres Staates entschieden". Dann aber weist er selbst den Weg, wie man, ohne die Formel grundsätzlich preisgeben zu müssen, aus der Sackgasse herausfinden könne: nämlich, indem man die nächsten Anpassungen ausfallen läßt, sie verschiebt oder nur zur Hälfte beschließt.

Diese Anregung griff zwar Spitzmüller (FDP) auf, aber sie erntete nur entrüstete Ablehnung. Später fand sie fruchtbaren Boden, denn in den Folgejahren hat man an der Schraube Anpassung immer wieder gedreht.

Über die Ursachen der mißlichen Lage und besonders der finsteren Perspektive gab es auch Streit. Es kamen im Grunde drei Ursachen zusammen: erstens Mindereinnahmen auf Grund der Konjunkturabschwächung, zweitens die Zunahme der Rentner im Verhältnis zu den Beitragszahlern, drittens die in der Rentenformel begründeten enormen Rentensteigerungen, die wegen der zweistellig gestiegenen Lohnzuwächse der vergangenen Jahre nun in die Anpassung einzuarbeiten waren. Die Anpassung mußte an die Bruttolöhne erfolgen. Dadurch würden, so hatte man berechnet, in den nächsten fünf Jahren die Renten um 43%, die Nettolöhne, also das, was dem Arbeitnehmer nach Abzug von

Versicherungsbeiträgen und Steuern noch blieb, nur um 14% ansteigen.

Die Anpassung an die Bruttolöhne galt aber als Kernstück der Rentenformel, obwohl sie im Gesetz nicht stand. An sie zu rühren, sie verändern zu wollen, war ein Tabu. Eher traute man sich, an allen anderen Stellschrauben zu drehen.

So der Sozialexperte Professor Schellenberg (SPD), der erst ein Bekenntnis zur bruttolohnbezogenen Rente abgab: „Für uns ist dies Ausdruck der Solidarität zwischen den Jungen und den Alten," dann geradezu lässig zugestand[47]: „Natürlich ergeben sich aus dem Altersaufbau unseres Volkes finanzielle Probleme für die Rentenversicherung. Die haben wir bereits im Jahre 1957 gekannt. Die notwendigen gesetzgeberischen Entscheidungen werden bei dem im Ausschuß liegenden Gesetzentwurf getroffen". Er kündigt an, daß man da nicht nur über höhere Beitragssätze, sondern auch über die Rücklage reden werde.

Spitzmüller (FDP)[48] griff die SPD frontal an und warf ihr vor, daß sie sich immer gerühmt habe, gegen die Regierung Leistungsverbesserungen durchgesetzt zu haben.

> „Wir stehen nun vor dem Scherbenhaufen dieser SPD-Erfolgspolitik, die die Mehrheit dieses Hauses oft, immer wieder gegen die bessere Einsicht der Bundesregierung zu Beschlüssen getrieben hat, denen die Bundesregierung sehr skeptisch gegenüberstand. Sie hat nämlich erreicht, daß dieses Haus auf allen Gebieten Mehrausgaben beschlossen hat. Heute stehen wir vor dem Scherbenhaufen dieser Mehrausgaben auf den verschiedensten Sektoren."

In der ersten Lesung des Haushaltes 1968 und des Finanzänderungsgesetzes hat Spitzmüller als erster Redner der FDP noch einmal moniert, daß Gesetze von so immenser gesellschaftlicher

---

[47] Professor Schellenberg, 5. Wahlperiode, 113. Sitzung, 9.6.1967

[48] Spitzmüller, ebd.

Tragweite wie die vorliegenden nur als reine Finanzprobleme abgehandelt werden.[49]

„Wer die bisherige Entwicklung und die künftigen Möglichkeiten kritisch betrachtet, weiß, daß die Vorschläge dieses Finanzänderungsgesetzes, auch wenn sich zahlreiche Politiker dieser Erkenntnis verschließen wollen, die **Vorboten einer Götzendämmerung** für die sozialpolitischen Schönredner darstellen.

Wir haben den Mut gehabt, im Jahr 1957 – und Sie haben uns deswegen 10 Jahre verteufelt – nein zu sagen zu den Rentenneuregelungsgesetzen, nicht weil wir gegen die Dynamik waren, sondern weil wir gegen die Automatik waren, die darin enthalten ist. Wir meinen, daß es nicht gut ist, dem Rentner eine Rente zu versprechen, von der man sicher weiß, daß sie nicht gegeben werden kann, für Jahrzehnte gegeben werden kann und dem Arbeitnehmer einen Beitragssatz zu versprechen, von dem man nicht weiß, ob er beizubehalten ist. . .. Wer vielen vieles geben will, muß vorher vielen vieles nehmen."

Bei den finanziellen Berechnungen weist er auf die Unterschiede zwischen denen der Regierung und denen des Bundesverbandes der Rentenversicherung hin.

„Diese Situation erinnert fatal an die Ausgangssituation im Jahre 1957, als der Kollege Schellenberg von der SPD die bange Frage vorlegte, ob man mit einer so wenig gründlich vorbereitenden Gesetzesvorlage überhaupt weiterarbeiten könne".

Dieselbe Frage stelle sich jetzt; gegenüber 1957 habe sich nichts, gar nichts geändert: fragwürdiges Zahlenmaterial, unausgewogene Vorschläge zur Änderung des bestehenden Rechts und dazu noch Zeitdruck. Er zitiert den Kommentar einer Zeitung. „Die große Koalition erweist sich in den Fragen der Sozialpolitik nicht als Addition des Mutes, sondern als Addition der Angst." Und er faßt die Kritik zusammen in dem Fazit: „Nach unserer Beurteilung ist die Zukunft der Rentenversicherung unsicherer denn je."

---

[49] 5. Wahlperiode, 129. Sitzung, 26.10.1967

Ein weiterer FDP-Politiker, Ollesch[50], rechtfertigt noch einmal die Ablehnung der Rentenreform in 1957:

> „Wir, Herr Kollege Schellenberg, haben aus unserer Meinung zur sozialen Alterssicherung seit 1957, ob in der Opposition, ob in der Regierung, kein Hehl gemacht. Wir haben unentwegt das Gleiche, nämlich das Vernünftige erklärt: daß diese Rentenreform des Jahres 1957 auf Dauer finanziell nicht zu halten sei, es sei denn, sie muteten den jetzigen Beitragszahlern bei ihren späteren Renten Kürzungen zu, die Sie zur Zeit nicht vorzunehmen in der Lage sind.
>
> Warum wurde nicht offenbar, daß die Rentenreform falsch angelegt ist? Weil sich der Kreis der Beitragszahler ständig **stärker** erweiterte, als die höheren Lebenserwartungen den Anteil der Rentner steigen ließ. Jetzt, wo der Zustrom aufhört und Finanzschwierigkeiten sichtbar werden, erklären Sie, daß an der Formel nicht gerüttelt wird, sonst würde das Vertrauen der Bürger in den Staat erschüttert."

Er listet auf, was die regierenden Parteien jetzt planen, um ihre Rentenformel aus 1957 über die Runden zu bringen. Davon seien hier nur die wichtigsten erwähnt:

- Wegfall der Pflichtversicherungsgrenze für Angestellte,
- Beitragssteigerung,
- Krankenkassenbeitrag der Rentner,
- Wiedereinführung des Arbeitgeberbeitrags für beschäftigte Rentner.

Zu ergänzen wäre noch die Abschmelzung der Rücklage um 7 Mrd. DM, eine Maßnahme, die, wie schon ausgeführt, der Sozialbeirat gerade abgelehnt hatte.

Und schließlich ist als Kritiker hier auch noch einmal Wolfgang Mischnick zu zitieren, der zwar Verständnis dafür äußerte, daß

---

[50] Ollesch, 5. Wahlperiode, 129. Sitzung, 26.10.1967

man versuche, Mängel auszugleichen, aber die Koalition aufrief:[51] „Haben Sie dann bitte den Mut, hier offen auszusprechen, daß sich herausgestellt hat, daß die Rentenformel so, wie sie im Jahr 1957 beschlossen worden ist, eben nicht für alle Fälle unserer wirtschaftlichen Entwicklung durchgehalten werden kann. Die Frage, was mit den Beitragszahlern von heute als Rentner von morgen wird, ist nicht beantwortet worden."

Die Union, wehrte sich mit dem Hinweis, daß die FDP ja immer eine Beitragssatzsteigerung innerhalb **der ersten 10 Jahre** vorausgesagt habe, sie käme aber doch erst 1968. Darauf entgegnet der Abgeordnete Mischnick, die Erhöhung falle dafür umso gravierender aus, nämlich von 14 auf 17% Beitragssatz.

Mit einem Angriff gegen die FDP trat in der zweiten Lesung des Haushaltsgesetzes vor allem Bundesarbeitsminister Katzer (CDU) hervor:[52] „Dieses Geschäft der Unkenrufe betreiben Sie ja nicht erst seit heute, sondern Sie betreiben es mit Fleiß seit 1957", worauf Mischnick einwendet: „Wir haben leider Recht behalten." Katzer stellt dagegen als Leistung heraus, daß es in der Vergangenheit entgegen den düsteren Prophezeiungen des Abgeordneten Atzenroth (FDP) zu keiner Beitragserhöhung, wohl aber zur Kapitalbildung in der Rentenversicherung gekommen sei, nämlich 24 Mrd. DM.

Der Abgeordnete Stingl (CDU)[53] rühmt nochmals, daß man den Zehnjahresabschnitt ohne Beitragserhöhung **mit** der Rentenformel durchgestanden habe – worauf Frau Kalinke (mittlerweile CDU) ihn kritisch fragte, ob man nicht eingestehen müsse, daß sich die Erwartungen nicht erfüllen ließen, 60% des Bruttolohnes

---

[51] Mischnick, 5. Wahlperiode, 129. Sitzung, 26.10. 1967.

[52] Katzer, 5. Wahlperiode, 167. Sitzung, 4.4.1968

[53] Stingl, 129. Sitzung, 26.10.1967.

zu erreichen. Er bejaht das und begründet es mit dem sich verschlechternden Verhältnis von Beitragszahlern und Rentnern.

Dann fährt er aber mit Pathos fort: „Den jährlichen Zuwachs verkleinern heißt, daß der Rentner in 10 Jahren feststellt, daß er die Rente gekürzt bekommen hat. Warum sagt man dann nicht offen: wir halten den Teil des Sozialprodukts, den wir heute für die Rentner zur Verfügung stellen, für zu groß und wir sind dafür, daß die Renten gekürzt werden. Darum, weil man merkt, **wie schäbig das wäre**. Wir haben einfach festzustellen, daß es in der heutigen arbeitsteiligen Industriewelt nicht möglich ist, den einzelnen darauf zu verweisen, daß er selbst für sich Vorsorge zu treffen habe."

Darauf Mischnick (FDP)[54]: „Herr Kollege Stingl sagte, daß es schäbig wäre, wenn man heute den Rentnern Belastungen zusätzlich aufbrummte, die man 1957 nicht gewollt habe. Herr Kollege Stingl, es ist natürlich **genauso schäbig**, wenn man heute die Beitragszahler und Rentner in den Glauben versetzt, es werde alles sehr gut gehen, und dann ähnliche Maßnahmen, wie sie jetzt zur Diskussion stehen, alle Jahre wieder notwendig werden."

Er legt dar, warum die Schwierigkeiten, mit denen sie jetzt zu kämpfen haben, nicht schon viel früher eingetreten seien. Das erkläre sich aus dem stürmischen Wirtschaftswachstum, von dem das System ja abhänge, und an der günstigen Finanzsituation durch 1,3 Millionen Gastarbeiter und dem Zustrom von Jugendlichen aus der Sowjetzone. Und dann weist er als einziger eine Alternative auf, nämlich den von ihm entwickelte Plan einer steuerfinanzierten Sockelrente, die eine sinnvollere Verwendung des Bundeszuschusses darstelle. Damit schaffe man Luft, könne mehr Entscheidungsfreiheit ermöglichen, zumal wenn die Versi-

---

[54] Mischnick, 5. Wahlperiode, 129. Sitzung, 26.10.1967

cherungspflicht nicht bis zum 65. Lebensjahr bestehen bleibe. Auch sei die Behauptung nicht wahr, daß der Sozialbeirat eine steuerfinanzierte Sockelrente abgelehnt habe, er habe das gar nicht prüfen dürfen, sondern nur das Bestehende bestätigen. Er wiederholte seine Forderung, auch den Arbeitgeberanteil als Bestandteil des Lohnes anzusehen und auszuzahlen.

Von niemandem sonst gab es grundsätzlich neue Reformgedanken.

5.2 Die beschlossenen Maßnahmen

Mit welchen Maßnahmen hat man nun die Rentenversicherung wieder flott und manövrierfähig gemacht?

a. Der Bundeszuschuß

Nicht mit dem Bundeszuschuß. Hier blieb es, obwohl die Kürzung um 200 Millionen kurzfristig rückgängig gemacht werden sollte, insgesamt bei einer Rückführung bis 1971 von 4 Mrd. DM, danach sollte der Zuschuß wieder wie bisher gezahlt werden und der Lohn- und Gehaltsentwicklung entsprechend wachsen.

Das leise Jammern über diese Entscheidung, die ja das Übergewicht des Finanzministers Strauß deutlich widerspiegelte, klang aus den Worten des Arbeitsministers, daß die Kürzung des Bundeszuschusses, der zum erheblichen Teil Leistungen ersetze, die der Staat zu tragen hat, nicht unproblematisch sei.

Der SPD-Abgeordnete Professor Schellenberg jammerte lauter und wies darauf hin, daß die Kürzung des Bundeszuschusses die Beitragszahler um so mehr belaste, weil sie dann ihrerseits die Defizite des ungünstigen Altersaufbaus zu tragen hätten. Keinesfalls dürften hier aber die Rentner herangezogen werden.

Erhellend ist an dieser Argumentation im übrigen, daß die Koalition für das aufgetretene Dilemma fast ausschließlich das durch den Krieg bedingte ungünstige Verhältnis von Beitragszahlern zu Rentnern verantwortlich machte, keineswegs aber das in allen Staaten zu beobachtende wachsende Lebensalter der Bürger. Bemerkenswerterweise war von dieser kriegsbedingten Verschlechterung 1957 noch nicht die Rede, während jetzt alle so taten, als hätten sie das schon damals gewußt.

Den Bundeszuschuß zu erhöhen und als Einnahmequelle für die Rentenversicherung und ihre Defizite zu nutzen, auf diese Idee kam man damals noch nicht. Im Gegenteil, angesichts des Doppelproblems Haushalt einerseits und Rentenversicherung andererseits zog man die Sanierung des Haushalts vor. Der hier siegreiche Finanzminister mußte sich dafür aber die handfesten Beitragssatzsteigerungen vorwerfen lassen.

b. Beitragserhöhung

Mit der Erhöhung der Beitragssätze wollte man 1968 beginnen und dann bis zum Jahr 1970 jährlich 1% zulegen, von 14% auf 17%. Zu diesem Beschluß hörte man in der Diskussion im Parlament bei den Vertretern der Koalition keine ernsthaften Bedenken. Wenn das Geld gebraucht würde, dann müßte man es eben herbeischaffen. Deutlich hat das vor allem der CDU-Politiker Stingl zum Ausdruck gebracht:[55] „Das System unserer Rentenversicherung liegt darin, daß dann, wenn die Zahl der Rentner größer wird, die Aktiven eher mehr von ihrem Lebensunterhalt abgeben können, als daß die Renten sinken müßten."

So blieb es allein die Aufgabe der kleinen Oppositionspartei FDP, Kritik zu üben und Bedenken anzumelden.

---

[55] Stingl, 5. Wahlperiode, 129. Sitzung, 26.10.1967.

Der Abgeordnete Dr. Haas (FDP) vermißte ein Wort des Finanzministers Strauß in dieser Frage und bedauerte den Trend, daß das verfügbare Nettoeinkommen der Arbeitnehmer permanent eingeschränkt werde.

Strauß hatte in der Debatte zum Haushalt 1967 ja noch goldene Worte gesprochen:[56] „Es muß uns gelingen, die Umverteilungsprozesse in unserem sozialen Sicherungssystem Zug um Zug mit den steigenden Masseneinkommen zurückzudrängen und das im Markt erzielte Leistungseinkommen zur Grundlage der Sicherung des einzelnen in höherem Maße zu machen."

Strauß betonte, daß nur eine erfolgreiche Finanz- und Wirtschaftspolitik eine gute Sozialpolitik ermögliche und verteidigte den 4%igen Krankenversicherungsbeitrag, den die Rentner zu zahlen hätten. Er sei bereit, sinnvolle Alternativen mit vergleichbarem Spareffekt zu akzeptieren, halte aber von den bislang gemachten Vorschlägen nicht viel.

Als darauf hin etwas aufbrausend der SPD-Politiker Professor Schellenberg ihm vorhielt, es liege vielleicht an der komplizierten Materie des Sozialrechts, daß ihm die Vorschläge nicht einleuchteten, gab er folgendes seltsames Kompliment zurück:[57]

> „Ich darf, Herr Kollege Schellenberg, meiner Meinung dahingehend Ausdruck geben, daß man eine jahrzehntelange Erfahrung und Spezialkenntnis selbst nicht durch noch so intensives Autodidaktentum innerhalb weniger Wochen nachholen kann. Ich bin überhaupt der Meinung, daß Sie [also Schellenberg] sich mit Nachdruck und Erfolg seit Jahren auf einem Arbeitsgebiet bewegen, dessen Terminologie und Spezialkenntnis beinahe einen **hermetischen Ring um den Kreis der Magier** schließen, die allein in diesem Gebiet noch sachkundig mitreden können."

---

[56] Dr. Strauß, 5. Wahlperiode, 113. Sitzung, 9.6.1967

[57] Dr. Strauß, 5. Wahlperiode, 113. Sitzung, 9.6.1967

An dieser Aussage ist zweifellos richtig, daß Professor Schellenberg einer der ganz wenigen Kenner des Rentenrechts war, was ihn aber keineswegs vor falschen Weichenstellungen, vor falschen Einschätzungen bewahrt hat oder davor zurückhielt, die Regierung in die falsche Richtung zu treiben. Aber man kann den Worten des Finanzministers noch etwas anderes entnehmen. Wenn schon ein so fleißiger, hoch ehrgeiziger und intelligenter Mann wie Strauß das Rentenrecht als ein Gebiet ansah, das **einem Kreis der Magier** vorbehalten sei, muß man dann nicht als sicher annehmen, daß auch alle nachfolgenden Finanzminister und Wirtschaftsminister sich, so gut es ging, davon fernhielten? Diesen Magiern überließ man ein Feld, das nicht nur gesellschaftspolitisch, sondern vor allem finanzpolitisch und wirtschaftspolitisch enorme Wirkung entfalten sollte. Diejenigen aber, deren Aufgabe es ist, über Wirtschaft und Finanzen zu wachen, haben die Sozialversicherungen immer unterschätzt. Jedenfalls legt die Entwicklung in der Rentenversicherung eine solche Einschätzung nahe.

c. Die Ausdehnung der Versicherungspflichtgrenze

Die Versicherungspflichtgrenze war schon 1957 umstritten. Der Entwurf hatte eine solche Grenze nicht vorgesehen, so daß alle abhängig Beschäftigten versicherungspflichtig geworden wären. Dies kam dem Denken der Sozialdemokraten sehr entgegen, die ja am liebsten das ganze Volk unter das Dach der Versicherung gebracht hätten.

Dagegen regte sich aber schon in der ersten Lesung Widerstand. Abgeordnete der CDU/CSU, DP und FDP brachten ihre Bedenken zum Ausdruck, stets mit dem Argument, daß das Schutzbedürfnis fehle. Wer hoch verdiene, solle für sich und seine Familie selbst sorgen und sei nicht auf eine solidarische Versicherung angewiesen. Deshalb kam die Versicherungspflichtgrenze wieder in das Gesetz, mit der Folge, daß hochbezahlte Angestellte sich nicht versichern mußten.

1967 kündigte sich abermals eine Wende an: Die Versicherungspflichtgrenze wurde gestrichen, alle Angestellten mußten sich versichern. Als Vorteil sollte gelten, daß dafür auch die Arbeitgeber für diesen Kreis einen Arbeitgeberanteil in die Rentenkasse zahlen mußten.

Professor Schellenberg (SPD) stellte dazu triumphierend fest:[58] „Mit der Einbeziehung aller Angestellten wird ein grundlegendes gesellschaftspolitisches Anliegen verwirklicht. Dann wird endlich der Begriff der Schutzbedürftigkeit aus dem Rentenversicherungsrecht verschwinden." Die FDP sei dagegen, weil früher oder später die Rentenversicherung zu einer Volksversicherung werde.

Das ließ an Klarheit nichts zu wünschen übrig.

Etwas verschleierter drückte sich Bundesarbeitsminister Katzer (CDU) aus, indem er sich auf den Willen der Betroffenen berief, die das angeblich überwiegend bejahten und wollten. Da über die Hälfte dieser Angestellten aber einen Antrag auf Befreiung gestellt hatten, war diese Aussage in der Realität nicht zu belegen.

Da sprach der CDU-Abgeordnete Stingl schon eher Klartext. Er sagte, daß die gesetzliche Alterssicherung eine Solidareinrichtung der schaffenden Generation gegenüber der ausgeschiedenen Generation darstelle. Es sei ein Unding, die hochverdienenden Angestellten nicht heranzuziehen.

Damit kam zum Ausdruck, daß man das Geld brauchte, also die hohen Beitragseinnahmen der gut verdienenden Angestellten, um Defizite auszugleichen.

---

[58] Professor Schellenberg, 5. Wahlperiode, 129. Sitzung, 26.10.1967.

Und hier setzte dann auch folgerichtig die Kritik der FDP an. Der Abgeordnete Spitzmüller kritisierte die Einbeziehung aller Angestellten, weil das Motiv nicht mehr die Schutzbedürftigkeit, sondern die kurzfristig erzielten Mehreinnahmen seien.[59] „Man übersieht dabei die großen Verpflichtungen, die man damit als Hypothek für die Zukunft schafft."

Wolfgang Mischnick zeigt das Volumen auf, das durch diese Aktion gewonnen wird, nämlich 3 Mrd. DM.[60] „Angestellte werden zwangsweise zu den finanziellen Nothelfern dieser Regierung gemacht."

Dasselbe Motiv ist auch bei der Regelung erkennbar, daß die Arbeitgeber bei beschäftigten Rentnern nunmehr Rentenbeiträge in die Versicherung einzuzahlen haben, obwohl sich dadurch an der Rente dieser Beschäftigten nichts ändert.

d. Der Krankenversicherungsbeitrag

Von den Rentnern sollte nunmehr ein Krankenversicherungsbeitrag erhoben werden, zunächst in Höhe von 4%, dann durch die Initiativen der Sozialpolitiker abgesenkt auf 2%. Das war eigentlich kühn, denn es widersprach eklatant allen Sprüchen über die Solidarität mit der alten Generation. So hat Minister Katzer zwar volltönend gesagt:[61]

„Wer sein ganzes Arbeitsleben zur Stärkung unserer Leistungsgesellschaft beigetragen hat, hat ein Anrecht darauf erworben, im Alter angemessen gesichert zu werden. Die soziale Sicherung im Alter steht in der Rangfolge unserer Sozialpolitik an erster Stelle." Aber in derselben Rede bezeichnet er den Krankenversi-

---

[59] Spitzmüller, ebd.

[60] Mischnick, 5. Wahlperiode, 167. Sitzung, 4.4.1968

[61] Katzer, 5. Wahlperiode, 129. Sitzung, 26.10.1967

cherungsbeitrag der Rentner als Ausdruck der Solidarität der Rentner mit den Aktiven.

Auch hier war das Motiv, Mehreinnahmen für die Rentenversicherung zu erzielen, denn an die Krankenversicherung zahlte die Rentenversicherung keinen Pfennig mehr. Spitzmüller (FDP) schlug stattdessen vor, die geplante Rentenanpassung von 8,1% doch nur in Höhe von 6,1% vorzunehmen, anstatt erst die Renten zu erhöhen und dann durch den Krankenversicherungsbeitrag wieder abzusenken. Das hätte aber bedeutet, daß man die Rentenformel variiert hätte.

Ein solcher Vorschlag, daß die Rentenformel geändert werden müßte und man von der Bruttoanpassung abgehen müsse, wurde aber entrüstet zurückgewiesen. Lieber schleuste man ein neues Element, nämlich den Krankenversicherungsbeitrag durch die Hintertür ein. Später hat man das als Raub an den Rentnern bezeichnet und in großer Reue wieder rückgängig gemacht. Die Debatte dazu wird weiter unten noch näher untersucht. 1967 hat man es sich aber geleistet, die Rentenformel als unantastbar zu bezeichnen, die bruttolohnbezoge Anpassung gleichfalls, und dennoch einen Krankenversicherungsbeitrag aus dem Hut zu zaubern.

e. Verminderung der Rücklage

Wie schon erwähnt, entschloß man sich, entgegen der Empfehlung des Sozialbeirates, die Rücklage um 7 Mrd. DM zu vermindern. Dazu noch einige Bemerkungen: Die im Gesetz 1957 vorgeschriebene Rücklage in Höhe einer Jahresausgabe, zusätzlich zu der für 10 Jahre berechneten Teildeckung, war als Vorsichtsmaßnahme gedacht, um Abschwächungen der Konjunktur und Schwankungen im Bevölkerungsaufbau ausgleichen zu können. Bei Zuwachsraten von über 5%, die für die Jahre 1968 bis 74 zugrunde gelegt wurden, konnte von einer Schwächung noch nicht die Rede sein. Die eigentlichen Altersprobleme standen ja erst bevor. Der Sozialbeirat fand es angesichts dieser Lage richtiger, die Beitragssätze früher und mehr zu erhöhen und die Rücklagen zu sparen, um für die wirklichen Krisen besser gerüstet zu sein.

Beitragserhöhungen waren aber fühlbarer und in der Öffentlichkeit weniger gut zu verbergen als der Zugriff auf die Sparbeträge. Dieses Geld lag als Kriegskasse der Politik geöffnet da und wurde nach und nach geplündert. Später hat man nur noch eine Reserve von einer Monatsausgabe, also ein ganz geringes Liquiditätspolster vorgeschrieben. Das sollte genügen, die Zeiträume zu schaffen, in denen mit gesetzgeberischen Maßnahmen die Lage zu meistern war.

5.3 Ergebnis

Die Handlungsweise der Politik, wie sie sich am Ende dieser Korrekturen darstellt, zeichnet die künftige bereits vor. Deshalb war die Krise so überaus bedeutsam. Sie kam zu spät, um das System noch einmal grundsätzlich in Frage zu stellen. Die Umwertung in höhere Renten, die Konrad Adenauer 1957 die absolute Mehrheit gewinnen ließ, die jährlichen Erhöhungen, die weit über den Zuwächsen der Nettoeinkommen der Arbeitnehmer lagen, waren in den vergangenen zehn Jahren zum sozialen Besitzstand geworden.

Was dieser Begriff eigentlich bedeuten sollte, wurde mehrfach von Rednern der FDP gefragt. Eine Antwort, ob dieser Besitzstand bei Eintritt in die Versicherung, oder bei Eintritt des Versicherungsfalles, also Rentenbeginn, gesichert sein soll, bekamen sie nicht. Bestätigt wurde ihnen aber, daß **die vorgenommene Beitragserhöhung an der Höhe der Rente nichts ändert.**

Eigentlich hätte diese Auskunft zum Aufwachen schon reichen müssen. Denn das hieß ja nichts anderes, als daß eine Generation von Rentnern einen höheren Solidarbeitrag von den Erwerbstätigen einfordert, als sie selbst geleistet hat. Eine solche Kritik hätte allerdings Kenntnisse des Umlageverfahrens vorausgesetzt.

Auf zwei Gefahren ist bei der Einrichtung des Umlageverfahrens hingewiesen worden: Auf mögliche **Einbußen** bei den **Beitragseinnahmen** wegen eines schwächeren Wirtschaftswachstums und auf **Zuwächse** bei den **Ausgaben** wegen der vermehrten Zahl der Rentner. Die Wahrscheinlichkeit war groß, daß beide Gefahren zusammentreffen und im Nu beträchtliche Löcher in die Rentenkasse reißen könnten.

Als es nun soweit war, reagierte die Politik nach bewährten Handwerksregeln. Von einer Krise wurde nicht geredet, von Fehlern schon gar nicht. Heilige Formeln wurden beschworen, gleichzeitig drehte man an sämtlichen Geldhähnen. Man griff in die Rücklage, vergrößerte den Kreis der Versicherten, erhöhte die Beiträge, erhob einen Krankenversicherungsbeitrag – alles Maßnahmen, die mehr Geld in die Versicherungskasse bringen sollten. Mit diesen Maßnahmen begann die Geschichte der Rentenmanipulationen. Unter klingendem Redepathos justierte man ziemlich skrupellos die Stellschrauben, wohlgemerkt, bei einem Bewußtseinsstand der Bevölkerung, die im Glauben war und gehalten wurde, daß ihre Beiträge bei der Versicherung liegen und die gezahlten Beiträge die entsprechenden Renten garantieren. Daß diese garantierten Renten durch höchst unterschiedliche Beitragssätze erworben wurden, fiel, wie gesagt, nicht auf.

Wie verhielten sich in diesem Rentenakt nun die Parteien?

Während 1957 die CDU/CSU als regierende Partei noch Maß und Vorsicht erkennen ließ, dem Drängen der SPD nach einer Volksversicherung, nach der Einbeziehung aller Angestellten in die

Versicherungspflicht und einer noch höheren Neubewertung der Renten nicht nachgab, räumte sie zehn Jahre später in vielen Grundpositionen das Feld. Damals sprach sie noch im betonten Gegensatz zur SPD vom eigenverantwortlichen Bürger, hatte Sorgen um die Zukunft der Finanzen wie der Beitragsstabilität und verteidigte die Begrenzung des Bundeszuschusses.

Nun aber kamen andere Töne, am deutlichsten bei der Angestelltenthematik. Sowohl Stingl wie auch Katzer äußerten sich hier voll zustimmend, Katzer nach eigenen Worten sogar glücklich, daß diese bedeutsame Entscheidung gefallen war. Nur die redliche Frau Kalinke hatte den Mut, am Begriff der Schutzbedürftigkeit festzuhalten und damit auch an ihren Bedenken.

Daß eine gründliche Reform unausweichlich sei, vertrat nur der Bundesfinanzminister, aber er fand nicht einmal in den eigenen Reihen Zustimmung.

Wenn man also 1957 noch die Hoffnung hegte, daß es gut gehen werde, so ließ man 1967 diese Hoffnung fahren. Den Mut, daraus Konsequenzen zu ziehen, hatte man in der Union nicht.

Die SPD agierte viel ungehemmter. Da sie ihr Ziel einer allgemeinen Volksversicherung immer noch vor Augen hatte, betrachtete sie die umfassende Versicherungspflicht für alle Angestellte als Etappensieg. Sie beschwor, wie die Union auch, die heilige Rentenformel der bruttolohnbezogenen Anpassung und rühmte ihren Verhandlungserfolg, den Krankenversicherungbeitrag der Rentner von 4% auf 2% gesenkt zu haben. Beitragserhöhungen machten ihr keinerlei Kopfschmerzen, eher bedauerte sie den Rückgang des Bundeszuschusses. Über das Abschmelzen der Rücklagen verlor sie kein Wort.

Wie das Ganze eigentlich weitergehen sollte, wie man also in Zukunft eine ähnliche Krise bestehen wollte, dazu sagte man nichts. Bis 1974 glaubte man Ruhe zu haben, der Blick ging offenbar nur durch die Nahkampfbrille.

Die Last der Aufklärung, der Zweifel und Warnungen blieb bei der kleinen Opposition FDP. Gedankt hat ihr das niemand. Aber wer heute die Reden von damals liest, kann ihr nur Respekt zollen. Und wer heute die gesamte Entwicklung seitdem übersieht, kann nur Wolfgang Mischnick wiederholen: „Wir haben leider Recht behalten." Obwohl sie damals kurzfristige und langfristige Reformvorschläge gemacht hat, die den Zug in andere Richtung gelenkt hätten, fuhr man auf falschen Gleisen weiter in die falsche Richtung.

Mit Beginn der sozialliberalen Koalition 1969 ging diese heroische Phase der FDP auch zu Ende. Sie fügte sich ins Unvernünftige und hat keine Anstrengung mehr unternommen, das System zu ersetzen oder grundlegend zu verändern. Für wichtige Korrekturen blieb sie aber auch in Zukunft oft allein zuständig.

1967/68 war die Zeit der Finanzkrise, in der die Politik sehen mußte, wie sie möglichst ohne Strukturveränderung das nötige Geld zusammenbringen konnte. Noch verhängnisvoller wurde es, als in den kommenden, vermeintlich satten Zeiten eine Politik der Beglückung einsetzte.

6. Die sozialliberale Koalition: Rollenwechsel der Parteien

Die Bundestagswahl 1969 ergab eine hauchdünne Mehrheit von SPD und FDP, die zur sozialliberalen Koalition führte und 13 Jahre hielt. Zum ersten Mal seit Gründung der Bundesrepublik stellte die SPD den Kanzler und den Arbeitsminister und zum ersten Mal trug sie Verantwortung für die Sozialpolitik. Sie konnte ihre Ideen vorantreiben und endlich die Ziele, die sie in Programmen und vielen Reden immer wieder formuliert hatte, in die Tat umsetzen.

Ganz entfesselt konnte sie freilich nicht handeln, da ihr Koalitionspartner FDP, der auf Grund des angekündigten Koalitionswechsels ein denkbar schlechtes Wahlergebnis eingefahren hatte, für einige der SPD-Vorstellungen, etwa die allgemeine Volksversicherung, nicht zu gewinnen war. Andererseits konnte sich die FDP auch bei der SPD nicht durchsetzen und die von Mischnick entwickelten und von der FDP vertretenen Reformvorstellungen einer Sockelrente mit begrenzter Versicherungsrente und privater Alterssicherung einführen.

Schließlich wirkten auch wirtschaftliche und finanzpolitische Faktoren auf die SPD als Regierungspartei ein.

Über die Parteiprogramme und Aussagen der 70er Jahre wird noch später berichtet, sie geben über die Dramatik der Rentenauseinandersetzungen keine Auskunft. Um die Ausgangslage zu Beginn der neuen Koalition aber richtig einschätzen zu können, lohnt es an dieser Stelle, nochmals an das SPD-Programm von 1969 zu erinnern.

Die SPD hatte im Regierungsprogramm von 1969 die Verteidigung der Bruttolohnanpassung innerhalb der großen Koalition als ihr Verdienst herausgestellt.[62] Da auch die CDU/CSU diese Anpassung nie in Frage gestellt, sondern eisern an ihr festgehalten hat, weiß man nicht, wem gegenüber die tapfere SPD dies verteidigen mußte. Über den auch mit ihrer Zustimmung erhobenen Krankenversicherungsbeitrag schweigt sie sich aus. Weiterhin hatte sie die flexible Altersgrenze und die Aufnahme aller Selbständigen und Hausfrauen in die Rentenversicherung versprochen. Um allen Befürchtungen vorzubeugen, sagte sie zu, daß die dynamische Rente durch eine langfristige Grundlage, ausreichende Bundeszuschüsse und zumutbare Beiträge endgültig gesichert werde.

Für jeden Eingeweihten war klar, daß diese Verheißungen, wenn sie in die Tat umgesetzt worden wären, den Ruin der Rentenversicherung über kurz oder lang herbeigeführt hätten. Die Öffnung der Rentenversicherung für andere Gruppen, **ohne an der Beitragsäquivalenz** festzuhalten, also einen doppelten Beitrag von Selbständigen und Hausfrauen zu fordern, die Wahlfreiheit der Altersgrenze einzuführen, **ohne versicherungsmathematische Abschläge** vorzusehen, an der Bruttoanpassung nach wie vor festzuhalten, das alles hätte sich nur verwirklichen lassen, wenn entweder die Beiträge oder die Bundeszuschüsse massiv erhöht worden wären Über Konsequenzen und Kosten der Versprechen in Parteiprogrammen schweigt man ja in der Regel. Aber es ist doch erstaunlich, wie gering die Wirkung der Korrekturdebatten der Jahre 1967/68 in den politischen Köpfen war.

Der Rollenwechsel, den die CDU/CSU damals erlebte, war für sie viel problematischer. Sie hatte sich in der Vergangenheit einer-

---

[62] Regierungsprogramm der Sozialdemokratischen Partei Deutschlands, 1969, S. 11

seits als Vorkämpferin für soziale Sicherheit dargestellt und alle erreichten sozialen Errungenschaften auf ihre Fahnen geschrieben, andererseits auch als den guten Hausvater, der auf Finanzen achtet und zu Vorsicht und Maßhalten rät. Wie auch heute, konnte sie sich in der Opposition aber nicht für eine der Rollen entscheiden, sondern jonglierte je nach Lage und Laune mit beiden Rollen. Mal griff sie die Regierung wegen unmäßigen Geldausgebens an, mal trieb sie die Regierung mit weitergehenden Forderungen im sozialen Bereich vor sich her.

So ist es erhellend zu sehen, wie in dem Drama Rente die Hauptdarsteller Faust und Mephisto Masken, Kostüme und vor allem die Texte tauschen, der zögerliche Tatmensch Faust verleitet von den verhängnisvollen Ratschlägen des Mephisto. In diesen Rollen erleben wir immer wieder Regierung und Opposition, wenn es um die Entscheidung in der Sozialpolitik geht, unabhängig davon, ob die Union oder die SPD die eine oder die andere Rolle besetzt. Zu einem ordnungspolitisch richtigen Kurs finden beide nicht. In den Parlamentsdebatten sind die Sündenregister der Parteien zwar zur Sprache gebracht worden, aber ohne Folgen.

7. Rentenreform 1971/72: Die Wahnsinnsdebatten

Die Reformen der Jahre 1971/72 führen uns auf den Gipfel einer unverantwortlichen Rentengesetzgebung. In dem Wust unterschiedlicher Gesetzgebungsverfahren sich zurecht zu finden, ist nicht einfach. So jagten sich CDU-Anträge und -Gesetzentwürfe mit Regierungsentwürfen, den jährlich vorgeschriebenen Rentenanpassungsgesetzen und jäh beschlossenen Rentengeschenken sowie Initiativen des Bundesrats. Es fanden in dieser Zeit nicht nur Debatten zur ersten, zweiten und dritten Lesung **eines** größeren Reformgesetzes statt, sondern parallel vier, fünf andere. Sie erweckten aber alle den gleichen Eindruck, nämlich daß ein Wettlauf stattfand, welche der Volksparteien am schnellsten und am nachhaltigsten die Schar der wählenden Rentner bedienen konnte. Es blieb nicht aus, daß die Vertreter der Parteien ihre Reden, die sie zu unterschiedlichen Zeitpunkten hielten, immer mehr oder weniger mit demselben Inhalt füllten.

Diese Rentengesetze standen im Schatten der bevorstehenden Bundestagswahl von 1972. Die sozialliberale Koalition hatte durch den Übertritt einiger Abgeordneter ins Lager der Opposition die Mehrheit verloren. Das vollzog sich so dramatisch, daß die 1972 von der Ausschußmehrheit von SPD/FDP noch beschlossene Gesetzesvorlage des SPD-Ministers Arendt in zweiter Lesung vom Bundestag nur mit den Änderungen der CDU beschlossen werden konnte. Der Grund war, daß der ehemalige Bundeswirtschaftsminister Schiller der Abstimmung grollend fernblieb. Er hielt von den Vorschlägen Arendts ebenso wenig wie von denen der CDU/CSU. Deren Anträge fanden aber nun Zustimmung, was sie als großen Triumph feierten. Die veränderte Fassung haben dann Bundestag und Bundesrat einhellig verabschiedet.

Angesichts des Wahltermins starteten also die beiden Volksparteien den Wettlauf in der Rentengesetzgebung, der politischen Erkenntnis folgend, daß man Wahlen mit einer Rentenreform gewinnen kann. So hatte es Kanzler Adenauer vorgemacht. Das umgekehrte Beispiel, wie man Wahlen auch verlieren kann, wenn man spät und ohne breiten Konsens auf diesem Feld Einschnitte beschließt, zeigt die Wahl 1998, bei der Kanzler Kohl und sein Arbeitsminister Blüm die Quittung für ihre Reformen bekamen.

Das Fieber brach deswegen so heftig aus, weil sich in der mittelfristigen Finanzplanung bis 1985 plötzlich fantastische Summen auftaten und weil diese in Wohltaten zu verwandeln ungemein verlockend erschien. Wie kam es zu diesem Reichtum in der Rentenversicherung?

Zwei Faktoren spielten entscheidende Rollen. Einmal sollte der Beitrag, wie 1969 beschlossen, auf nunmehr 18% ansteigen, also mehr Einnahmen erbringen. Zweitens ergaben sich gewaltige Rücklagen durch die im Gesetz stehende Anpassungsverzögerung von drei Jahren. Da in dem Konjunkturaufschwung der siebziger Jahre die Löhne steil anstiegen, die Renten aber nur entsprechend den mageren Jahren von 1967–68 angepaßt werden mußten, öffnete sich eine Schere zwischen Löhnen und Renten. Bei steigender Inflation und steigenden Lebenshaltungskosten traten die Renten praktisch auf der Stelle. Nach der Logik des Gesetzes hätte sich die Schere nur bei einem nachfolgendem Konjunktureinbruch wieder geschlossen, nicht aber bei einem normalen Wachstum. Das früher einmal angepeilte Ziel eines 60%igen Rentenniveaus im Vergleich zu den Bruttolöhnen war ohnehin nicht erreichbar, das vor dem Aufschwung bestehende von 50% aber auch nicht.

Um es noch einfacher zu sagen: Beim Aufschwung eilen die Löhne den Renten voran, beim Abschwung holen die Renten auf. Daß dies bei ausgeprägten Differenzen zu politischen Schwierigkeiten führen muß, zeigen die Beispiele aus 1967/68 und 1971/72. Im ersten Fall muß es bei den Beitragszahlern knirschen, weil sie bei niedrigen Lohnzuwächsen unverhältnismäßig hohe Rentenerhöhungen finanzieren müssen, im zweiten Fall knirscht es bei den Rentnern, weil die Lebenshaltungskosten davoneilen, die Renten den Löhnen aber weit hinterherhinken.

Statt nun diesen Mechanismus offenzulegen, die politischen Zwänge zu beseitigen und den Anpassungszeitraum zu verkürzen, reagierte die Politik jeweils kurzatmig mit unterschiedlichen Maßnahmepaketen. Das von 1967/68 haben wir bereits kennengelernt, nun folgen die Korrekturen aus den Jahren 1971/72. Aber dieses Mal ging es nicht um Einsparung, sondern um die Verteilung von Geld.

Das Fatale an der Reichtumssituation war, daß die Regierung ihre Phantasie spielen lassen konnte, welche Verbesserungen oder Wohltaten sich von dem angesammelten und noch zu erwartenden Geld bezahlen ließen, und daß sie damit die Opposition anstachelte, ebenfalls in den virtuellen Finanztopf zu greifen. Aufschlußreich ist dabei, wie solch angeblich vorhandenes Geld früher gefaßte „unumstößliche" Grundsätze viel eher gefährden und umstürzen kann als Geldnot. Das zeigt sich insbesondere bei der CDU/CSU und ihrer heiligen Rentenformel.

Die Summen, die angeblich zur Verfügung standen, wurden schon in der Debatte zur Rentenanpassung vom Juni 1971 genannt, dann von Bundesarbeitsminister Arendt. im Dezember 1971 wiederholt. Man sprach von 100 Mrd. DM. Diese Summe, gewaltig genug, steigerte sich im Zuge des näherrückenden Wahltermins auf 200 Mrd. DM, wodurch sich dann fast alle Wünsche erfüllen ließen. Zur Herkunft des Geldes einige erhellende Ausführungen der Abgeordneten:

7.1 Die Überschüsse in der Rentenversicherung

Der FDP-Abgeordnete Spitzmüller wehrt sich gegen den Satz seines Kollegen Katzer, daß die Überschüsse Folge des gesunkenen Rentenniveaus seien. Er sagt:[63]

> „Die jetzt gestiegenen Überschüsse sind das Ergebnis der kolossal gestiegenen Löhne und Gehälter und der sich daraus ergebenden Beitragssätze und des time-lag, den damals die CDU mit der FDP und mit der Deutschen Partei aus konjunkturpolitischen Gründen eingebaut hat. Wenn wir also glauben, irgendwo den Finger auf eine Wunde legen zu müssen, dann müssen diejenigen, die damals für eine antizyklische Regelung in der Rentenversicherung gewesen sind, sich auch dazu bekennen. Ich hätte nie geglaubt, daß wir so schnell die schrecklichen Wochen und Monate des Jahres 1966/67 vergessen könnten."

Und er spricht davon, wie sein Schreibtisch überfüllt sei mit Briefen – „das sah doch aus wie beim Weihnachtsmann" –, die sagten, was man mit diesen plötzlich vorhandenen 100 Mrd. DM anfangen könnte. In der Dezembersitzung[64] erwähnt Spitzmüller, daß der finanzielle Spielraum entstanden sei, weil alle drei Parteien in der Stunde der Not beschlossen hätten, ab 1973 den Beitrag auf 18% zu erhöhen und die Pflichtrücklage von 12 auf 3 Monatsausgaben abzusenken. Als einziger zieht er in Erwägung, ob man angesichts der Überschüsse nicht an einen Verzicht auf die Beitragserhöhung denken sollte. Das hätte allerdings auch den Verzicht auf alle wesentlichen Verbesserungen bedeutet. „Das geltende Rentenrecht ist weder so vollkommen, noch so ausgewogen," meint er etwas verzagt, „daß man sich guten Gewissens für einen solchen Weg hätte entscheiden können." Zu diesem Zeitpunkt hatte die Koalition schon ihr Wunschpaket vereinbart.

---

[63] Spitzmüller, 6. Wahlperiode, 130. Sitzung, 23.6.1971

[64] Spitzmüller, 6. Wahlperiode, 160. Sitzung, 16.12.1971

Auch Professor Schellenberg (SPD) begründet die Überschüsse als Folge der Beitragserhöhung, die er aber im Gegensatz zu Spitzmüller positiv sieht:[65] „Der Vermögenszuwachs, meine Damen und Herren, und darauf kommt es an, ergibt sich durch jene selbstverständlich richtige Entscheidung des Hauses, höhere Beitragssätze festzusetzen, und nicht dadurch, daß den Rentnern etwas vorenthalten wird."

Die Not zwingt ihn dann noch zu einer weiteren, sehr wahren Erkenntnis: „Die Höhe der bruttolohnbezogenen Rente ist völlig unabhängig davon, welchen Beitragssatz der Rentner in seinem früheren Arbeitsleben entrichtet hat. Rentner, die bis 1949 beispielsweise einen Beitragssatz von 5%–6% zu zahlen hatten, sind gegenüber den Versicherten von heute, die mit 17% mehr als den dreifachen Lohnanteil als Beitrag an die Rentenversicherung abzuführen haben, in keiner Weise benachteiligt." Das ergebe sich aus dem System der bruttolohnbezogenen Rente und sei so gewollt.

Nun noch zu Äußerungen zweier Unionspolitiker. Zunächst F.J. Strauß, der sein Erstaunen über diese Überschüsse nicht verhehlt.[66]

„Wenn ich an die Kurzlebigkeit solcher langfristigen, angeblich mit größter Gewissenhaftigkeit aufgestellten Prognosen denke, dann würde ich auf die 140 Mrd. DM Überschuß im Jahre 1985 nicht mit absoluter Sicherheit bauen, darüber gibt es keinen Zweifel." Er weist darauf hin, daß man bei der Berechnung vom hohen Stand des Lohnniveaus der letzten beiden Jahre ausgegangen sei und diese linear in die Zukunft hinein fortgeschrieben habe, das könne man so nicht machen.

---

[65] Professor Schellenberg, ebd.

[66] Dr. Strauß, ebd.

Noch deutlicher spricht Dr. Kreile (CDU/CSU) in der Dezembersitzung, indem er der Regierung vorwirft, Finanzpolitik nach Grundsätzen der drei asiatischen Affen zu machen, die nichts hören (Zahlen), nichts sehen (Bilanzen) nichts sagen (von den drohenden Defiziten). Auch er bezieht sich auf den Sachverständigenrat, der davor warnte, die Endphase einer Hochkonjunktur als Basis zu nehmen und zu unterstellen, daß diese in eine Phase gleichgewichtigen Wachstums übergeht. Bei einem Konjunktureinbruch würde der Einnahmeüberschuß wieder abgebaut.

Kreile weist auch auf die nicht beachtete Verlängerung der Lebenszeit hin. Sein Schlußsatz lautet:[67] „Der vorgelegte Gesetzentwurf (Rentenreformgesetz Dezember 1971) scheint mir ein Musterbeispiel einer unsoliden Gesetzgebungsarbeit zu sein."

Leider hat man von diesen vernünftigen Leuten im Laufe des Jahre 1972 nichts mehr gehört; im Gegenteil, die noch viel schlimmeren Kompromißlösungen zwischen Koalition und Opposition fanden zum Schluß ungeteilten Beifall.

7.2 Rentenformel und Rentenanpassung

Die erste Nachricht, daß sich in der Rentenversicherung Geld ansammelt und die Rücklagen über das gesetzliche Maß hinaus wachsen, gab es schon im April 1970, als Bundesminister Arendt seinen Sozialbericht vorstellte. „Mehr Spielraum für sozialpolitische Maßnahmen!" hieß es.

Alle wurden hellwach. Zum ersten Schlagabtausch zwischen der Regierungskoalition und der Opposition kam es im Juni 1971 anläßlich der Debatte zur Rentenanpassung, fortgesetzt im Oktober anläßlich eines CDU/CSU-Antrags. Die Regierung hatte

[67] Dr. Kreile, 6. Wahlperiode, 160. Sitzung, 16.12.1971

eine Rentenerhöhung für 1973 von 9,5% und in 1974 von 11% vorgesehen. Da man als erste soziale Wohltat 1969 den ein Jahr zuvor erst beschlossenen Krankenversicherungsbeitrag wieder abgeschafft hatte, sah auch die Rentenerhöhung 1971 mit 10% viel freundlicher aus. So meinte die Regierung.

Anders die Opposition! Die CDU/CSU verlangte, daß diese Rentenanpassung nicht zum 1.1.1973, sondern schon ein halbes Jahr vorher, zum 1.7.1971 greifen sollte. Sie begründete das mit der galoppierenden Inflation, die auf Grund der guten Wirtschaftslage die Löhne und Lebenshaltungskosten in die Höhe getrieben habe, denen aber die Erhöhungen der Renten in keiner Weise entspreche. Trotz Rentenerhöhung sei unterm Strich während der letzten zwei Jahre für die Rentner nichts zusätzlich übrig geblieben. Gegenüber einem Kaufkraftschwund von 5,9% seien die Anpassungen von durchschnittlich 5,5% zu gering.[68]

> „Dabei machen wir der SPD nicht den Vorwurf, daß sie die Anpassungssätze etwa nicht der Rentenformel entsprechend berechnet hätte. Das Versagen der sozialliberalen Koalition liegt darin, daß sie nicht erkannt hat, daß die Rentenformel auf der Annahme beruht, daß das Preisniveau stabil bleibt oder daß es zumindest keine Beschleunigung einer schleichenden Geldentwertung gibt."

Ob bei galoppierender Inflation und zu üppigen Lohnerhöhungen nun gerade höhere Rentenanpassungen das beste Gegenmittel sind, darf bezweifelt werden.

Katzer meinte, daß durch Vorziehen des Anpassungstermins ein Ausgleich geschaffen werden müsse. Das Rentenniveau, das auf 42% des Bruttolohnes abgesunken war, sollte dadurch wieder auf 44,5% steigen können. Müller (CDU)[69] berief sich auf den Sachverständigenrat, der in diesem Zusammenhang von einem

---

[68] Katzer gibt diese Begründung in der 197. Sitzung, 20.9.1972

[69] Müller,6. Wahlperiode, 160. Sitzung, 16.12.1971

Nachholanspruch der Rentner sprach. Die Rentenformel beruhe auf der Annahme stabiler Preise, die Überschüsse dürften den Rentnern nicht vorenthalten werden.

Gegen diesen Vorschlag und vor allem gegen diese Begründung regte sich bei der SPD heftiger Widerstand. Sie fürchtete, daß mit der vorgezogenen Anpassung das Geld verbraucht würde, das sie ihrerseits für strukturelle Leistungsverbesserungen einsetzen wollte. So antwortete der SPD-Experte Professor Schellenberg dem CDU-Sprecher Katzer, daß dieser Antrag das strikte Gegenteil einer soliden Leistungsverbesserung sei, weil die Ausgaben in 15 Jahren um 51,8 Mrd. DM erhöht und auf einen Schlag die Hälfte der Reserven, die in Zukunft zu erwarten sind, verplant würden.[70] „Wer einmal bei der Rentenanpassung mit einem Abschlag und das andere Mal, wenn es ihm politisch nützlich erscheint, mit einem Zuschlag operiert, treibt ein gefährliches Spiel." Und später sagt er beschwörend:[71] „Die Rentner in unserem Lande brauchen Sicherheit. Sie müssen sich verlassen können, daß sie auch in Zukunft die volle dynamische Rente bekommen, ohne Zuschläge, ohne Abschläge. Nichts wäre verhängnisvoller für die Rentner, als wenn die Rentenanpassung von der jeweiligen politischen Wetterlage abhängig gemacht wird."

Wehner (SPD) spendet der Union das bissige Kompliment, daß sie ihren Antrag nur der Wirkung wegen gestellt habe.[72] „Ich habe Ihnen gesagt, daß Sie den Antrag lediglich in einer Richtung durchgerechnet haben: in der Wirkung. Aber ich sage Ihnen, die Sie heute so fröhlich sind: Ich beneide Sie dennoch nicht. Die CDU/CSU geht mit diesem Antrag einen schlimmen Weg. Sie werden daran denken."

---

[70] Professor Schellenberg, 6. Wahlperiode, 130. Sitzung, 23.6.1971

[71] Professor Schellenberg, 6. Wahlperiode, 146. Sitzung, 22.10.1971

[72] Wehner, 6. Wahlperiode, 130. Sitzung, 23.6.1971

Spitzmüller (FDP) erinnerte die Unionskollegen daran, daß das Niveau in den Jahren 1962, 1963, 1964, 1965 auch unter 45% gelegen habe, ohne daß die damaligen verantwortlichen Arbeitsminister dies öffentlich als einen beklagenswerten Zustand empfunden hätten.[73]

Die Rechtfertigung, daß die Nachholung der 1958 ausgefallenen Rentenanpassung früher finanziell nicht möglich gewesen sei, stimme auch nicht, sei „eine elegante Täuschung", weil damals sich 10–12 Monatsausgaben in der Reserve befunden hätten, im Vergleich zu den 8 bis 9, von denen jetzt die Rede sei. Der Unterschied liege darin, daß man gesetzlich die Bedingung gelokkert habe und nur noch drei Monatsreserven vorgeschrieben seien. Sehr deutlich äußert er sich zu der Frage, wem die Überschüsse gehören:

> „Wenn Sie [die CDU] sagen, daß hier Geld zurückgehalten werde, das den Rentnern zusteht, kann ich dieser Argumentation nicht beipflichten. Sie ist total falsch. Da der Beitragssatz in der Rentenformel nicht enthalten ist, wird jeder Rentner so behandelt, als hätte er von dem maßgebenden Einkommen 17% und nicht die wesentlich niedrigeren Beitragssätze, die in der Mehrheit der Fälle auf die Dauer der Beitragsleistung von den heutigen Rentnern entrichtet worden sind, bezahlt. Bis 1957 waren es 10 oder 11%, dann wurden es 14, 15, 16, 17, demnächst 18%, ab Januar 1973. Das bedeutet, daß in der höchsten Beitragsklasse dieser Arbeitnehmer 1000 DM mehr bezahlt, als wenn der Beitragssatz bei 14% geblieben wäre, ohne daß er für diese höhere Summe einen höheren Rentenanspruch erhalten würde."

Deshalb sei es gerecht, die Überschüsse auf Beitragszahler von heute und Rentner von heute zu verteilen. Damit spricht er die flexible Altersgrenze an, die den Arbeitnehmern als Verbesserung angeboten werden soll, die aus Sicht der Union aber nicht so

---

[73] Spitzmüller, 6. Wahlperiode, 160. Sitzung, 16.12.1971

dringend wie die vorgezogene Rentenanpassung ist. Dazu näheres später.

Schließlich der Bundesarbeitsminister Arendt:[74]

> „Die Anpassung der Renten an die Entwicklung der Bruttolöhne und -gehälter hat sich als für die Rentner vorteilhaft erwiesen. Weder eine Anpassung an die Produktivität noch andere Kriterien hätten dazu geführt, ihnen auch nur annähernd einen solchen Einkommenszuwachs wie durch die geltende Anpassungsform zu gewährleisten."

Der Hinweis auf die Verletzung der Rentenformel hätte die Union eigentlich ins Mark treffen müssen. Sie wehrte sich mit zwei Argumenten. Erstens verwies sie auf den Gesetzestext, der die Anpassung ja nicht streng an die Lohnerhöhungen sondern an den Produktivitätsfortschritt gebunden habe. So Frau Kalinke (CDU):[75] „Bei einer geänderten Situation der Wirtschaft, bei einer Preissituation, wie sie noch nie da gewesen ist, solange wir in diesem Haus über die Kaufkraft der Renten gesprochen haben, stehen wir vor der Frage, ob wir uns nicht in der gemeinsamen Verantwortung vereinigen sollten, das sozialpolitisch Notwendige, das sozialpolitisch Dringende zuerst zu tun."

Zweitens berief man sich – das ist wirklich staunenswert – ausgerechnet auf Herbert Wehner. Es ist der CDU-Sprecher Katzer,[76] der ihn zitiert: „Den Rentnern wird doch damit nicht geholfen, daß Sie von Systemen sprechen, sondern Sie müssen von dem Systemdenken weg und müssen Maßnahmen ergreifen, die den Rentnern wirklich helfen." Daß Wehner diese Sätze beim Thema Kleinstrenten sagte, mitnichten aber auf eine vorgezogene Anpassung bezog, verschweigt Katzer.

---

[74] Arendt, 6. Wahlperiode, 130. Sitzung, 23.6.1971

[75] Frau Kalinke, 6. Wahlperiode, 130.Sitzung, 23.6.1971.

[76] Katzer, 6. Wahlperiode, 146. Sitzung, 22.10. 1971

Trotzdem will sich die CDU/CSU nicht völlig von der Rentenformel verabschieden, die sie die ganzen Jahre hinweg angewandt und verteidigt hatte. So begründet sie ihre Aktion mit dem Hilfsargument, sie hole die ausgefallene Anpassung des Jahres 1958 zur Hälfte nach, und das nach 13 Jahren!

Hier werden wir Zeuge des Rollentausches. Die Union erlaubt sich einen lässigen Umgang mit der Rentenformel, für deren Unantastbarkeit sie drei Jahre zuvor noch bereit war, eher einen Krankenversicherungsbeitrag zu erheben. Die SPD hingegen klammert sich jetzt an die Formel, weil sie nur damit die teure Anpassung vermeiden und die Ressourcen für das in ihren Augen viel schönere soziale CARE-Paket retten konnte. Das Thema der früheren Anpassung durchzog nun sämtliche Debatten bis zum bitteren Ende im September 1972. So kurz vor der Wahl knickten die SPD und die FDP dann ein.

Das für die Wahl entscheidende Argument formulierte Katzer aber schon im Oktober 1971[77]. „Und wo bleibt denn, meine Damen und Herren von der Sozialdemokratie, die von Ihnen immer beschworene soziale Gerechtigkeit, wenn 10 Millionen Rentner auf eine Anhebung der Renten verzichten müssen, damit nach Ihren Vorstellungen maximal 190.000 Personen gewisse Leistungen erhalten können? Nach der neuesten Sprachregelung der Regierung sollen es ja nun 300.000 sein."

Das rein quantitative Messen der Beglückten, nämlich 10 Millionen Rentner gegenüber nur 190.000 Personen, deren Leistungen verbessert werden sollten, bildete die Handlungsmaxime vor der Wahl. Abgesehen davon, daß die von der SPD Beglückten doch zahlreicher waren, merkt man bei dieser Gegenüberstellung deutlich die Wahlstrategie. Um **sichere** Renten ging es nicht. Der Tabubruch, die Renten nach anderen Maßstäben anzupassen, als

---

[77] Katzer, ebd.

in der Rentenformel und ihrer Anwendungspraxis vorgesehen, sollte sich später wiederholen, allerdings mit umgekehrter Tendenz, nicht **um mehr Geld auszugeben**, sondern **um mehr Geld einzusparen.**

7.3 Das Wunschpaket der Koalition

Während sich die CDU/CSU als Schutzpatronin für 10 Millionen Rentner darzustellen suchte, spielte die sozialliberale Koalition die Rolle der Reformer. Sie wollte die als mangelhaft und unausgeglichen angesehene Rentenversicherung verbessern. Im Dezember stellte Bundesarbeitsminister Arendt seinen Gesetzentwurf vor, bekannte sich zunächst zur dynamischen Rente, „sie hat sich bewährt," redete dann aber von Schwächen und Lücken, die beseitigt werden müßten. Um weitergehenden Wünschen gleich zu begegnen, vor allem denen der Union nach einer vorgezogenen Rentenanpassung, spricht er den Finanzrahmen an:[78]

> „In der Sorge und Fürsorge für die Rentner lassen sie (Bundesregierung und Fraktionen) sich von niemanden übertreffen. Aber nicht auf einen Schlag. Soziale Gerechtigkeit erfordert auch die Berücksichtigung der Finanzlage. Die Bundesregierung nutzt den finanziellen Spielraum, der sich aus den **langfristigen und soliden** Vorausschätzungen der finanziellen Entwicklung der Rentenversicherung ergibt."

Als Gründe nennt er die überdurchschnittliche Lohn- und Gehaltsentwicklung im Jahr 1970 und, langfristig, die Beitragsanhebung von 17 auf 18%. Dann fügt er noch warnend hinzu:[79] „Die Wahrheit ist doch, daß die Gelder für die langfristigen Reformverbesserungen erst noch von den Beitragszahlern aufge-

---

[78] Arendt, 6. Wahlperiode, 160. Sitzung, 16.12.1971

[79] Arendt, ebd.

bracht werden müssen. Leider wird dies in der sozialpolitischen Diskussion oft nur wenig oder überhaupt nicht beachtet."

Diese Einsicht hält ihn aber selbst nicht im Zaum. Er legt sein Wunschpaket dar, es soll 120 Mrd. DM kosten. In dem Entwurf, der dem Bundesrat zugeleitet worden war, betrugen die Kosten noch 93 Mrd. DM. An erster Stelle steht die Einführung einer flexiblen Altersgrenze, sodann die Aufstockung der kleinen Renten, die auf mindestens 35 Versicherungsjahren aufbauen. Es sollen Mütter, die einen eigenen Rentenanspruch haben, für jedes Kind ein zusätzliches Jahr angerechnet bekommen, das sogenannte Babyjahr. Die Rentenversicherung soll sich für Selbständige und Hausfrauen ohne eigenes Einkommen öffnen. Die Krankenversicherungsbeiträge, die von den Rentnern erhoben worden waren, sollen zurückgezahlt werden. Darüber hinaus gibt es noch weitere kleinere Verbesserungsvorschläge, die hier nicht interessieren.

Diesem Wunschpaket gab die CDU/CSU nicht rundweg eine Absage, sie ordnete die Vorschläge vielmehr in Rangstufen der Dringlichkeit. Dringlich fand auch sie die Verbesserung der Kleinstrenten, wünschenswert die flexiblen Altersgrenzen und die Öffnung für Selbständige, schwieriger die für Hausfrauen, nicht leistbar das Babyjahr. Vor allen anderen Verbesserungen forderte sie aber, wie schon gesagt, die vorgezogene Rentenanpassung.

Eine Addition der Wünsche, so warnte Arendt, würde den Spielraum aber überziehen, dann beliefen sich die Kosten nämlich auf 270 Mrd. DM. Der SPD-Abgeordnete Nölling sagte schon in der Oktobersitzung[80], man könne zur Verwendung der Überschüsse grundsätzlich unter drei Möglichkeiten wählen: die lineare Erhöhung, die Strukturverbesserungen oder die flexible Altersgrenze,

---

[80] Nölling, 6. Wahlperiode, 146. Sitzung, 22.10.1971

von diesen drei ließen sich aber nur zwei erfüllen. Die CDU/CSU wolle die lineare Erhöhung und die Strukturverbesserungen, die Regierung die Strukturverbesserungen und die flexible Altersgrenze.

Daß alle drei Möglichkeiten nicht gehen könnten, daß die Beitragssteigerung zu unterlassen oder daß zumindest eine Korrektur der Anpassungszeiträume sinnvoll sei, das hat niemand gesehen und vertreten, auch nicht die Sachverständigen. Später hat man seine Lehren aus diesem Rausch der Irrtümer sehr wohl gezogen. Aber im Rentendrama wachsen Einsicht und Korrekturbereitschaft immer langsamer, als es die Entwicklung erfordert.

Werfen wir nun einen Blick auf die einzelnen Vorschläge und ihre parlamentarische Behandlung.

a. Mindestrente

Die Wunschvorstellung von 1957 war, daß nach einem langen Arbeitsleben und regelmäßiger Beitragszahlung der Lebensabend eines Arbeitnehmers ausreichend gesichert sei. Man hatte sich von Seiten der Regierung dagegen gewehrt, eine Art Mindestrente oder Sockelrente innerhalb der Rentenversicherung einzurichten, weil die Rente eben keine an der Bedürftigkeit orientierte Leistung sein sollte, sondern eine Versicherungsleistung. An dieser strengen Ausrichtung gab es damals und auch später immer wieder Kritik.

Parlamentarisch überholte nun die Union die Regierung mit ihrem Antrag, daß man die Kleinstrenten anheben sollte, ein Vorschlag, der aber auch in dem Wunschpaket der Koalition nicht fehlte. Die CDU/CSU hatte ihren Vorschlag etwas üppiger ausgestattet. Schon nach 25jähriger versicherungspflichtiger Tätigkeit sollte ein Rentner mindestens 300 DM erhalten (oder 85% der persönlichen Bemessungsgrundlage). Gedacht war an Hausgehilfen, Krankenschwestern, Landarbeiter, deren Gehalt zum Teil in Naturalien bestanden hatte und die auch bei einem noch so fleißigen Arbeitsleben keine ausreichende Rente als Lebensgrundlage erwirtschaften konnten.

Die Regierung hob dagegen den der Beitragsleistung zugrundeliegenden Lohn auf eine Mindesthöhe von 75% des Durchschnitts an und forderte mindestens 35 Versicherungsjahre. Das nannte man Rente nach Mindesteinkommen.

Bitterböse Auseinandersetzung gab es zu diesem Punkt. Die Union, vertreten durch den Abgeordneten Geisenhofer, sprach so:[81]

> „Es geht darum, den Lebensstandard der ärmsten Schichten unseres Volkes, nämlich der Kleinstrentner tatsächlich anzuheben, denn was sie haben, reicht nicht aus. Es ist bestürzend, daß in dem veröffentlichten 5-Punkte Programm der Bundesregierung die Kleinstrentner am schlechtesten abschneiden. Es ist bestürzend, daß Sie so viele Kleinstrentner von der Verbesserung ausschließen. Es ist bestürzend, daß die anderen, die begünstigt werden, eineinviertel Jahr auf die kleinen Verbesserungen warten müssen, obwohl heute, währen dieser Debatte Millionen Rentner hilfesuchend nach Bonn blicken."

Noch schöner spricht Katzer (CDU) ein Jahr später[82]: „Wir haben uns von den Bedürfnissen des Menschen leiten lassen, und zwar des einzelnen Menschen. Denn für uns . . . steht der Mensch im Mittelpunkt, der einzelne, konkrete Mensch. Er ist uns wichtiger als Organisationen und Systeme."

Das Thema löste eine rückwärts gewandte, die Vergangenheit aufwühlende Diskussion aus. Der FDP-Politiker Mischnick sprach es klar aus:[83] „Als die Freien Demokraten während der gemeinsamen Regierungszeit den Gedanken in die Debatte brachten, unser Rentensystem dahin zu überprüfen, ob nicht eine Sockelrente

---

[81] Geisenhofer, 6. Wahlperiode, 146. Sitzung, 22.10.1971

[82] Katzer, 6. Wahlperiode, 197.Sitzung, 20.9.1972

[83] Mischnick, 6. Wahlperiode, 130. Sitzung, 23.6.1971

eingeführt werden sollte, wiesen Sie das hohnlachend ab. Heute tun Sie so, als seien Sie immer dafür gewesen."

Professor Schellenberg (SPD) erinnert die Union gleichfalls daran, daß sie noch 1969 gesagt hätten, die Bereinigung des sogenannten Problems der Kleinstrenten sei im Rahmen des Rentenversicherungsrechts nicht möglich Er wirft der Union vor, daß sie den Bundesregierungsentwurf abgeschrieben habe und nur in den Voraussetzungen großzügiger verfahren sei. Dann hebt er aber zu einer ernsten das System in den Blick nehmenden Kritik an: Wenn derjenige Versicherte, der 45 DM gezahlt hat, den gleichen Rentenanspruch erhalte wie derjenige, der 187 DM gezahlt hat, dann gebe es keine Beitragsgerechtigkeit mehr.[84]

> „Die Bedeutung der Mindestrente liegt darin, daß sich dabei der auf der Beitragszahlung beruhende Versicherungsgedanke mit den Zielsetzungen sozialer Gerechtigkeit verbinden muß. Wer das nicht beachtet, gefährdet das System der beitragsbezogenen Rente."

Auf Grund des Rollenwechsels ist es nun die SPD, die das System gegenüber der Union verteidigt.

Spitzmüller (FDP) wirft der CDU/CSU ihre Einstellung vor, die sie zu dem sozialen Problem der Kleinstrenten in 1957 vertrat.[85]

> „Die Anträge, die Sie hier vorgelegt haben, sind ein Beweis dafür, daß die von Ihnen mit absoluter Mehrheit beschlossene und dann durchgeführte Rentenreform in wesentlichen Bereichen, in bestimmten Teilen versagt hat. Sie haben nämlich damals die kühne Behauptung aufgestellt, man könne auf die Sockelrente verzichten, weil künftig jeder Versicherungspflichtige mit einem normalen Arbeitsleben eine ausreichend hohe Rente beziehen würde. Mit dieser Behauptung sind Sie in die Irre gelaufen. Auf eine Sockelrente kann man nicht verzichten."

---

[84] Professor Schellenberg, 146. Sitzung, 22.10.1971

[85] Spitzmüller, 6. Wahlperiode, ebd.

Zu derselben Problematik sagt in der Dezembersitzung, in welcher der Regierungsentwurf zur Debatte stand, der SPD-Abgeordnete Killat-von Coreth[86]: „Es ist nicht allein das Problem, das die CDU in diesen 20 Jahren zu lösen unterlassen hat. Wenn wir einmal die Situation prüfen, stellen wir fest, daß das Unterbleiben der Festlegung eines Mindestbetrages oder hier eines Mindesteinkommens in der Rentenversicherung von Anfang an der Krebsschaden gewesen ist." Er erinnert an den Satz des Abgeordneten Ruf (CDU/CSU – wohl fälschlich, denn der war damals noch nicht im Parlament), der gesagt haben soll: „Wenn Sie den Rentnern das geben wollen, was ihnen nach ihrer Bedürftigkeit zusteht, dann läßt sich dieses Denken eben nicht mit dem Prinzip der Beitragsrente vereinbaren."

Fern von dieser die Prinzipien der Rentenversicherung streifenden Diskussion ist die Bemerkung von Wehner (SPD) zu werten, der offensichtlich dem Kreis der Magier nicht angehören wollte:[87] „Ich habe mich immer gewundert und es hat mich, der ich kein Rentensystematiker bin, immer gewurmt, daß die Systematiker jeder Couleur . . . über diese Dinge so schnell hinweggegangen sind."

So konnte sich später Katzer (CDU) auf Wehner berufen und dem kritischen Einwand begegnen, die vorgezogene Rentenanpassung bedeute eine Abweichung von der Rentenformel. Es zeigt sich hier: **Wenn das System der Begründung und Durchsetzung eigener Forderungen im Wege steht, dann räumt man es zur Seite und bedient sich dabei der Sprüche des politischen Gegners.**

Trotz dieser Auseinandersetzung, bei der es im Grunde ja nur um die Frage ging, wer sich die Feder an den Hut stecken darf, ist

---

[86] Killat-von Coreth, 6. Wahlperiode, 160. Sitzung, 16.12.1971

[87] Wehner, 6. Wahlperiode, 130. Sitzung, 23.6.1971

erkennbar, daß der Konsens leicht zu erreichen war. Die Unterschiede lagen nur in den Voraussetzungen, nämlich ob 25 oder 35 Jahre Versicherungszeit vorliegen müssen und ob die persönliche Bemessungsgrundlage 85% oder 70% sein soll.

b. Flexible Altersgrenze

Die flexible Altersgrenze war geradezu ein Herzensanliegen der SPD. Hier konnte sie deutlich machen, daß sie nicht nur für Rentner, sondern auch für ältere Arbeitnehmer Gutes tun wollte. Die ständig wachsende Beitragsbelastung hat sie als notwendige Solidarleistung angesehen und den Arbeitnehmern immer zugemutet. Aber mit der Aufhebung der starren Altersgrenze und der Möglichkeit, schon mit 63 Jahren Rente zu beziehen, wollte sie nun den Wünschen der Arbeitnehmerschaft entgegenkommen.

Der Regierungsentwurf sah also vor, daß Arbeitnehmer, die 35 Versicherungsjahren haben, schon mit 63 Jahren in Rente gehen können. Die Rente wird wegen der für zwei Jahre fehlenden Beiträge zwar niedriger, als die Rente mit 65 Jahren, aber sie wird dafür auch zwei Jahre länger bezogen. Für diesen längeren Bezug sollte es keinen Abschlag geben. Das hieß, daß die Kosten der flexiblen Altersgrenze allein von den Beitragszahlern und nicht von den Rentnern, die sie in Anspruch nehmen, aufgebracht werden sollten. Diese Kosten bezifferte der Bundesarbeitsminister Arendt mit 66 Mrd. DM.

Zurecht kritisierte die Union diesen Vorschlag als bloße Senkung der Altersgrenze, die keinerlei Anreize zur Weiterarbeit biete. Es sei davon auszugehen, daß alle Versicherten diesen Weg einschlagen würden. Ohne Beschäftigungsverbote käme man nicht aus, weil derjenige, der bis 65 weiter arbeiten wolle, finanziell sonst schlechter dastünde, als derjenige, der mit 63 Jahren seine Rente beziehe und zusätzlich verdiene.

Sie selbst schlug vor, mit Anreizen zu arbeiten und für jedes Jahr, das ein Arbeitnehmer über die 63 hinaus weiter arbeitet, einen Rentenzuschlag von 5% zu gewähren. Erst dann könne man von einer wirklich flexiblen Grenze sprechen. Für diesen Vorschlag handelte sie sich den Vorwurf ein, dafür sorgen zu wollen, daß möglichst wenige die flexible Altersgrenze in Anspruch nehmen. Dies kam ausgerechnet vom FDP-Abgeordneten Schmidt (Kempten).[88]

An einen versicherungsmathematischen Abschlag für jedes Jahr, in dem vorzeitig, also vor der Grenze von 65 Jahren, Rente bezogen wird, dachte niemand. Man beteuerte sich vielmehr gegenseitig, daß man daran nicht denke. Dabei wäre das richtig gewesen: Abschlag bei vorzeitigem Aufhören, Zuschlag bei weiterem Arbeiten. In einem solchen Modell gibt es nicht nur die eigenverantwortliche Entscheidung über die Beendigung des eigenen Arbeitslebens, sondern der einzelne trägt auch die Kosten. Da aber Überschüsse zur Verteilung anstanden, fehlte der Druck und die Einsicht.

Bei der flexiblen Altersgrenze unterschieden sich Regierung und Opposition nicht nur im „wie", sondern auch im „ob".

Die CDU/CSU bevorzugte die Rentenanpassung zum vorgezogenen Zeitpunkt und dazu die Anhebung der Kleinstrenten. Wie schon erwähnt, hielt sie die flexible Altersgrenze nicht für dringlich. Man könne sie auch zu einem späteren Zeitpunkt noch beschließen. Falls man sie aber einführte, müßten Anreize zur Weiterarbeit in Form von Zuschlägen geschaffen werden.

Die SPD stellte die flexible Altersgrenze an die Spitze ihres Wunschzettels, trat aber für eine strenge Grenze mit nur sehr eingeschränkten Möglichkeiten zur Weiterarbeit ein. Die Begrün-

[88] Schmidt (Kempten), 6. Wahlperiode, 191. Sitzung, 14.6.1972

dung war, daß der gesundheitliche Verschleiß es schon im Interesse der Arbeitnehmer verbiete, durch Weiterarbeit dazu zu verdienen. Der entscheidende Kampf tobte aber nicht über diese Zuschläge, sondern darüber, ob man die errechneten Überschüsse überhaupt für diesen Zweck verwenden sollte oder für die vorgezogene Anpassung.

c. Öffnung der Rentenversicherung für Selbständige und für Hausfrauen

Im Grundsatz einig war man sich aber in der Frage der Öffnung der Rentenversicherung für Selbständige und Hausfrauen. Daß dieser Vorschlag die Handschrift der SPD trug, aber auch von der FDP lebhaft unterstützt wurde, erklärt sich aus der Geschichte. Schon bei der Reform 1957 wollten beide Parteien die bestehenden Möglichkeiten einer freiwilligen Versicherung für Selbständige erhalten. Damit stießen sie seinerzeit auf harten Widerstand der Union, die eine reine Arbeitnehmerversicherung schaffen wollte. So war die Auseinandersetzung in dieser Frage wieder ein Stück Vergangenheitsbewältigung. Für die SPD bedeutete diese Öffnung ein Schritt in Richtung Volksversicherung. Aufschlußreich sind die Äußerungen des SPD-Abgeordneten Koenig:[89]

> „Die grundlegende Fehlkonstruktion der Rentenversicherung ist es, daß sich im Laufe der letzten zwei Jahrzehnte die traditionelle Sozialpolitik von einer Wohlfahrtspolitik weiterentwickelte zu einer Arbeitnehmerpolitik und schließlich zu einer Gesellschaftspolitik, die Rentenversicherung sich aber ausschließlich zu einer Arbeitnehmerpolitik entwickelte und die Weiterentwicklung zur Gesellschaftspolitik völlig unberücksichtigt gelassen hat."

Der Satz ist vielleicht ein bißchen wirr, aber es schimmert durch, daß die SPD die ungelösten Alterssicherungsprobleme der Selb-

[89] Koenig, 6. Wahlperiode, 160. Sitzung, 16.12.1971

ständigen, der mithelfenden Familienmitgliedern und nicht verdienenden Hausfrauen **innerhalb** der gesetzlichen Rentenversicherung lösen wollte. Daß hier Probleme liegen, heute noch, kann nicht bestritten werden, ebenso wenig, daß der richtige Weg kaum in der Aufblähung der gesetzlichen Rentenversicherung zu finden ist.

In der Ausgestaltung dieser freiwilligen Versicherung gab es durchaus gravierende Unterschiede. Merkwürdiger Weise verhielt sich die CDU/CSU eher arbeitnehmerorientiert und die SPD locker liberal und wirtschaftsfreundlich.

Die Regierung wollte das Recht für Selbständige und nicht verdienende Hausfrauen freiheitlich regeln, indem die Zahl und die Höhe der Beiträge ins Belieben des Versicherten gestellt sein sollten.

Dagegen wollte die Union, daß die Selbständigen ihrem Einkommen **entsprechende** Beiträge zahlen und die gleichen Rechte und Pflichten haben sollten wie die Pflichtversicherten, also eine Pflichtversicherung auf Antrag. Dies wurde mit der Solidarität begründet, welche die freiwillig Versicherten zu üben hätten, und hier gab es Applaus sogar vom DGB. Unter Kostengesichtspunkten hatten die Unionspolitiker insofern recht, als es ja in der Rentenversicherung auch Leistungen gibt, die von der Höhe der Beitragsleistung völlig unabhängig sind, z.B. die Mitgliedschaft in der Krankenversicherung der Rentner oder die Leistungen der Rehabilitation. Diese Leistungen konnte man nicht schon zu Mindestbeiträgen zur Verfügung stellen. Eine Nachentrichtung von Beiträgen für zurückliegende Zeiten sahen beide Entwürfe vor, die der CDU/CDU aber noch besonders geschmückt durch eine Stiftung, die armen Selbständigen unter die Arme greifen sollte.

Die SPD hielt es aber für grundsätzlich falsch, Selbständige und Arbeitnehmer über einen Kamm zu scheren. Hier noch einmal Koenig (SPD):[90] „Aus ihrer beruflichen, risikobereiten Selbständigentätigkeit regelmäßige Pflichtzahlungen zu leisten, kann man den Selbständigen ohne ihnen Schaden zuzufügen nicht zumuten. Das würde sie hindern, überhaupt die Möglichkeit wahrzunehmen, der Rentenversicherung beizutreten." Auf den Vorwurf reagierend, bei zu geringen Beiträgen erhielten die Selbständigen später dann zu geringe Renten, meinte Koenig, Selbständige seien nicht dumm und wüßten selber, was sie leisten müssen.

Der Regierungsentwurf sah also mit der Freigabe der Zahl und Höhe der zu leistenden Beiträge eine billige Eintrittskarte für die Selbständigen vor, mit der nach 5 Jahren bereits ein Anspruch auf Erwerbsunfähigkeitsrente und nach 15 Jahren ein Anspruch auf Altersrente entstehen sollte. Später setzten sie als weitere Voraussetzung fest, daß drei Viertel der Versicherungszeit mit Beiträgen belegt sein müssen.

Auch in dieser Frage unterschied man sich nur noch bei den Eintrittsvoraussetzungen, nicht mehr in der Grundsatzfrage. Größere Skepsis hegte die Opposition bei der Öffnung der Rentenversicherung für Hausfrauen. Sie bestritt, daß damit etwas für die soziale Sicherung der Frauen geleistet werden könne. Das bleibe nur ein hochtrabender Titel. Die Hausfrauen seien auf ihre Ehemänner angewiesen, die nur bei hohem Einkommen sich angemessene Beiträge leisten könnten. Dazu führte Frau Kalinke[91] (CDU) das Beispiel an, daß, wer die Hausfrauentätigkeit mit 1000 DM bewerte, erst mit einer monatlichen Beitragsleistung von 180 DM über 35 bis 40 Jahre hinweg eine Rente von 400 bis 500 DM erwirtschafte. Es sei den Frauen weit mehr geholfen mit dem

---

[90] Koenig, 6. Wahlperiode, 160. Sitzung, 16.12.1971

[91] Frau Kalinke, ebd.

Unionsvorschlag, nämlich eine Aufwertung der Rente nach Mindesteinkommen, die nur 25 Jahre Versicherungszeit voraussetzt.

Nach den grundsätzlichen Einwänden, die der CDU-Abgeordnete Müller formulierte, kam es mit der Rede von Frau Kalinke zu der in diesen Themen üblichen Auseinandersetzungen zwischen den weiblichen Abgeordneten.

Frau Kalinke[92] stieg wieder in ihr Lieblinsargument bei der Erörterung sozialer Probleme ein, nämlich „Wo drückt der Schuh am meisten?" und fand es merkwürdig, „daß die besondere Lage der 10 Millionen Hausfrauen in der gesellschaftlichen Diskussion fast so dargestellt wird wie die Lage der Rentner." Bei beiden handele es sich nicht um homogene Gruppen. So blieben zwar zwei Drittel der Frauen im erwerbsfähigen Alter in Haushalt und Familie. Es wäre aber falsch, sie so zu betrachten, als wären sie ohne soziale Sicherung. Die Öffnung der Rentenversicherung sei zwar positiv, aber wegen der langen Wartezeit und der hohen Summen bei der Nachentrichtung noch keine Lösung. Priorität verdienten dringendere Tatbestände, wie die Versorgung berufsunfähiger nicht mehr arbeitsfähiger Frauen und Witwen, der geschiedenen Frauen, der alleingelassenen, auch der ledigen Mütter, die hier überhaupt nicht berücksichtigt seien. Sie fordert eine bessere Lösung der Witwenversorgung.

Diesen Angriff wehrt insbesondere Frau Funcke (FDP) ab[93], indem sie zwar zugibt, daß der Regierungsentwurf noch keine Reform der Hausfrauenrente darstelle, die Opposition aber auch keinen Vorschlag gemacht habe. Sie erinnert an das CDU-Programm (Düsseldorf): „Langfristig soll für alle Frauen ein eigenständiger Anspruch auf eine ausreichende Sicherung im Alter und bei In-

---

[92] Frau Kalinke, ebd.

[93] Frau Funcke, 6. Wahlperiode, 160. Sitzung, 16.12.1971

validität angestrebt werden" und fragt ironisch, ob man da das Jahr 2000 im Blick habe.

„Man hat den Eindruck, daß sich die Frauen in der CDU nachdrücklich für den eigenständigen Anspruch eingesetzt haben, daß aber die in der Mehrheit befindlichen Männer gar nicht so wild darauf waren." Eine Hausfrauenrente bedeute auch die Verbesserung der Witwenversorgung, das müsse man zusammen sehen.

Auch Frau Schlei[94] (SPD) gab zu, daß mit dem Regierungsentwurf nur ein erster Schritt zur Alterssicherung der Hausfrauen getan sei, daß diese aber mit ihren Beiträgen, die in der Höhe freigestellt blieben, den Anspruch auf die Solidarleistungen der Rentenversicherung haben sollten. Dies wollte umgekehrt die Union nicht und handelte sich den Vorwurf ein, familien- und frauenfeindlich zu sein. So der Abgeordnete Professor Schellenberg (SPD):[95] „Ich muß Ihnen den Vorwurf machen, daß Sie sich bis jetzt – auch in dem Änderungsantrag – gegen die Gleichberechtigung der Frauen in der gesetzlichen Rentenversicherung wehren. Sie wollen nämlich den nicht erwerbstätigen Hausfrauen Zeiten der Mutterschaft, Zeiten der Krankheit, Zeiten der Ausbildung nicht gewähren und machen damit die Versicherung dieser Hausfrauen zu einer Versicherung minderen Rechts."

Der FDP-Abgeordnete Schmidt (Kempten)[96] sprach von einer patriarchalischen Gesinnung, die die CDU/CSU mit ihren Vorschlägen an den Tag lege.

Schärfer noch wurden die Auseinandersetzungen beim Thema Babyjahr.

---

[94] Frau Schlei, 6. Wahlperiode, ebd.

[95] Professor Schellenberg, 6. Wahlperiode, 197. Sitzung, 20.9.1972

[96] Schmidt (Kempten), 6. Wahlperiode, ebd.

d. Das Babyjahr

Im Regierungsentwurf war eine Regelung enthalten, die Frauen, welche 1973 in Rente gehen wollten, ein Babyjahr für jedes geborene Kind zuerkannte, eine geradezu revolutionäre Neuerung. Frau Schlei[97] (SPD) begründete dies damit, daß die Geburt eines Kindes einer Frau den Aufbau ihrer eigenständigen Alterssicherung erschwere und daß die Anerkennung des Babyjahres eine rentensteigernde Wirkung wie die Kriegs- und Wehrdienstzeiten für die Männer haben solle. Sie räumte ein, daß diese Anerkennung nur für Rentenneuzugänge gedacht sei und daß es durchaus gerecht wäre, auch für die schon in Rente stehenden Mütter entsprechendes vorzusehen. Immerhin habe man einen ersten Schritt getan.

Später fand sie noch grundsätzlichere Worte:[98] „Gerade dieser Teil der Rentenreform hat in der Öffentlichkeit eine intensive Bewußtseinsbildung eingeleitet, indem erstmals versicherungsrechtlich auf die soziale Biographie der Frau mit ihren spezifischen Lebensbelastungen abgestellt wurde und man erkannte, daß ohne eine solche Berücksichtigung eine eigene soziale Sicherung nie entwickelt werden könnte."

Die CDU/CSU war gegen das Babyjahr. Ihr wichtigstes Argument war, daß es nicht zu finanzieren wäre, daß es nicht bei der Beschränkung auf die Neuzugänge bliebe sondern sich auf alle Rentnerinnen, ja auch auf Mütter ausdehnen werde, die anderen Alterssicherungen angehörten. Beispielhaft Frau Kalinke[99] (CDU): „Das Babyjahr würde sonst zu einem Ärgernis und nicht zu einer Wohltat, wenn die gleiche Leistung nicht für alle übrigen Bürger

---

[97] Frau Schlei, 6. Wahlperiode, 160. Sitzung, 16.12.1971, ähnlich in der 197. Sitzung, 20.9.1972

[98] Frau Schlei, 6. Wahlperiode, 197. Sitzung, 20.9.1972

[99] Frau Kalinke, 6. Wahlperiode, 160. Sitzung, 16.12.1971

Wirklichkeit würde." Im übrigen verweist sie auf die Antworten des DGB, der auf ihre Fragen hin richtiger Weise die Meinung vertreten habe, daß diese Anerkennung als Problem des Familienlastenausgleichs anzusehen sei. Deswegen müßte der Staat den Rentenversicherungsträgern die Kosten aus Steuermitteln erstatten.[100]

Mit dem Argument, daß das Babyjahr sich in wachsenden Kosten für die Rentenversicherung niederschlagen würde, hatte die Union zweifelsfrei recht. Die spätere Entwicklung zeigt das. Bemerkenswert sind die Skrupel der Union in dieser Frage aber insofern, als ihr sonst die haushälterische Sorgfalt völlig abging und sie keinerlei Hemmungen hatte, das errechnete Geldvolumen mit kostenträchtigen Vorschlägen bis zum Übermaß auszuschöpfen. Und bemerkenswert ist, daß sie ausgerechnet hier den Mut zur Unpopularität zeigte. Wer anderes als Frau Kalinke (CDU) ließ sich für den Streichungsantrag des Babyjahres und die folgenden Worte gewinnen?[101] „So redlich möchten wir bis zur letzten Stunde vor der Wahl bleiben, daß wir genau sagen, was heute finanzierbar ist und was morgen lösbar sein wird. Wer wünschte nicht eine eigenständige soziale Sicherung der im Haushalt beschäftigten Frauen? Aber niemand sollte etwas wünschen, was das Bestehende gefährdet. Die Wahrheit ist manchmal unpopulär, aber sie ist immer geeignet, Vertrauen auf Dauer zu erwekken."

Sie beruft sich dabei auf die Worte des Bundesarbeitsministers, der vor der letzten Sitzung im September 1972, als der countdown für die Regierung lief, die Mahnung aussprach: „Wer es ernst meint und wer gewillt ist, auch nach dem Wahltage zu

---

[100] Frau Kalinke, 6. Wahlperiode, 197. Sitzung, 20.9.1972

[101] Frau Kalinke, 6. Wahlperiode, 197. Sitzung, 20.9.1972

halten, was er heute verspricht, darf die finanzielle Solidität der deutschen Rentenversicherung nicht in Frage stellen."

Diese Mahnung hat keine Partei befolgt, alle trugen ihre teuren Verbesserungen als solide und bezahlbar im Parlament vor. Nur das Babyjahr fiel aus dem Paket heraus und sollte erst viele Jahre später wieder Eingang finden in die Rentenversicherung, als Kindererziehungszeit bezeichnet, dieses Mal von der CDU/CSU eingebracht und beschlossen, die sich noch heute dieser Großtat rühmt.

Wie schon beim Thema der Mindestrente hätte man bei der Hausfrauenrente und dem Babyjahr, kurz der Frage der sogenannten eigenständigen Alterssicherung der Frauen, eine grundsätzliche Debatte über das System der Rentenversicherung führen können und müssen. In diesem Rentensystem, auf Beiträgen der Erwerbstätigen aufbauend, lassen sich diese Fragen nämlich nicht lösen, weder das Problem der Armut, das durch nicht geleistete oder zu geringe Beiträge entsteht, noch das der Kinder erziehenden Frauen. Die Formel von der eigenständigen sozialen Sicherung der Frau fehlt zwar seitdem in keinem Parteiprogamm. Nur wer es bezahlt, steht nicht dabei.

Ein ganz anderer Punkt ist der, ob in einem auf Umlage beruhenden System nicht die Kindererziehung als Beitrag aufgefasst und gewertet werden sollte. Das Bundesverfassungsgericht hat diese Meinung mehrfach vertreten. Aber auch mit großzügigster Aufwertung kommt man nicht auf eine Versicherungszeit von 35-40 Jahren, die den Rentenanspruch in einer existenzsichernden Höhe begründen könnte.

e. Der Krankenversicherungsbeitrag

Der Krankenversicherungsbeitrag von 2%, den die Rentner ab 1968 zu zahlen hatten, wurde von der sozialliberalen Koalition 1969 schon wieder abgeschafft. Das kommentierte der CDU-

Politiker Dr. Barzel so: „Der Vorschlag, den jetzigen Krankenversicherungsbeitrag zu streichen, zwingt dazu, entweder die Beiträge oder aber den Bundeszuschuß zu erhöhen. Die Leichtfertigkeit, mit der den Rentnern etwas versprochen wird, ist beispiellos." Recht hatte der Mann. Aber genüßlich zitierte Professor Schellenberg (SPD) diesen Satz,[102] um zu beweisen, daß es nicht die Union gewesen sei, die sich zu so einer segensreichen Tat aufgerafft habe. Natürlich waren alle Parteien für die Streichung. Der Regierungsentwurf ging aber noch weiter. Vorgesehen war nunmehr, die schon eingenommenen Beiträge den Rentnern wieder zurückzuzahlen. Dazu wurde ein gesonderter Gesetzentwurf im Dezember eingebracht, der schon im Januar in zweiter und dritter Lesung verabschiedet werden konnte.

Es sollen die Argumente und Zitate aus der dritten Lesung des Beiträgerückzahlungsgesetzes genügen.

Der CDU Abgeordnete Härzschel[103] begrüßt das Gesetz, weil den Rentnern damit bei der inflationären Preisentwicklung geholfen wird, und reklamiert diese Hilfe als Teilerfolg für die CDU. Dann weist er aber wieder auf das im Vergleich zu den Bruttolöhnen ungemein niedrige Rentenniveau hin, nämlich 41%, beklagt daß in den letzten zwei Jahren die Renten einen Zuwachs von lediglich 11% gehabt hätten gegenüber Einkommenssteigerungen der Beschäftigten von 22%, und verwahrt sich gegen den Vorwurf, daß es die Union allein gewesen sei, die den Krankenversicherungsbeitrag seinerzeit gewollt habe.

Tiefer in die Harfe greift der SPD-Kollege Wolf:[104] „Die Einführung dieses Beitrags zur Rentnerkrankenversicherung war ein verhängnisvoller Eingriff in die bruttolohnbezogene Rente. Sie hat

---

[102] Professor Schellenberg, 6. Wahlperiode, 197. Sitzung, 20.9.1972

[103] Härzschel, 6. Wahlperiode, 165. Sitzung, 26.1.1972

[104] Wolf, ebd.

seinerzeit das Vertrauen unserer Rentner schwer erschüttert. Diese Rentenkürzung ist von den Rentnern stets als großes Unrecht angesehen worden, und ich meine, das mit Recht".

Dann spricht er von dem notwendigen Übel und daß es die SPD-Kollegen immer bedrückt habe, „weil wir wußten, daß dieser Rentenabschlag ein harter Akt gegenüber den Rentnern war." Und er fährt fort: „Die Beseitigung ist sicher ein Schritt von großer gesellschaftlicher Bedeutung, der nicht nur die Renten von heute, sondern auch die Renten von morgen verbessert. Dennoch bleibt es ein soziales Ärgernis, daß die Rentner zwei Jahre Kürzungen hinnehmen mußten, die in Wirklichkeit überhaupt keine echten Beiträge für die Krankenversicherung waren, sondern der Sanierung des Bundes und der Rentenfinanzen dienten."

Bemerkenswert ist besonders der Schlußsatz von Wolf: „Ich darf Ihnen, meine Damen und Herren, und allen Rentnern im Namen meiner Fraktion versichern: solange Sozialdemokraten Regierungsverantwortung tragen, wird es keinen negativen Eingriff mehr in die bruttolohnbezogene Rente geben."

Schmidt (Kempten) erinnert daran[105], daß die FDP immer gegen den Krankenversicherungsbeitrag der Rentner gewesen sei, und wendet sich gegen den Vorwurf der CDU, daß das Rentenniveau so niedrig sei. Dies folge eben aus der einmal und zwar gerade von der CDU beschlossenen Rentenformel. Und er verspricht, daß auch bei Rückgang der Einnahmen in das Leistungsrecht in Zukunft nicht mehr eingegriffen werde.

Diese Sätze hätten die Parlamentarier alle besser nicht gesagt, wie sich nur ganz wenige Jahre später, nämlich schon in den Debatten 1977/78 zeigen sollte.

---

[105] Schmidt (Kempten) 6. Wahlperiode, 165. Sitzung, 26.1.1972

So stand das 5-Punkte-Programm der Koalition dem 2-Punkte-Programm der Union gegenüber. Aus heutiger Sicht fällt es schwer, ein Urteil zu fällen, auf welcher Seite ein größeres Maß an Verantwortung und Voraussicht herrschte, oder besser ein größeres Maß an Verantwortungslosigkeit und Blindheit. Die galoppierende Inflation, die immensen Lohnzuwächse und der Preisauftrieb sprachen für den Vorschlag der Union, zunächst mal eine Verbesserung der Renten, die nachweisbar zurückgefallen waren, zu beschließen. Das Abgehen von der Rentenformel fiel ja der Union nicht allzu schwer, weil sie argumentierte, die Anpassung der Renten, so, wie sie einmal beschlossen wurde, habe stets eine solide wirtschaftliche Entwicklung vorausgesetzt, mit stabilen Preisen und maßvollen Lohnzuwächsen. Dies sei aber nicht mehr gegeben. Die sozialliberale Koalition betreibe eine so miserable Wirtschaftspolitik, daß die Korrekturen bei der Rentenanpassung notwendig und unausweichlich seien. Die Fragen, ob nicht der Anpassungszeitraum verändert werden müßte und warum eigentlich Beitragserhöhungen und die Abschmelzung der Rücklagen notwendig seien, wenn die Mittel unmittelbar gar nicht gebraucht werden, diese an das System rührende Fragen stellte die Union nicht. Sie startete in den Wettlauf um die beste Rentenpolitik mit der auf Breitenwirkung zielenden Forderung, **alle Renten** früher anzupassen, und der sozial begründeten, die **durch ein geringes Erwerbseinkommen besonders niedrigen Renten nachhaltig** aufzubessern. Den Armen half sie damit großzügiger als die Koalition, und allen anderen Rentnern auch. Motto: **Das größte Glück der größten Zahl!**

Die Regierungskoalition geriet durch diese Strategie sichtlich in Not. Gequält wies sie die üppigen Geschenke zurück und brachte ganz ordentlich Bedenken vor gegen eine übertriebene Aufbesserung der Kleinstrenten, die das Prinzip der Leistungsgerechtigkeit verletze und die Umgehung der Rentenformel, die der Willkür Tor und Tür öffne. Aber sie tat das nicht, um ihrerseits Kurs zu halten und in Zeiten übergroßer Beitragseinnahmen Geld in die Scheuern zu sammeln. Sie wies die Unionswünsche zurück, um ihre eigenen durchsetzen zu können. Die flexible Altersgrenze sollte die Arbeitnehmerschaft erfreuen und über die Beitragserhöhung auf 18% hinwegtrösten. Die Öffnung der Rentenversicherung für Hausfrauen und die Anerkennung eines Babyjahres sollte die Frauen erfreuen, die Mindestrente sollte, wenngleich vorsichtiger als die Union, soziale Schieflagen beseitigen, schließlich sollte die Rückzahlung des Krankenversicherungsbeitrages alle Rentner glücklich machen. In diesem Paket war kein Platz für die allgemeine Rentenerhöhung zu einem früheren Zeitraum, so dachte man im Dezember 1971.

So sehr man die Finanzen in den Anfangsdebatten auch ansprach, im Grunde spielten Rücksichten auf die Rentenkasse keine Rolle. Man handelte ja mit virtuellem Geld. Unverantwortliches Handeln war also auf beiden Seiten gleich verteilt, freilich trifft ein solcher Vorwurf die Regierung härter, weil sie die politische Verantwortung trägt.

Was beim Lesen der Debatten die Geduld besonders strapaziert, ist das lange, ausführliche Aufrechnen gegenseitiger Versäumnisse, das kindische Bestehen auf einem politischen „Erstgeburtsrecht" für gewisse Verbesserungsvorschläge, die Vergangenheitsbewältigung ohne eine Spur von Wahrheitssuche. Es gehört zu den unausrottbaren Handwerksregeln der parlamentarischen Auseinandersetzungen, daß die Parteien immer und immer wieder darauf hinweisen müssen, daß sie irgend etwas zuerst gesehen, moniert oder vorgeschlagen haben. Außerhalb des Parlamentes interessiert das niemanden.

7.4 Der Endspurt

Nachdem in der Dezembersitzung die Positionen der Regierungsparteien und der Opposition klar dargelegt wurden, begann nun ein monatelanges Tauziehen um die einvernehmliche Lösung. Die Situation wurde vor allem deshalb so schwierig, weil der sozialliberalen Koalition allmählich die parlamentarische Mehrheit verloren ging durch den Übertritt einiger liberaler Abgeordneten zur CDU/CSU und dem demonstrativen Rückzug des ehemaligen Wirtschaftsministers Schiller aus der parlamentarischen Arbeit. Neuwahlen standen vor der Tür. Wie sollte die Regierung mit den Vorschlägen zur Rentenversicherung verfahren? Mit leeren Händen wollte sie auf keinen Fall vor die Rentner treten. Die in der Öffentlichkeit bekannt gewordenen riesigen Reserven mußten vorher als Wohltaten ausgegeben und damit politisch verkauft werden können.

In den Ausschußberatungen nach der Sommerpause in 1972 kam es zu der überraschenden Lösung: Auf der Grundlage neuer Berechnungen des Arbeitsministeriums war auf einmal **mehr Geld** da, nämlich 200 Milliarden DM, die nun eine großzügige Erfüllung aller, oder fast aller Wünsche von Regierung und Opposition zuließen. Die Betrachtung dieses Vorgangs ist überaus lehrreich. Da man zu Einnahmen und Ausgaben in der Rentenversicherung auf gewisse Schätzungen angewiesen ist, nämlich Annahmen, wie sich z.B. die Konjunktur entwickelt, oder wie viele Versicherte von der einzuführenden flexiblen Alterssicherung überhaupt Gebrauch machen werden, lassen sich die angeblich zur Verfügung stehenden Finanzmittel beliebig verändern. So ging man plötzlich von einem Anstieg des Sozialprodukts von 10,5% im kommenden Jahr aus, im Gegensatz zu den bisher angenommenen 8,5%. Damit konnten in den nächsten 15 Jahren insgesamt 221 Milliarden DM mehr erwartet und davon, abzüglich der vorgeschriebenen Rücklagen, 185 Milliarden DM für Verbesserungen ausgegeben werden.

Es gab niemand im Bundestag, der an dieser abenteuerlichen Geldvermehrung grundsätzlich Zweifel gehegt und deswegen vor den immensen Ausgaben gewarnt hätte. Zwar wies der Minister darauf hin, daß nunmehr aber auch wirklich alle Reserven ausgeschöpft seien, das zuvor noch gehütete Sicherheitspolster mit eingeschlossen. Das war aber nur als Warnung an die Adresse der Union gedacht und bezog sich lediglich auf deren Vorschläge wie den zur Rente nach Mindesteinkommen, der ja wesentlich günstiger, sprich kostspieliger ausgestaltet war, als der Vorschlag der Regierung. Die Union warf andererseits der Regierung unsolides Wirtschaften vor, da sie mit inflationären Lohnentwicklungen rechne. Ihrem Rentenpaket maß sie aber auch ein Volumen von 170 Milliarden DM zu.

Wichtigstes Ergebnis des Kompromisses war, daß es sowohl die vorgezogene Erhöhung der Renten geben sollte, also schon zum 1. Juli 1972 statt zum 1. Januar 1973, und außerdem die flexible Altersgrenze ohne Abschlag, die Öffnung der Rentenversicherung für Selbständige und Hausfrauen, die Rente nach Mindesteinkommen, strittig nur in ihren Voraussetzungen. Ungewiß blieb lediglich bis zuletzt, ob das Babyjahr beschlossen würde. Hier kündigte die Union auch unter dem Schatten des kommenden Wahlkampfes ihre Ablehnung an, während der Minister diesen Vorschlag noch für unverzichtbar hielt.

Die zweite und dritte Lesung dieser Rentengesetzgebung fand buchstäblich im allerletzten Moment statt. So war die dritte Lesung, in der es auf Grund der Unionsmehrheit noch Änderungsanträge gab, die Sitzung, in der Bundeskanzler Brandt die Vertrauensfrage stellte und damit die Voraussetzung für die Auflösung des Bundestages und für Neuwahlen erfüllte. Es war also ohnehin eine historische Sitzung. Und sie war es auch für die Rentenversicherung.

Mit der einen Stimme, mit der die Union im Bundestag auf einmal die Mehrheit besaß, gelang es ihr in diesen letzten Sitzungen, noch eigene Anträge durchzusetzen. Auf ihren Vorschlag beschloß der Bundestag eine Rente nach Mindesteinkommen, die, auf 75% der Bemessungsgrundlage aufgestockt, bereits nach 25 Jahren Beitragszahlung gezahlt werden sollte, im Gegensatz zu 35 Jahren im Regierungsentwurf. Die Mehrkosten wurden von der Koalition auf 15 Milliarden geschätzt. Die Vertreter der CDU/CSU bestritten allerdings die Höhe dieser Mehrkosten und meinten, daß solche niedrige Renten, basierend auf niedrigen Löhnen, bald der Vergangenheit angehören würden.

Damit hätte sich das Gesamtpaket aber über das Maß der einvernehmlich zu verteilenden Finanzmittel von 185 Milliarden hinaus verteuert und möglicherweise einen Einspruch der Regierung nach Art. 113 GG hervorgerufen. Jedenfalls war das Anlaß für die Union, nun ebenfalls mit ihrer hauchdünnen Mehrheit das Babyjahr abzulehnen und damit etwa 16 Milliarden einzusparen. Damit hatte man ein einigermaßen ausgeglichenes Finanzvolumen erreicht. Die Union beantragte aber auch noch ein erweitertes Konzept zur flexiblen Altersgrenze und veränderte Bedingungen für Selbständige und Hausfrauen beim Eintritt in die gesetzliche Rentenversicherung. Diese Anträge gewannen zwar auch die Mehrheit, aber da kaum verläßliche Daten über die mögliche Inanspruchnahme des früheren Rentenbeginns oder über die Kosten des Eintritts nicht versicherungspflichtiger Personen vorlagen, gab es hier nur Vermutungen. Das aber auch hinsichtlich der Vorschläge der Regierung.

Die Debatte am 20. September zu diesen Rentengesetzen war denkwürdig. Sie eignete sich, wäre die Materie nicht so ungemein komplex und schwierig, zur Pflichtlektüre in Schulen und

Seminaren. Im folgenden sollen Stimmen zu Gehör kommen, die von dem Ausmaß an Polemik, Verdrängung und Schönfärberei einen Eindruck vermitteln.

Beginnen wir mit dem Sprecher der Opposition, Katzer[106] (CDU/CSU).

> „Wir stehen heute vor der Verabschiedung einer Reihe von Gesetzentwürfen der CDU/CSU-Bundestagsfraktion, die eine konsequente Fortentwicklung der modernen und fortschrittlichen Rentenpolitik der Union seit Kriegsende darstellen. Ich erinnere hier an die große Rentenreform von 1957 mit der Einführung der bruttolohnbezogenen, dynamischen Rente . . . Daß es der Union mit der Teilhabe der Älteren und Alten am wirtschaftlichen Fortschritt ernst ist, hat sie auch in schwierigen Zeiten in den Jahren 1967 und 1968 bewiesen, als sie das Konzept der bruttolohnbezogenen Rente gegen alle Angriffe, gegen aufkommende Tendenzen quer durch alle gesellschaftlichen Gruppen und Parteien gesichert hat. **Was wir heute verabschieden wollen, ist die Schritt für Schritt logisch aufeinanderfolgende Konzeption der CDU/CSU-Bundestagsfraktion."**

Dagegen der wortgewaltige SPD-Sprecher Professor Schellenberg[107], der auf die Reformversprechen der sozialliberalen Koalition hinweist, nämlich der flexiblen Altersgrenze, der Rente nach Mindesteinkommen, der sozialen Sicherung der Selbständigen und Hausfrauen:

> „Durch den vorliegenden Gesetzentwurf werden Leistungsverbesserungen für 1972 in Höhe von 2,5 Mrd. DM, 1973 für 6,8 Mrd. DM und bis 1986 Mehraufwendungen in einer vorausgeschätzten Höhe von 186 Mrd. DM beschlossen. Nach den schlimmen Erfahrungen mit der von der CDU/CSU verschuldeten Krise der Rentenversicherung ist es eine Leistung von historischer Bedeutung, wenn wir jetzt ein Reformgesetz mit einem derartigen erhöhten Leistungsaufwand beschließen können, das die soziale Sicherung in unserem Land auf eine neue und gerechte Grundlage stellt . . . **Die Rentenreform ist**

---

[106] Katzer, 6. Wahlperiode, 197. Sitzung, 20.9.1972

[107] Professor Schellenberg, 6. Wahlperiode, 197. Sitzung, 20.9.1972

und bleibt das Reformwerk der sozialliberalen Koalition, von ihr versprochen, von ihr dem Parlament vorgelegt, von ihr in den Ausschüssen bis zur heutigen Entscheidung politisch erkämpft. Für uns Sozialdemokraten ist diese Rentenreform ein Höhepunkt unseres politischen Kampfes um die Verwirklichung unseres Volksversicherungsplanes."

Und einen Tag später, in der dritten Lesung, singt man eine weitere Strophe desselben Liedes:[108]

Abgeordneter Ruf (CDU/CSU): „Ich freue mich darüber um so mehr [über die Verabschiedung des großen Reformwerkes], als zum ersten Mal in der Geschichte der Bundesrepublik Deutschland ein solches Gesetz von einer Partei konzipiert und erarbeitet wurde, die in der Opposition steht."

Minister Arendt (SPD): „Das Rentenreformgesetz ist das größte sozialpolitische Gesetzesvorhaben seit der Neuregelung der Rentenversicherung aus dem Jahr 1957." Er rühmt dies als „Ausdruck der wirtschaftlichen Kraft unseres Staates, die es ermöglicht, dieses Gesetz mit seinen sozialen Leistungen zu verabschieden."

Professor Schellenberg (SPD) schließlich: „Nach Auffassung der sozialdemokratischen Bundestagsfraktion ist es ein Ergebnis von historischer Bedeutung, daß wir heute nach langem, hartem politischen Ringen eine weitere große Reform der sozialliberalen Koalition verabschieden können".

In dritter Lesung stimmten alle Abgeordneten für die Reform, die nun angereichert war durch die Änderungsanträge der Union.

Es wurde also behauptet, diese Reform sei das Werk einer kämpferischen Opposition, so die CDU/CSU, und es wurde behauptet, es sei das Ergebnis der Regierungsfraktionen im Kampf

---

[108] Ruf, Minister Arendt, Professor Schellenberg, 6. Wahlperiode, 198. Sitzung, 21.9.1972

gerade gegen diese Opposition. Niemand sagt, daß dieses Werk ein Musterexemplar der politischen Konsensfindung darstellt, das nur zustande kam, weil es alle Beteiligten zufriedenstellte. Alle Wünsche hatte man sich erfüllt. So ausgeprägt ist der politische Besitzerinstinkt, daß man sogar die Vorschläge der Gegenseite zuletzt nicht mehr als Zugeständnisse charakterisierte, sondern sie bedenkenlos in den eigenen Geschenkkorb verstaute. So hat die SPD die vorgezogene Rentenanpassung sich angeeignet mit dem Hinweis, die CDU/CSU hätte ja früher die in 1958 ausgefallene Rentenanpassung nie nachholen wollen, das werde von der Koalition nunmehr zur Hälfte vollzogen. Die Union hingegen vertrat jetzt mit sozialem Tremolo die Verbesserung der Kleinstrenten, obwohl sie all die Jahre eine solche Komponente innerhalb des beitragsbezogenen Rentensystems abgelehnt hatte.

Für den heutigen Betrachter der ganzen Debatte wird eines klar: Beide Seiten versuchten, die Reform für sich zu reklamieren. So konnte später das Spiel „Verantwortung-in-die-Schuhe-des-anderen-schieben" nicht so recht in Gang kommen, zu eindeutig waren die Täter zu gemeinschaftlicher Unvernunft entschlossen.

7.5 Die Finanzfragen

Es war aber nicht so, daß die Abgeordneten das Thema der Finanzen völlig ausgespart hätten. Auch hier stritt man sich, wer am solidesten gerechnet habe.

So stellte der FDP-Abgeordnete Schmidt (Kempten) fest:[109] „Wir Freien Demokraten jedenfalls sehen in dem ausgewogenen Ergebnis des Ausschusses . . . ein gut in den Rahmen des finanziell Möglichen passendes Reformwerk, das einmal erhebliche Leistungsverbesserungen ermöglicht, zum anderen aber nicht die

[109] Schmidt (Kempten) 6. Wahlperiode, 197. Sitzung, 20.9. 1972

Gefahr von Beitragserhöhungen, von Rentenkürzungen aus Gründen der Entwicklung in den nächsten Jahren oder Jahrzehnten und auch von Belastungen des Haushaltes mit sich bringt."

Er erinnert daran, daß die 186 Mrd. DM noch nicht etwa bereits vorhanden seien, daß man sie nur gesetzlich verteilen müsse. Vielmehr müssten sie bis 1986 von 23 Millionen Beitragszahlern mit dem ab 1. Januar 1973 geltenden Beitragssatz erst einmal aufgebracht werden. Er spricht sich gegen weitere Beitragsbelastungen aus und warnt die Union vor ihren Anträgen. Oberster Grundsatz müsse sein,[110] „daß die Leistungsverbesserungen für die Rentner von heute und von morgen, die wir heute hier beschließen wollen, keine weiteren Beitragserhöhungen für die Zukunft notwendig machen, daß eine solide Finanzierung auf Grund der Zahlen bereits heute gesichert erscheint, und daß wir nicht etwa . . . in irgend einer Form heute ein Finanzänderungsgesetz provozieren wollen, das Sie damals zu Lasten sowohl der Rentner als auch der Beitragszahler mit Senkung der Leistung und Erhöhung der Beiträge vorlegen mußten." Diese Warnungen richten sich, wie gesagt, an die Union.

Ähnlich äußert sich der Arbeitsminister, der auch in seiner Rede darauf hinweist, daß man den Rentnern die Überschüsse nicht vorenthalte:[111]

> „Was in der Finanzrechnung bis zum Jahr 1986 an Überschüssen errechnet wird, liegt doch gar nicht in den Tresoren des Arbeitsministers. Das müssen die Versicherten von heute erst einmal durch ihre Beiträge aufbringen."

---

[110] Schmidt (Kempten), 6.Wahlperiode, 197. Sitzung, 20.9. 1972

[111] Arendt, 6. Wahlperiode, 197. Sitzung, ebd.

Eindrucksvolle Worte findet zu den Finanzen wiederum die CDU-Abgeordnete Frau Kalinke[112], wenn auch nur, um zu zeigen, wie man die Ablehnung des Babyjahres begründen muß.

> „Der errechnete finanzielle Spielraum, den wir jetzt umverteilen, ist ja nicht zuletzt die Voraussetzung für das, was auch morgen ausgegeben werden soll. Dieser Spielraum beruht im Grunde auf der Beitragserhöhung, die vom 1. Januar in Kraft treten wird und die nun der Verwirklichung der Lösungen, die auch die Regierung angestrebt hat und die wir mit ihr sachverständig und verantwortungsbewußt beraten haben, dienen soll. Aber die Erhaltung der Leistungsfähigkeit der sozialen Sicherung unseres Volkes in die Zukunft hinein muß auf Dauer Vorrang vor den Wünschen haben, die auch wir in bezug auf die Fortentwicklung der sozialen Sicherung . . . haben."

Und zum Kollegen Schellenberg (SPD) gewandt fährt sie fort:

> „Ich hoffe, daß Sie einsehen, daß man am Ende nur das umverteilen kann, was man wirklich in der Kasse hat und daß niemand, der einmal wieder regieren will und der Vertrauen gewinnen will, glaubwürdig bleibt, wenn er Dinge verspricht, die er nicht halten und erfüllen kann."

Hätten doch diese Worte dem ganzen Paket gegolten! So aber hat sie nur dem 18-Mrd.-DM-Projekt eines den Müttern einzuräumenden Babyjahres eine Absage erteilt.

Gegen den Vorwurf, die Vorschläge der CDU/CSU bewegten sich nicht mehr innerhalb des finanziell Vertretbaren und seien daher nicht zu verantworten, wehrt sich der CDU/CSU-Abgeordnete Müller und sagt, man habe den Antrag der CDU vorgelegt,[113] „nachdem wir, wie ein solider Hausvater, nicht nur absolute Klarheit über die Finanzentwicklung der Rentenversicherung, sondern auch Klarheit darüber hatten, daß unser Vorschlag in der

---

[112] Frau Kalinke, 6. Wahlperiode, 197. Sitzung, ebd.

[113] Müller, 6. Wahlperiode, 197. Sitzung, 20.9.1972

Sache gut und finanziell solide war. Unser geschlossenes Konzept ist im Rahmen des verfügbaren Finanzrahmens zu sehen und finanziell zu verkraften."

Zu den Geldzuwächsen wurden keine kritische Fragen an den Arbeitsminister gestellt, etwa wie solche Summen plötzlich auftauchen und sich vermehren können, sondern im Gegenteil, es wurde die Frage erörtert, wieso man Abgeordnete diffamiert habe, die schon von Anfang an höhere Überschüsse prognostiziert hatten.

Es war der Part des temperamentvollen CDU-Abgeordneten Franke[114], der seine Kollegen der SPD daran erinnerte, wie man noch in der Dezembersitzung über die CDU, insbesondere ihren Sprecher Katzer gesprochen hatte. Damals habe der SPD-Abgeordnete Nölling über Katzer hergezogen:

> „Man könnte darüber hinweggehen und fragen, wem schadet es schließlich, wenn Katzer nicht rechnen kann? . . . Katzer will die Union profilieren und verspricht das Blaue vom Himmel herunter. Er läßt alle verantwortungsvolle Vorsicht bei Vorausschätzungen fahren und setzt damit die unrühmliche Tradition fort, Zahlen nicht mehr so genau zu nehmen, wie früher."

Franke weist dagegen auf ein Expertengespräch mit dem Arbeitsministerium hin, in dem festgestellt worden sei, „daß es bis 1986 nicht 132 Mrd. DM und, ein Jahr weiter gerechnet, nicht 200 Mrd. DM sind, sondern etwas mehr als 205 Mrd. DM, wie auch die Experten des Bundesarbeitsministeriums zugeben mußten." So wendet er sich gegen den Vorwurf, sie seien Volksverführer, und sagt: „Dabei haben wir solide gerechnet und haben auf dieser soliden Basis unsere gesamte Konzeption entworfen."

---

[114] Franke, 6. Wahlperiode, ebd.

Die soliden Rechner der Union haben zumindest keinen Erfolg bei der Bundestagswahl von 1972 gehabt.

Wie bewertet man die Debatten von 1971 und 1972, wie bewertet man die getroffenen Entscheidungen?

Man kann sie nur als **politischen Wahnsinn** bezeichnen. Alle Berechnungen fußten auf der unhaltbaren Annahme einer fortdauernden Hochkonjunktur, bei der die Beitragseinnahmen stärker als die Rentenausgaben fließen. Die geringsten Schwankungen konnten schon Krisen auslösen, denn Sicherheitspolster waren nicht mehr vorhanden. Der ganze Finanzrahmen war also instabil, aber es gab unter den Sozialpolitikern und selbst den Finanzpolitikern keinen, der darauf hätte hinweisen mögen.

So wurde der gefundene Kompromiß in der Öffentlichkeit als teuerstes Wahlgeschenk aller Zeiten zurecht angeprangert.

„Der Bundeskanzler und der Oppositionsführer haben versäumt, ihre Sozialpolitiker rechtzeitig an die Kette zu legen", so das Urteil von W. Kannengießer in einem Leitartikel der FAZ vom 25. September 1972.

Im Gewande reformerischer Wohltat traten neue Elemente auf die Bühne der Rentenversicherung, so die flexible Altersgrenze, die Rentenversicherung für Selbständige und Hausfrauen, die Rente für Kleinstverdiener. Sie waren später alle wieder als Patienten zu behandeln. Aber auch die von der Bühne verschwundenen Reformteile, der Krankenversicherungsbeitrag für Rentner und das Babyjahr, das noch abgelehnt worden war aus finanzpolitisch durchaus einsehbaren Gründen, blieben politisch virulent, ebenso das Schlagwort von der eigenständigen Sicherung der Frau. Schließlich gab es auch wieder beschwörende Sätze zur Beitragsstabilität, daß nämlich die Beiträge nicht weiter steigen dürften.

Was es nicht gab, waren Erörterungen zum Thema der steigenden Lebenserwartung. Der einzige, der dazu etwas sagte, war der CDU-Abgeordnete Dr. Kreile:[115] „Die vorliegenden Berechnungen gehen von einer immer konstanten Lebenserwartung aus, die nach den letzten Berechnungen des Statistischen Bundesamtes für 65 jährige Männer bei 11,93 Jahren, bei Frauen bei 14,92 Jahren liegt." Anders seien aber die Schätzungen im Gesundheitsbericht, wo die Bundesregierung annimmt, daß die Lebenserwartung im Laufe der nächsten Jahre auf 85 Jahre ansteigen wird. Es ergebe sich daraus eines der Hauptprobleme künftiger Gesellschaftspolitik, nämlich ein ausgewogenes Verhältnis zu finden zwischen Erwerbsjahrgängen und den Jahrgängen, die von der Gemeinschaft zu unterhalten sind.

Auf diese Stellungnahme und die darin verpackten Fragen gab es keinerlei Reaktion. Die wachsende Lebenserwartung blieb weiterhin ausgespart.

Was es auch nicht gab, waren Überlegungen zum Rentensystem insgesamt. Dazu bieten sich Zeiten vermeintlichen Reichtums auch nicht an. Der hochmanipulative Charakter des Rentensystems trat nun ganz offen zutage. **Ging es noch um die durch eigene Beiträge angesparte Altersvorsorge? War es noch eine Versicherung, oder zumindest eine an die Grundsätze von Versicherungen angelehnte Alterssicherung?**

Die Beitragshöhe war ja bereits abgekoppelt von der Rentenhöhe. Jetzt kamen weitere Solidarelemente hinzu, die Rente nach Mindesteinkommen, die flexible Altersgrenze, die Öffnung für Nichtversicherte. Für diese Solidarelemente standen die Beitragszahler gerade, die nun schon 18% des jeweiligen Einkommens an die Rentenkasse abzuführen hatten. Zu Aufruhr hat das nicht geführt, wie ja überhaupt Erhöhungen von Lohnzusatzkosten viel

[115] Dr. Kreile, 6. Wahlperiode, 160. Sitzung, 16.12.1971

eher und klagloser geschluckt werden als Steuererhöhungen. In den Geldbeutel greift beides ein und die Täter sind auch diesselben, nämlich Politiker. Anhebungen der Sozialversicherungsbeiträge lassen sich aber besser als Solidarleistung abfordern und verkaufen, dabei richten sie den größeren ökonomischen Schaden an.

Das Rentenboot wurde durch diese Solidarleistungen hoch befrachtet und schaukelte auf den Wellen einer Hochkonjunktur. Bei nüchterner Betrachtung dieser Lage konnte sich eigentlich keine der Parteien den Wahlsieg wünschen. Es war nämlich vorauszusehen, daß der Sieger das Steuer wieder in die Hand zu nehmen und das Boot auf Kurs zu bringen haben werde.

8. Die Zwischenzeit 1972 bis 1977/78

Die Ernüchterung und teilweise reuige Umkehr sollen sich erst in den Jahren 1977/78 einstellen, und zwar in Rentenanpassungsgesetzen, die noch näher beleuchtet werden.

Aus der Wahl 1972 gingen die SPD und FDP als Sieger hervor. Sie mußten sich ein halbes Jahr später im 16. Rentenanpassungsgesetz der Realität wieder zuwenden, hatten aber mit der sicheren Mehrheit auch ihre Gestaltungsfreiheit zurückgewonnen.

Zunächst badeten sie im Hochgefühl einer noch nie so dagewesenen Rentenerhöhung von 11,35% und kündigten die nächste an mit mindestens 11,29%. Sie verglichen jetzt offen die Rente mit dem Nettoeinkommen der Arbeitnehmer und wiesen mit Stolz darauf hin, daß mit 75% des Nettoeinkommens das höchste Rentenniveau seit 1957 erreicht worden sei.

Hier ist nochmal zurückzugreifen auf das, was der FDP-Politiker Schmidt (Kempten) schon in der Septembersitzung 1972 zu dem Niveauvergleich zwischen Rentenhöhe und den Bruttolöhnen ausführte.[116] Er hielt den Vergleich für widersinnig. „Denn in dem Augenblick, wo der Arbeitnehmer seine Rente zum ersten Mal erhält, kann er das nur vergleichen mit dem, was er zuletzt netto verdient hat und nicht mit dem, was er brutto verdient hat. Der Niveauvergleich kann also überhaupt nur zwischen der Nettoleistung des Arbeitenden und der Rentenhöhe des Rentners gezogen werden." Dabei ist sein Hinweis wichtig, daß die Abzüge vom Bruttolohn des Arbeitnehmers 1960 noch 16%, 1975 aber schon 24% betragen. Von einer Anpassung der Renten an die Nettolöhne war man freilich noch weit entfernt.

---

[116] Schmidt (Kempten), 6. Wahlperiode, 197. Sitzung, 20.9.1972

Man änderte das von der CDU in der letzten Sitzung noch durchgedrückte Rentenniveausicherungsgesetz, mit dem ein Niveau von mindestens 50% des Bruttoeinkommens durch entsprechende Anpassung gesichert sein sollte. Man änderte gleichfalls die Bestimmungen der flexiblen Altersgrenze, welche die Union noch mit ihrer hauchdünnen Mehrheit beschlossen hatte und die eine unbegrenzte Möglichkeit zur Weiterarbeit trotz vorzeitigem Rentenbezug vorsah. Nunmehr sollten es nur 30% des verdienten Lohnes sein, den man bis zum 65. Lebensjahr neben der Rente noch verdienen durfte. Das ergab mit der Rente zusammen ein Einkommen in Höhe des vollen Nettolohnes.

Zwei weitere Vorschläge lassen die kommenden Düsternisse aber schon ahnen. Der Bundeszuschuß sollte in Höhe von 2,5 Milliarden DM gestundet werden. Und es wurde eine Automatisierung geplant, die der Regierung das politisch heikle Geschäft der Rentenanpassung durch Gesetz etwas erleichtern sollte, nämlich die Anpassung durch Erlaß. Dieser letzte Vorschlag sollte angeblich die Rentner stärken und damit „Bestrebungen, die jährliche Anpassung der Renten ganz oder teilweise in Frage zu stellen, der Ansatzpunkt genommen werden", so die Begründung des Regierungsentwurfs.

Die Stundung des Bundeszuschusses wurde von der Opposition heftig kritisiert, dagegen hielt der SPD-Politiker Professor Schellenberg dies für vertretbar. Seine Begründung lautete:[117]

> „Während der Amtszeit des Kollegen Katzer wurde als Folge der verfehlten CDU/CSU-Politik schwerwiegend in die Rentenversicherung eingegriffen und zwar durch dauernde Kürzung der Bundeszuschüsse. Das wirkte damals besonders hart, weil die Rentenversicherung zur gleichen Zeit Milliarden Defizite hatte. Sie betrugen im Jahr 1967 2 Milliarden, im Jahr 1968 1,5 Milliarden DM; heute dagegen hat die Rentenversicherung Überschüsse von 6 Milliarden

[117] Professor Schellenberg, 7. Wahlperiode, 28. Sitzung, 6.4.1973

> DM. Deshalb läßt es sich vertreten, die Zahlung eines Teilbetrages bis zu einem Zeitpunkt hinauszuschieben, an dem die Rentenversicherung diese Bundesmittel wegen des ungünstigen Altersaufbaus auch tatsächlich benötigt."

Hier wird dem Bundeszuschuß auf einmal eine ganz neue Zukunftsaufgabe unterschoben, nämlich bereit zu stehen für Zeiten, in denen die Beitragszahler mehr Rentner unterhalten müssen. Diese Aufgabe sollten nach den Diskussionen von 1957 ja noch die Rücklagen wahrnehmen, die aber in der Zwischenzeit bereits auf eine Dreimonatsreserve abgeschmolzen waren. Dem Grundsatz: "Spare in der Zeit, dann hast du in der Not" sollte man nicht mehr folgen, sondern sich auf den Geldgeber Bund verlassen. Hatte die Rentenversicherung auf Grund der Beitragserhöhung Überschüsse in der Kasse, konnte sie dem Bundeshaushalt durch Stundung der Zuschüsse beispringen. Sollte sie selbst in finanzielle Engpässe geraten, dann würde ihr der Bund durch Rückzahlung der gestundeten Beträge helfen.

Ein lockeres Hin-und-Herschieben der Finanzmassen zwischen den Versicherungen und dem Bundeshaushalt war sehr geeignet, die Transparenz zu beseitigen und vor allem auch das Bewußtsein zu vernebeln, daß es sich um die Alterssicherung der Bürger handelt. Man verfügte eben mal so, mal so.

Die Regierung und Koalition setzten sich bei dieser Stundung durch. Dagegen scheiterte die Regierung beim Thema Automatisierung. Zum hellen Entsetzen der CDU/CSU und ausgerechnet des DGB verzichtete die Koalition auf diese Gesetzänderung, unter Beteuerungen, daß man nicht vorhabe, die Rentenformel etwa zu ändern, also bei der Anpassung von der Praxis abzuweichen. Vielmehr gehöre es zum Selbstverständnis des Parlamentes, die Verfügung über Summen von 7–8 Milliarden nicht aus der Hand zu geben.

Zufrieden äußerte sich dazu der FDP-Abgeordnete Hölscher:[118] „Wir Freien Demokraten sind aber auch der Meinung, daß ein so schwerwiegender Schritt, nämlich der Verzicht des Parlaments auf die Verantwortung für ein Gesetz, das jetzt immerhin ein Finanzvolumen von 7 Mrd. DM hat und 10 Millionen Menschen betrifft, noch eingehender Überlegung bedarf."

Auch dieses Verantwortungsgefühl sollte schwinden. Zu einem späteren Zeitpunkt hat der Gesetzgeber, allerdings nach Jahren manipulierter Anpassungsgesetze, diesen Vorschlag wieder hervorgeholt und eingeführt, um den Rentnern und wohl auch dem Parlament die Verläßlichkeit und Sicherheit der Anpassungsentscheidung vorzugaukeln.

Die folgenden Anpassungsgesetze verliefen nach Plan, belobigt von den Regierungsparteien, da sie durchweg zweistellig waren, belobigt von der Opposition, weil ja auf der Rentenformel beruhend, die in 1957 von der CDU/CSU mehrheitlich beschlossen worden war. Dazu ein besonders lyrisches Beispiel:

Müller (CDU/CSU, Remscheid):[119]

> „Die Rentenreform von 1957 war kein rein technischer Vorgang der Umstellung der Rentenversicherung der Arbeiter und Angestellten, sondern war das Ergebnis eines sozialen Gestaltungswillens, die Lebensleistung des Menschen auch im Alter anzuerkennen, das Alter ohne Not zu garantieren, um damit deutlich zu machen, daß die Alterssicherung Kernstück der gesamten Sozialpolitik ist. Nicht das liberal-kapitalistische Denken, das der Rentengesetzgebung alter Prägung zugrunde lag, war die Leitschnur dieser aus christlich-sozialem Geist geprägten Reform, sondern der Wille, neben dem Gedanken der Leistung die für das menschliche Zusammenleben unverzichtbare Solidarität zur Grundlage unserer Alterssicherung zu machen."

---

[118] Hölscher, 7. Wahlperiode, 28. Sitzung, 6.4.1973

[119] Müller, 7. Wahlperiode, 235. Sitzung, 8.4.1976

Die Rentengesetzgebung sollte sich für immer als Großtat der Union im Gedächtnis der Bürger einprägen. Das macht diese Partei auch heute noch so blind gegenüber den Webfehlern des Systems und seinen Gefährdungen.

Vereinzelt hörte man in diesen Debatten aber auch schon Töne von Besorgnis. So wies der CDU-Politiker Franke 1975 auf den Jahreswirtschaftsbericht hin, in dem von einer Arbeitslosigkeit von 3% (730.000 Personen) ausgegangen wird, während der Rentenanpassungsbericht noch auf der Zunahme von 0,44% der Beschäftigten fußt. Schon bei 250.000 Arbeitslosen fehlten aber der Rentenversicherung Einnahmen von einer Milliarde DM. Der Haushaltsausschuß fordere daher zurecht eine Aktualisierung der Daten.

Seltsam defensiv klingt auch, was der Arbeitsminister in dieser Debatte ausführt: „Der Erhöhung der Renten kommt in der gegenwärtigen konjunkturellen Situation besondere Bedeutung zu. Die erhöhten Renteneinkommen können dazu beitragen, die Nachfrage zu beleben, ohne die Wirtschaft zusätzlich mit Kosten zu belasten." Das übe eine stabilisierende Wirkung auf die Beschäftigungslage aus. Gleichzeitig beteuert er die finanzielle Solidität der Rentenversicherung, die sich trotz der Veränderung im Wirtschaftsablauf nicht verschlechtert habe.

Das Jahr 1976 war wieder ein Wahljahr, eine Zeit, in der die Politik zu besonderen Torheiten neigt oder aber, trotz drohender Gefahren, in Untätigkeit verharrt.

Es spielte sich beim 19. Rentenanpassungsgesetz zunächst das gleiche Ritual ab wie in den vorangegangenen drei Anpassungsgesetzen. Die Renten sollten die volle Anpassung von 11% erhalten. Wiederum wies die Regierung darauf hin, wie prächtig sich die Renten seit 1969 entwickelt hätten. Sie seien mehr als doppelt so hoch wie damals.

Dann aber wehrt sich der Bundesarbeitsminister gegen den Versuch, einen Keil zwischen Beitragszahler und Rentner zu treiben.[120] „Richtig ist, daß die Arbeitnehmer zur Zeit einen geringeren Einkommenszuwachs haben als die Rentner. Das ergibt sich, weil die Renten der Lohnentwicklung mit dreijährigem Abstand folgen." Er weist auf die geltende Rentenformel hin.

Dann an die Adresse der Opposition sagt der Minister:[121]

> „Stattdessen versuchen Sie den Eindruck zu erwecken, als ob Beitragserhöhungen unabweisbar wären. Ich stelle im Namen der Bundesregierung dazu in aller Deutlichkeit fest, daß gegenwärtig kein Anlaß zur Erhöhung der Beiträge zur Rentenversicherung besteht."

Er nennt die Höhe der Rücklagen, 43 Mrd. DM, und vertritt den Standpunkt, daß in konjunkturell schwierigen Zeiten diese Rücklagen auch zur Überbrückung gebraucht werden könnten. Alles sei im Lot, die Anzeichen wirtschaftlicher Erholung müsse auch die Opposition anerkennen. Deren Unkenrufe in der Öffentlichkeit seien nur geeignet, die Bürger, vor allem aber die Rentner zu verunsichern.

Darauf Katzer (CDU/CSU)[122]: „Schwarzmalerei ist in der Tat keine politische Alternative. Aber Gesundbeterei, wie Sie sie betreiben, ist alles andere als Politik."

Er warnt, daß schon 1976 die Rentenversicherung auf eine Liquiditätshilfe des Bundes angewiesen sei, daß die Rücklagen 1977 unterhalb der vorgeschriebenen Grenze von 3 Monatsausgaben absänken und bis 1988 schon 81 Mrd. DM in der Rentenkasse fehlten. Die Berechnungen des Ministeriums seien geschönt, die Arbeitslosigkeit werde unterschätzt, vor allem seien Luftnummern eingearbeitet, wie eine 20%ige Einsparung der Gesund-

---

[120] Arendt, 7. Wahlperiode, 225. Sitzung, 20.2. 1976

[121] Arendt, ebd.

[122] Katzer, ebd.

heitsleistung. Er zitiert höhnisch die Begründung: „Durch eine noch planvollere Verwendung, durch einen noch effektiveren Einsatz der finanziellen Mittel der Gesundheitsvorsorge werden Mittel ohne Einschränkung des Leistungsangebots eingespart werden."

Auf diese Vorhaltungen und Fragen, die sich sogar auf die Berechnungen und Einwände der Versicherungsträger stützen können, erhält er keine Antwort. Immerhin bewährt er sich mit diesen unbequemen Redebeiträgen als Oppositionssprecher.

Auf zwei Gegenfragen bleiben aber auch er und seine Kollegen die Antwort schuldig. Erstens wird nicht gesagt, welche Vorschläge die Union macht, um der drohenden Zahlungsunfähigkeit zu begegnen. Darauf ließe sich noch erwidern, daß es nicht Aufgabe der Opposition sei, Sparvorschläge zu machen, die die Wähler abschrecken, oder eine Erhöhung der Beiträge zu vertreten. Schwieriger zu beantworten war die Frage, und diese stellte der Bundeskanzler Helmut Schmidt[123], warum sie, wenn alles so finster sei, dennoch der vollen Rentenanpassung zustimmten. Da gab es auch nur beredtes Schweigen.

In der Tat kam es ja auch am Ende dieser Debatte zur schon gewohnheitsmäßigen Einstimmigkeit, die Renten um 11% anzuheben.

Von diesen meist mit Eigenlob verzuckerten Reden hob sich wohltuend ab, was der Freidemokrat Schmidt (Kempten) damals ausführte. Er sah zwar auch den Rückgang der Arbeitslosigkeit für wahrscheinlich an, aber langfristig eben auch einen Rückgang der Beschäftigtenzahlen. Er stellte die Frage:[124]

---

123 Bundeskanzler Schmidt, 7. Wahlperiode, 235. Sitzung, 8.4.1976

124 Schmidt (Kempten), 7. Wahlperiode, 225. Sitzung, 20.2.1976

„Wieweit kann ich den Generationenvertrag – ich möchte das so nennen –, der im Jahr 1957 zwischen den Arbeitenden und den aus dem Arbeitsleben Ausgeschiedenen geschlossen wurde, mit dynamischer, bruttolohnbezogener Rente so sicher machen, daß der Rentner von heute weiß, daß er auch morgen noch mit einer angemessenen Entwicklung seiner Rente rechnen kann, daß der Beitragszahler von heute weiß, daß die Beiträge nicht ins Uferlose steigen und daß er auch eines Tages mit einer leistungs- und beitragsbezogenen Rente rechnen kann?"

Bevor man eine Beitragserhöhung ins Auge fasse, müsse man daher überlegen, ob nicht der bisherige Modus der Anpassung im Rückgriff der 3 Jahre verändert werden sollte. Die antizyklische Wirkung habe sich nicht bewährt. Es sei eben nicht klarzumachen, warum der Arbeitnehmer nur 5–6% mehr brutto bekomme, der Vater aber 11% mehr Rente. Vor allem verleite es die Politik in Jahren der Überschüsse, des Guten zu viel zu tun. Besser wäre es, nur das letzte zurückgelegte Jahr zur Grundlage der Anpassung heranzuziehen. Wenn man diesem Vorschlag folgte, dann betrüge die Anpassung in 1977/78 nur etwa 6–7% und nicht 10,7 oder 8,5%. Zu überlegen sei also, ob dieser veränderte Anpassungsmodus nicht einer Beitragserhöhung vorzuziehen sei.

Hier traten zum ersten Mal Zeichen der Einsicht und die Bereitschaft zur Umkehr zutage.

Der Redner hatte alles noch vorsichtig formuliert, wurde aber trotzdem öfter vom unwilligen Wehner (SPD) unterbrochen, der sich gegen die in Schmidts Rede hervortretenden Zweifel an der langfristigen Finanzierbarkeit der Renten wandte. Daß eine Beitragserhöhung zur Lösung der Probleme überhaupt nicht in Betracht komme, hat Schmidt (Kempten) leider nicht gesagt.

Die siebte Wahlperiode hatte man also mit Ach und Krach hinter sich gebracht, ohne daß die Umstände die Rücknahme aller Wahlgeschenke aus dem Jahr 1972 erzwungen hätten. Die Zeichen standen aber auf Veränderung, der Vorwurf der CDU/CSU, daß man hier erst nach der Wahl zu Werke gehen wolle, war berechtigt.

9. Parteiprogramme bis 1977/78

Nur für sehr aufmerksame Beobachter war erkennbar, daß die gesetzliche Rentenversicherung seit 1967 zu höchst widersprüchlichem Handeln Anlaß gab. Hatte man in der Abschwungphase 1967/68 zur Rettung der Rentenkasse noch einschneidende Maßnahmen beschließen müssen, wie die Beitragserhöhung von 14 auf 18% und einen 2%igen Krankenversicherungsbeitrag für die Rentner, so taten sich bereits 1972 alle Parteien zusammen, große Wohltatenpakete zu schnüren und zu verabschieden. Phantastische zweistellige Rentenerhöhungen in der 7. Wahlperiode verdoppelten die Renten. Noch war man nicht zu Konsequenzen genötigt. Was hatten nach den Programmen der Parteien die Bürger in der nächsten Wahlperiode der Jahre 1976ff. für die Rentenversicherung zu erwarten?

Die SPD, die 1969 ihren umfangreichen Wunschkatalog vorgestellt hatte, konnte im Programm 1972[125] schon mit dem Erreichten auftrumpfen. Zunächst war von den 1969 vorgefundenen Mißständen die Rede:

- Selbständige und Hausfrauen hatten keinen Zugang zur gesetzlichen Alterssicherung.
- Die starre Altersgrenze widersprach den unterschiedlichen Bedürfnissen der Versicherten.
- Niedrige Löhne in der Vergangenheit bedingten niedrige Renten in der Zukunft.

---

[125] Wahlprogramm der SPD, 13.10 1972: Sicherheit und eine bessere Qualität des Lebens, S. 47ff.

- Rentner mußten einen zweiprozentigen Beitrag zu ihrer Krankenkasse zahlen.

Dann folgen die durchgesetzten Programmpunkte: die Rentenversicherung für alle Selbständigen und Hausfrauen, die Rente nach Mindesteinkommen, der Ausbau und die Sicherung der bruttolohnbezogenen Rente. Besonders hervorgehoben aber die neuen Altersgrenzen: „Der Kernpunkt der Rentenreform ist die flexible Altersgrenze. Sie soll es vielen Menschen ermöglichen, früher aus dem Arbeitsleben auszuscheiden. Sie gibt Wahlfreiheit, wo bisher Schematismus alle Arbeitnehmer über einen Leisten schlug. Hier, wie in vielen anderen Punkten der Sozialpolitik ist es den Sozialdemokraten gelungen, die CDU/CSU von der Notwenigkeit einer Reform zu überzeugen, die sie jahrelang abgelehnt hat."

So wird also das ganze Reformgesetz, das in der letzten Sitzung 1972 verabschiedet worden war, als Leistung der SPD dargestellt, bis auf die vorgezogene Rentenanpassung. Unerwähnt blieb auch, daß das Babyjahr auf der Strecke geblieben war, weil man ja sonst hätte zugeben müssen, daß die Mehrheit ganz zuletzt nicht mehr gegeben war.

Im Programm 1976[126] „Weiterarbeiten am Modell Deutschland" steht noch einmal die Errungenschaftsliste der Entscheidungen von 1972 ganz vorne: die flexible Altersgrenze werde von drei Vierteln der Arbeitnehmer genutzt, die Rentenversicherung für Selbständige wurde geöffnet, vor allem aber seien die Renten, seit die Sozialdemokraten regierten, um über 100% angehoben worden. „Aus einer Rente von DM 500 im Jahre 1969 z.B. wurden 1976 über DM 1000, und zwar netto, ohne Abzüge."

---

[126] SPD Regierungsprogramm 1976-80, S. 22ff.

Nunmehr ginge es darum, das Erreichte zu sichern und das Netz sozialer Sicherung noch dichter zu machen. So stünden die Sozialdemokraten zur Solidarität zwischen den Generationen, und die Rücklagen in der Rentenversicherung, darauf weisen sie ausdrücklich hin, seien noch nie so hoch gewesen. Dann aber folgen schwere Angriffe an die Adresse der CDU/CSU:[127]

> „Wir fordern die Opposition auf, ihre unverantwortliche Kampagne zur Verunsicherung der Rentner einzustellen.
>
> Die Politik der CDU/CSU ist auch auf dem Gebiet der Rentenversicherung unglaubwürdig, doppelzüngig und hektisch:
>
> Bis vor kurzem noch forderte sie Zusatzausgaben in Milliardenhöhe, jetzt redet sie von Leistungsbeschränkungen.
>
> Wir setzen mit Walter Arendt auf einen beharrlichen und stetigen Kurs."

Aber die Sozialdemokraten machten es sich nicht leicht.[128] In einem Sonderblättchen mit dem Titel: „Unsere Renten sind sicher" gehen sie genauer auf den Konflikt mit der Union ein.

Im Punkt drei heißt es: „Jeder sollte sich erinnern: Die CDU/CSU hat 1972 eine leichtsinnige Rentenpolitik durchgeboxt. In der gesetzlichen Rentenversicherung ist vorübergehend der Zustand eingetreten, daß die Einnahmen geringer sind als die Ausgaben. Woran liegt das? Die Hauptursache dafür ist die leichtsinnige Rentenpolitik der CDU/CSU im Jahre 1972."

Die Regierung habe eine Rentenreform vorgeschlagen, die ausgewogen und so berechnet gewesen sei, daß sie ohne Schwierigkeit von der Rentenversicherung auf Dauer getragen werden konnte. Dann sei aber die CDU/CSU gekommen und hätte die

---

[127] ebd. S. 25

[128] Politik, Aktuelle Informationen der Sozialdemokratischen Partei Deutschlands, August 1976, S. 2

vorgezogene Rentenanpassung vorgeschlagen, bei der flexiblen Altersgrenze die volle Weiterarbeit, das Streichen des Babyjahrs und das alles mit ihrer „Überläufermehrheit" schließlich durchgesetzt.

Gegen die vorgezogene Anpassung bringen sie einen für sie kennzeichnenden Einwand: „Diese Rentenpolitik war unsozial. Denn das Vorziehen des Rentenanpassungstermins hat den Beziehern von hohen Renten größere Vorteile gebracht als den Beziehern von kleinen Renten. Dies und der Wegfall des Babyjahres waren eine bewußte Benachteiligung der älteren Mitbürgerinnen."

Daß höhere Renten auch von höheren Beiträgen stammen, wird außer Acht gelassen, ebenso die Tatsache, daß auf das Babyjahr zumindest nach der damalig vorherrschenden Rechtsauffasssung noch kein Anspruch bestand. Hier sollten sich aber innerhalb weniger Jahre die Meinungen aller Parteien ändern.

Vor allem aber wird die hier naheliegende Frage nicht beantwortet, warum die sozialliberale Koalition, die ab 1972 wieder die Mehrheit und damit auch die Verantwortung übernommen hatte, diese schädlichen Gesetze nicht geändert hat. Die Früchte dieser Entscheidung, nämlich die besonders stark gestiegenen Renten, finden sich ja in der positiven Bilanz der SPD.

Die Aufklärung und vorsichtige Ankündigung kommender Entscheidungen wird in der angeführten Schrift fortgesetzt mit dem Hinweis auf eine weltweite Rezession, die „auch das Wirtschaftsleben der Bundesrepublik Deutschland **vorübergehend** bestimmt hat." Deswegen seien die Beitragseinnahmen zurückgegangen, während man andererseits die Renten infolge der Rentenformel an die Lohnsteigerungen der Hochkonjunktur habe anpassen müssen. "Zwischen Beitragseinnahmen und Rentenausgaben klafft **vorübergehend** eine Schere." Auffallend oft fällt das Wort „vorübergehend".

An zwei Graphiken versucht die SPD deutlich zu machen, daß die jetzigen Schwierigkeiten Spätfolgen der zwei Weltkriege seien, weil besonders viele Rentner von weniger Beitragszahlern unterhalten werden müßten. Aber auch diese ungünstige Relation sei **vorübergehend**, bis 1985 rechne man mit einem Rückgang älterer Menschen. „Für die Rentenversicherung bedeutet dies, daß in Zukunft das Verhältnis Beitragszahler – Rentner von Jahr zu Jahr günstiger wird."[129]

Das sind erstaunliche Aussagen, wenn man bedenkt, daß die längere Lebenszeit auch in Deutschland sich deutlich abzuzeichnen begann.

Doch der Aufklärungspflicht folgt die Partei noch mit weiteren Hinweisen. Die Rücklagen könne man beruhigt verwenden: „Das Vermögen der Rentenversicherung wurde für Zeiten einer schwierigen Bevölkerungsentwicklung angesammelt . . . Das Vermögen der Rentenversicherung ist jetzt groß genug, um die nächsten Jahre durchstehen zu können." Nun kommt es: „Voraussetzung ist allerdings, daß man die Rentenversicherung von den bisherigen Überzahlungen an die Krankenversicherung befreit. Die Bundesregierung hat einen entsprechenden Gesetzentwurf eingebracht, der im Parlament nicht mehr zur Verabschiedung kam. Diese Materie muß deshalb der nächste Bundestag noch einmal behandeln."

Daß die großen Vermögenswerte der Rentenversicherung angelegt sind und insofern nicht sofort verflüssigt werden können, daß es also zu Liquiditätsproblemen kommen könne, wird zuge-

[129] Aus: Unsere Renten sind sicher, aktuelle Informationen der Sozialdemokratischen Partei Deutschlands, 1976, S. 3

geben. Das seien Fragen lediglich der Finanztechnik. „Es ist praktisch ausgeschlossen, daß man jemals die Bundesgarantie zur Finanzierung der laufenden Renten in Anspruch nehmen muß." Die Aufklärungsschrift endet mit dem Satz: „Die SPD ist das soziale Gewissen der Nation".

Die SPD bereitete die Bürger besser als die anderen Parteien auf kommende Korrekturen vor. Die Ursachenforschung war aber äußerst einseitig und durch das Parteiinteresse gefärbt. Sicher hatte die CDU/CSU ihren Anteil am verhängnisvollen Reformpaket 1972, sicher gab es in den Jahren 1975ff. eine Rezession, aber das minderte keineswegs die Schuld der SPD an der Misere. Die Wähler, Beitragszahler und Rentenempfänger konnten zwar nicht genau erkennen, was auf sie zukommen würde, aber daß die Renten nicht sicher waren, ohne Änderungen zumindest nicht, das ließ das Blättchen der SPD – entgegen seinem Titel – erkennen.

Die FDP machte es sich dieses Mal etwas leichter. 1972 fordert sie zugunsten der Frauen Rentensplitting und Babyjahr, äußert sich aber nicht zur Rentenversicherung. Auch in den berühmten Freiburger Thesen, die doch einen modernen sozialen Liberalimus vertreten sollten, kommt das prosaische Wort Rentenversicherung nicht vor. Erst im Jahr 1976[130] lesen wir die Sätze im Wahlprogramm: „Die erworbenen Ansprüche in der Rentenversicherung müssen gesichert bleiben. Beitragserhöhung in der Rentenversicherung macht die FDP nicht mit."

Mit der gleichen Entschiedenheit wendet sie sich gegen die Beschneidung leistungsgerechter Ansprüche: „Eine Nivellierung der Renten wird es mit der FDP nicht geben. Die Bürger, die höhere Beiträge gezahlt haben, sollen auch höhere Renten erhalten."

---

[130] In: Das Programm der Liberalen, Günter Verheugen (Hrsg.) 1980, S. 245

Das ist knapp und nichtssagend. Denn was erworbene Ansprüche eigentlich sind, inwiefern sie an der Wirtschaftsentwicklung teilhaben und in welchem Maße sie steigen, welche von der Politik beschlossenen Solidarelemente, wie die Rente nach Mindesteinkommen oder die flexible Altersgrenze zu den erworbenen Ansprüchen zählen, das war im Grunde völlig ungeklärt. Und zu den Finanzschwierigkeiten gab es keinerlei Hinweise. Allein aus dem etwas defensiven Tenor der Wahlaussage konnte man folgern, daß eine Menge Unheil bevorstand und man vorsorglich einige Pflöcke schon einrammte.

Deutlicher war das, was die Parteiführung im Sommer 1976 äußerte. Offen wurde nun ausgesprochen, daß man statt einer Beitragserhöhung die Aktualisierung wolle.

Mischnick wollte **vor** den Wahlen den Beitragszahlern und Rentnern klargemacht haben, daß sich der überproportionale Anstieg der Renten nach der schwersten Weltwirtschaftskrise der Nachkriegszeit in den kommenden Jahren nicht fortsetzen lasse.[131] „Die Belastung des Durchschnittsverdieners mit Steuern und Sozialabgaben beträgt gegenwärtig rund 28% seines Bruttoeinkommens. Ein weiteres empfindliches Ansteigen der Beiträge der Arbeitnehmer zur Renten- und Krankenversicherung würde zu einer Sozialisierung der Einkommen führen. Das wird die FDP nicht zulassen."

Die FDP befürworte eine ausgewogenere Lastenverteilung zwischen Rentnern und Aktiven. Dies führe nicht zu Rentenkürzungen, sondern sichere eine Entwicklung der Renteneinkommen in demselben Umfang wie die Einkommen der Aktiven.

Deutlich ausgesprochen war hier noch nicht, daß die FDP für eine am Nettolohn orientierte Rentenanpassung eintreten wolle.

---

[131] Mischnick, fdk Tagesdienst, Pressedienst der Bundestagsfraktion der FDP, 20.9.1976

Schließlich war die Aktualisierung noch keine Antwort auf die Frage, ob die Anpassungshöhe am Bruttolohn oder Nettolohn festgemacht werde. Aber aus dem Angriff gegen die CDU/CSU läßt sich diese Auffassung schon herauslesen.

„Die CDU/CSU, die den Rentnern aus wahltaktischen Gründen weiterhin überproportionale Einkommenssteigerungen verspricht, wird ihr Versprechen nur um den Preis weiterer Beitragserhöhungen einlösen können."

Die von der CDU/CSU im Wahlkampf gegebene Rentengarantie für den Fall ihrer Regierungsübernahme greift er an: **„Unsolider geht's nicht mehr."**

In der CDU empfand man in der Regierungszeit kaum den Drang, sich in Programmpapieren zu äußern und festzulegen. Erst mit dem Wechsel auf die Bänke der Opposition gab es hier Bewegung. Die Programme, allen voran das Berliner Programm, das auf mehreren Parteitagen diskutiert, verabschiedet und ergänzt wurde, soll in seiner Düsseldorfer Fassung hier vorgestellt werden.[132] Es stammt aus dem Jahr 1971 und spielte schon in den Auseinandersetzungen der Rentenreformen 1971/72 eine gewisse Rolle.

„In der gesetzlichen Alterssicherung muß der Zusammenhang von Alterseinkommen und Lebensarbeitseinkommen erhalten bleiben. Deswegen halten wir an der bruttolohnbezogenen dynamischen Rente fest." Dann folgen die schon bekannten Forderungen der Öffnung der Rentenversicherung für Selbständige, der langfristig anzustrebenden eigenständigen Alterssicherung für Frauen und der im Rahmen finanzieller Möglichkeiten flexiblen Altersgrenze.

---

[132] Peter Hintze, Die CDU-Parteiprogramme, Bouvier Verlag 1995, S. 97

Vom Vorziehen der Anpassung der Renten und der Rente nach Mindesteinkommen war noch nicht die Rede, diese Ideen hat sich die CDU erst im Laufe der parlamentarischen Auseinandersetzung im Sommer 1971 zu eigen gemacht.

In der Mannheimer Erklärung vom Juni 1975: „Unsere Politik für Deutschland" stellte die CDU ihre Politik als Alternative zur sozialliberalen Politik vor, gedacht für den Wahlkampf 1976. Da finden sich durchaus kritische Sätze zur herrschenden Meinung. Ein Beispiel:

> „Die SPD/FDP-Koalition weckt bei den Bürgern in verantwortungsloser Weise Hoffnungen und Erwartungen, die die Kluft zwischen den Ansprüchen des einzelnen und der organisierten Gruppen und der Leistungsfähigkeit des Ganzen ständig vergrößert. Die Ansprüche vieler gesellschaftlicher Gruppen verfehlen heute nicht nur das wirtschaftlich Mögliche, sondern zunehmend auch das sozial Notwendige. Leidtragende sind regelmäßig die sozial Schwachen."

Das klingt gut und vernünftig. Es wird die Neue Soziale Frage aufgeworfen, nämlich ob Notlagen nicht eher in den nichtorganisierten Gruppen auftauchen, bei Familien, Kindern und alten Menschen, anstatt im klassischen Konflikt zwischen Arbeit und Kapital, bei dem zwei mittlerweile hochgerüstete Organisationen sich gegenüber stehen. Interessante Fragen gewiß, nur das simple Wort Rentenversicherung kommt in der ganzen Erklärung nicht vor.

Der CDU/CSU-Wähler konnte also nicht einmal ahnen, was sich an möglichen Veränderungen und Korrekturen bei der Rentenversicherung abspielen könnte, noch was die von ihm favorisierte Partei davon gut heißen werde. Sie waren eher beruhigt worden durch das Wort „Sozialgarantie", das im Mai der Bundesvorsitzende der CDU, Kohl, im Parlament abgegeben hatte. Für die Renten mußte das bedeuten, daß man eher an Einnahmeverbesserungen als an Einschnitte dachte. Das sah nach einer besonders schlauen Strategie aus. Falls die Union die Wahl gewinnen würde, hätte sie freie Hand, falls nicht, dann fielen die Schatten der zu beschließenden Grausamkeiten ausschließlich auf die SPD/FDP-Regierung.

Soweit die Papiere. Der Wahlkampf selbst sparte das Thema der Rentenfinanzen aber nicht aus. Dies folgt besonders eindrucksvoll aus den erregten Rückblicken in der Eröffnungsdebatte der 8. Wahlperiode am 16. und 17. Dezember 1976.

10. Rentenreform 1977/78: Die Ernüchterung

10.1 Die Regierungserklärung

Niemals in der Geschichte der Bundesrepublik begann eine Regierungserklärung mit Feststellungen zur Lage der Rentenversicherung. Nichts kennzeichnet die dramatische Situation besser.

Bundeskanzler Helmut Schmidt:[133] „Der Regierungserklärung soll ein Wort zum Rententhema vorangestellt werden, das in der vorigen Woche die Diskussion beherrscht hat. Kein Zweifel, es hat zu einer ernsten Beunruhigung und zu einer Belastung des Vertrauens in die sozialliberale Koalition und in die Bundesregierung geführt."

Der Anlaß, so führt er aus, sei das Gutachten des Sozialbeirats vom 15. Oktober gewesen, worin eine Verschiebung der für den 1. Juli vorgesehenen Rentenanpassung um 6 Monate ernsthaft in Erwägung gezogen wurde. Dem hatten sich die Koalitionäre in der vergangenen Woche wohl angeschlossen, was Schmidt aber nicht ausdrücklich sagte. **„Die Reaktionen von Bürgern, Abgeordneten und der öffentlichen Meinung waren heftig. So heftig hatten wir diese Ablehnung nicht erwartet."**

Dann wiederholt er die wichtigsten Punkte, die im Frühjahr in das Rentenanpassungsgesetz aufgenommen werden sollen:

- Die Renten sollen unverändert am 1. Juli 1977, aber nur um 9,9% angepaßt werden. Versprochen waren 10%. Die nächste Anpassung wird auf den 1. Januar 1979 verschoben.

---

133 Bundeskanzler Schmidt, 8. Wahlperiode, 5. Sitzung, 16.12.1976

- Die Bruttolohnbezogenheit bleibt bei der Festsetzung neuer Renten erhalten. Von den Rentnern wird kein Krankenversicherungsbeitrag erhoben. Die Beitragssätze bleiben unverändert.
- Die laufenden Renten werden ab dem 1. Januar 1979 jeweils mindestens entsprechend der Steigerung der nach Abzug von Steuern und Sozialabgaben verfügbaren Einkommen der aktiven Arbeitnehmer erhöht werden.
- Die Rentenversicherung wird von den stark angestiegenen Kosten der Krankenversicherung der Rentner entlastet. Deswegen wird die Beitragsbemessungsgrenze in der Krankenversicherung an die der Rentenversicherung angeglichen. Dies führt zu einer Belastung besser verdienender Arbeitnehmer.

Nicht erwähnt wird das Vorhaben, auch die Rücklage in der Rentenversicherung von drei Monatsausgaben auf eine Monatsausgabe zu vermindern.

Nach diesen Keulenschlägen kommen beschwichtigende Sätze. Die Entscheidungen seien geeignet, die Rentenversicherung zu konsolidieren. Damit werde der Generationenvertrag gefestigt und ebenso das Prinzip der Solidarität zwischen den aktiven Arbeitnehmern und den Rentnern. Es fehlt auch nicht der Hinweis, daß das Einkommen der Rentner seit 1969 um 103% gestiegen sei, das Nettoeinkommen der Arbeitnehmer aber nur um 80%.

Die Schockwirkung dieser Ankündigung war gewaltig. Noch später hat man sich schaudernd erinnert und vor Augen geführt, in welche Lage man gerät, wenn man vor den Finanzschwierigkeiten der Rentenversicherung die Augen verschließt. Jetzt sollten einige Säulen der umlagefinanzierten Rentenversicherung einfach umgehauen werde. Ohne jede Vorwarnung, ohne vertiefte Diskussion und Erklärung fällte man die bruttolohnbezogene Rentenanpassung und manipulierte ohne Hemmung an den Anpassungsterminen. Die Beitragsstabilität in der Rentenversicherung blieb zwar gewahrt, dafür wich man in die Krankenversicherung aus, indem man dort die Beitragsbemessungsgrenze, die vorher 75% der Rentenversicherung betragen hatte, auf 100% anhob. Das war alles gewagt, aber auch ungereimt, vor allem ohne jedes Nachdenken darüber, ob dieses Alterssicherungssystem so überhaupt erhalten bleiben soll. Der hektische Zug, dieses panische Durchwursteln, das die Rettungsmaßnahmen kennzeichnete, durchzog die Politik der kommenden Jahre.

Es lohnt aber noch, einen Blick auf die sich der Regierungserklärung anschließende Debatte zu werfen. Es war die Elefantenrunde, in der die Fraktionsführer aller Parteien sich zum Teil sehr ausführlich zum Thema Rentenversicherung äußerten.

Als erster sprach Dr. Kohl (CDUCSU):[134]

> „Herr Bundeskanzler, ich spreche Sie in dieser Frage so klar und offen an, weil Ihre Rentenpolitik eben kein Einzelfall, sondern ein Symptom Ihres Regierungsstils ist. Man kann durch Worte täuschen, indem man Falsches ankündigt und das gegebene Wort bricht. Man kann auch durch Taten täuschen, indem man dem Wähler beschlossenen Tatsachen bewußt vorenthält. Sie und Ihre Partei haben in jüngster Zeit beides getan . . . Das für mich Unfaßbare ist, daß Sie es nicht fassen können, daß sich Bürger sich auf das Wort des Kanzlers verlassen und daß diese Bürger empört sind, wenn der Kanzler sein Wort einfach bricht, als wäre dies das Natürlichste der Welt."

Dann kritisiert Kohl auch die Maßnahmen im Einzelnen und prophezeit: „Die Pläne werden keinen Bestand haben." Unausgereift sei die unterschiedliche Behandlung von Alt- und Neurenten, notwendige Differenzierungen fehlten bei der Verschiebung der Nettolohnanpassung und Anhebung der Beitragsbemessungs-

[134] Dr. Kohl, 8. Wahlperiode, 5. Sitzung, 16.12.1976

grenze in der Krankenversicherung. Manipulationen seien zu erwarten durch die Abschmelzung der Rücklagen, weil dadurch die Rentenversicherung in den Sog des Bundeshaushalts gerate. Er wirft der Regierung vor, Milliardensummen von der Rentenversicherung in die Krankenversicherung zu verlagern. „Aber für den Bürger ändert das gar nichts, er muß so oder so zahlen und zwar aus demselben Portemonnaie." Richtig gesprochen.

Dann kommen zwei sich widersprechende Sätze: „Wir, meine Damen und Herren, stehen zu unserer Rentengarantie und wir sind bereit, Mitverantwortung zu tragen."

Schwieriger wird es für Brandt (SPD)[135]. Er weist darauf hin, daß an der Rentenanpassung nicht gerüttelt werde. Das habe man vor der Wahl versprochen und das sei jetzt bestätigt worden. Darauf Zwischenruf von Barzel (CDU/CSU): „Das stimmt nicht. Sie haben die Bruttolohnbezogenheit zugesagt." Darauf Brandt: Die Bruttolohnbezogenheit von Neurenten habe der Bundeskanzler ausdrücklich zugesagt. Darauf wieder Barzel: „Aber bei den Altrenten nehmt Ihr sie weg." So flüchtet sich Brandt in die Aussage, es sei schwierig, eine Lösung zu finden, die den veränderten Ziffern gerecht werde. Die Daten seien erst am 15. Oktober vom Sozialbeirat auf den Tisch gekommen.

Dann redet Mischnick (FDP)[136], und zwar Klartext: Bei unveränderter Rechtslage käme es bis 1980 zu einem Defizit von 83 Mrd. DM. Dies erfordere Opfer von allen Beteiligten. Wer die angekündigten Maßnahmen ablehne, müsse die Frage stellen, ob er mit weiterer Beitragserhöhung neue Belastungsproben zwischen Beitragszahlern und Rentnern wolle. Die Gründe für die Schwierigkeiten sieht er in der bisherigen Anpassungspraxis und im Altersaufbau der Bevölkerung. Eindringlich ist seine Warnung:

---

[135] Brandt, ebd.

[136] Mischnick, 8. Wahlperiode, 16.12.1976

„Aus den Erfahrungen der letzten Jahre kann ich allerdings nur den Schluß ziehen: Der politische Konkurrenzkampf um die Stimmen der Rentner droht das System unserer Rentenversicherung zu sprengen."

Er gibt zu, den von der FDP für richtig gehaltenen Individualbeitrag der Rentner für ihre Krankenversicherung nicht durchgesetzt zu haben. Und er richtet einen Appell an die CDU/CSU mit den Worten: „Denken Sie doch wenigstens ab und zu einmal darüber nach, daß es Ihre – der CDU/CSU – Entscheidung, Ihr Durchsetzen von 1972 war, was vieles von den Problemen heraufbeschworen hat, die wir heute zu lösen haben." Die Koalition sei sich einig, daß man die Rücklagen wieder auf die 3 Monatsausgaben auffüllen wolle, er schätze aber erst nach 1981/82.

Strauß (CSU)[137] greift in gewohnt lebhafter und direkter Manier die Regierung, insbesondere den Bundeskanzler an, hält ihnen die Überschriften der koalitionsfreundlichen Presse entgegen: Lüge, Betrug, Wählertäuschung und erinnert an eine gemeinsame Fernsehdiskussion mit dem Bundeskanzler. „Als ich vor der Wahl vor angeblich 20 Millionen Zuschauern auf die katastrophale Lage der Rentenfinanzen hinwies und vom Zwang zu drastischen Schritten sprach, . . . haben Sie, Herr Bundeskanzler, mir mit gespielter Empörung unchristliche Angstmache vorgeworfen."

Versprochen wurde die Erhöhung der Renten am 1. Juli um 10%, Aufrechterhaltung der Bruttolohnbezogenheit auf Dauer, wie auch die Nichterhöhung der Beiträge. Auch der letzte Punkt sei nicht eingehalten worden, denn die Krankenversicherungsbeiträge würden zum Ausgleich angehoben. Er zitiert die Wahlkampfanzeige der Sozialdemokraten vom 21. September: „Ich versichere Ihnen, Ihre Altersversorgung ist sicher. Die Renten werden

[137] Strauß, ebd.

weiterhin dynamisch mit der Wirtschaftsentwicklung steigen. Sagen Sie Ihren älteren Mitbürgern: Auf Sozialdemokraten ist Verlaß, vor allem, wo es um die soziale Sicherung und um den sozialen Frieden geht."

Und Strauß streut weiter Salz in die Wunde, indem er den Bundeskanzler daran erinnert, in einer Fernsehendung auf die Finanzkrise der Rentenversicherung angesprochen, diese zu einem leicht zu lösenden **Problemchen** der bloßen Liquidität der Rücklage heruntergespielt zu haben. Das Wort vom **„Problemchen"** sollte den Kanzler noch lange verfolgen.

Strauß erinnert daran, wie die Versicherungsträger schon 1975 vor der bedrohlichen Entwicklung der Rentenversicherung gewarnt hätten, und weist darauf hin, daß der Vorsitzende des Vorstands des Bundesverbandes der Versicherungsträger, Muhr, auch das jetzt angesteuerte Finanzkonzept kurzfristig nicht für realisierbar, langfristig geradezu für gefährlich halte. Auch Strauß glaubt nicht, daß Lösungen über 1983 hinaus gefunden sind. Er kritisiert die Stundungspolitik der Regierung, die er schon zu seiner Zeit als Finanzminister abgelehnt habe. Er habe die Bundeszuschüsse immer in bar gezahlt. Falsch sei es gewesen, in Zeiten stürmischer Zunahme der Staatseinnahmen die Zuschüsse in Gestalt der Kreditzusagen geleistet zu haben. Jetzt müsse man sie in wesentlich schlechterer Situation nachentrichten.

Nach all diesen kernigen kritischen Sätzen biegt Strauß zum Schluß etwas überraschend in die Konsensstraße ein. Zwar widerspreche die Abkehr von der Bruttolohnbezogenheit der Wahlaussage, aber: „Man kann darüber reden. Wenn man uns, nachdem das Kind in den Brunnen gefallen ist, an der Verantwortung beteiligen will, während man uns vorher hohnlachend gesagt hat, wir würden dem Volk nur unchristlich Angst einjagen, dann haben wir auch das Recht, von dieser Stelle aus zu sagen, was in Wirklichkeit die Gründe für den Verfall der Finanzgrundlagen gewesen sind."

Zu diesen Gründen zählt er die Verfehlungen der Union aus dem Jahr 1972 leider nicht.

Barzel (CDU/CSU)[138] bedauert, daß die Rentenformel in Zweifel gezogen werde.

> „Sie haben keine Klarheit über die Formel. Dies erzeugt doch die Abhängigkeit und das Ausgeliefertsein an die Mehrheit dieses Parlaments. Sie sind in einem Debakel und kommen allein nicht heraus. In dieses Debakel sind Sie ohne unsere Hilfe und gegen unseren Rat gekommen. Sie haben die Weltrezession für alle Schwierigkeiten verantwortlich gemacht. Vielleicht ist die Weltrezession auch dafür verantwortlich, daß Sie nicht früh genug in die Kasse der Rentenversicherung geguckt haben. Ihre harten Beschlüsse bringen doch die bis 1980 fehlenden 80 Mrd. DM nicht ein."

Sein Hauptkritikpunkt ist, daß die Regierung nicht sage, welche Zahlen sie jetzt zugrunde legt. „Hätten Sie doch heute die Zahlen und die Vorlagen auf den Tisch gelegt, hätten Sie uns über Ihre Annahmen orientiert, die Ihren Schätzungen zugrunde liegen (Wachstum, Arbeitslosigkeit, Preise, Löhne, Geburt und Tod), dann hätten wir etwas in der Hand, worüber wir diskutieren können. Sie können doch nicht verlangen, daß wir uns daran beteiligen, mit Ihnen hier im Nebel herumzustochern."

Wehner (SPD)[139] greift nun den einzig wirklich wunden Punkt der Argumentation der CDU/CSU an. Wenn die Zahlen, so wie behauptet, alle schon viel früher auf dem Tisch gelegen hätten, wenn die Lage also wirklich erkennbar so düster gewesen wäre, „wieso haben Sie dann der Rentenerhöhung im vorigen Jahr zugestimmt? In der 1. Lesung, in der 2. Lesung, in der 3. Lesung?

---

[138] Dr. Barzel, 8. Wahlperiode, 5. Sitzung, 16.12.1976

[139] Wehner, 8. Wahlperiode, 5. Sitzung, 16.12.1976

Dann hätte Ihr Gewissen Sie zwingen müssen zu sagen: ‚Es blutet uns das Herz, wir möchten so gern' – da feixen Sie! Sie hätten sagen müssen: **‚Wir haben immer zugestimmt'** und zugleich haben Sie den anderen Leuten gesagt: **‚Aber finanziert werden kann das nicht.'"**

Hier kommt nun das eigentliche Dilemma zur Sprache. Es gab im ganzen Parlament keine Fürsprecher für wirklich vernünftige Entscheidungen, die sich nicht an den unvernünftigen beteiligt hätten. Was man 1967/68 mühsam korrigiert hatte, warf man schon 1972 wieder über den Haufen. Dann hielt man in der 7. Wahlperiode die Luft an, schob alles vor sich her und verursachte damit die viel größere Krise von 1976. Die Replik von Wehner stimmt besonders traurig. Nicht, weil er mit seinem Angriff nicht recht hätte, sondern weil für den Unbeteiligten der Eindruck entsteht, man belausche das Gespräch zweier Komplizen nach einem mißglückten Einbruch.

Die Fragen, die hätten gestellt werden müssen, waren doch andere. **„Wie vermeiden wir nachhaltig, daß in einer Wirtschaftskrise die Rentenfinanzen in Gefahr geraten? Wie läßt sich die Politik zügeln, Finanzmittel zwischen den Sozialversicherungen und dem Bundeshaushalt hin und her zu schieben? Wie kann man die Politik daran hindern, in der Rentenversicherung den Wohltäter zu spielen? Wie sichert man langfristig bei längere Lebenszeit die Alterssicherung, ohne die erforderlichen Mittel immer weiter steigen zu lassen?"**

In einem Prozeß, in dem auf der Anklagebank dieselben Personen sitzen wie auf der Seite der Ankläger und Richter, kann man weder eine schonungslose Aufklärung der Tatbestände noch eine wirksame Sanktion erwarten.

Immerhin gab es auch Äußerungen, in denen Bedenken formuliert wurden und die hier nicht fehlen dürfen.

Hoppe (FDP)[140]:

> „Wir sind allerdings selbstkritisch genug, um zuzugeben, daß sich die Regierungskoalition einen Fehlstart in dieser neuen Legislaturperiode geleistet hat. Wir Freien Demokraten werden uns jetzt in der Arbeit der nächsten Jahre tüchtig ins Zeug legen. Gleichwohl ist zu bekennen, daß die Diskussion über die Renten wenig glücklich eröffnet wurde. Es geht ja nicht nur darum, ob das inzwischen korrigierte Rentenmodell wirtschaftlich vernünftig war, sondern darum, ob es auch politisch zumutbar war. Die Opposition hat wenig Grund, sich allzu laut zu Wort zu melden. Vor der Wahl hat sie mit allen ins gleiche Horn geblasen und bis heute keine konkreten Lösungen angeboten."

Lohnend ist es, den Redebeitrag von Bundeskanzler Schmidt[141] zum Thema der eingeforderten verläßlichen Zahlen zu lesen. Seine Erkenntnisse sollten in allen langfristig angelegten Gesetzeswerken beachtet werden.

> „Was die Rentenpolitik angeht, so habe ich zu jedem Zeitpunkt die mir zugänglichen Zahlen zugrunde gelegt. . . . Die Zahlen vom November 1975, von denen Sie meinen, sie hätten jedermann ausreichend Klarheit gegeben, stimmen nicht mit denen des Frühjahres 1976 überein und die vom Frühjahr 1976 nicht mit denen vom August – das war der Zeitpunkt vor dem Wahlkampf, in dem ich mich zuletzt, und zwar ausführlich und mit Mühe, damit beschäftigt habe – die Zahlen vom August stimmen nicht mit den heutigen überein und im Frühjahr 1977 werden sie wieder anders sein."

Dann erklärt er, warum die Prognosen sich dauernd ändern, und erläutert das anhand der Vorgänge in der jüngsten Vergangenheit. Katzer (CDU/CSU) habe in seiner Amtszeit als Bundesarbeitsminister Einnahmen und Ausgaben verglichen und deswegen Beitragserhöhungen für notwendig gehalten. Wenige Jahre später seien zwei Dinge anders geworden:

---

[140] Hoppe, 8. Wahlperiode, 5. Sitzung, 16.12.1976

[141] Bundeskanzler Schmidt, ebd.

„Man war aus der Rezession der späten 60er Jahre heraus. Die 15-Jahresrechnung der Rentenversicherung basiert ja immer auf dem relativ kurzen Zeitabschnitt der Gegenwart, der dann auf 15 Jahre in die Zukunft projiziert wird. Jetzt sah die 15-Jahresrechnung viel besser aus."

Das sei die erste Ursache gewesen und die zweite der Wechsel des Herrn Katzer auf die Bank der Opposition. Da habe er dann die Meinung vertreten, daß sich in der Rentenkasse zuviel Vermögen angehäuft habe – „Klammer auf: es wäre gar nicht so viel geworden, wenn wir die Beiträge nicht so erhöht hätten, Herr Kollege Katzer; Klammer zu" –, das den Rentnern gehöre. Die Zahl: 205 Mrd. DM.

„Gut, das war auch nach der damaligen Rechnung möglicherweise richtig gerechnet. Nur, es hat noch niemals eine dieser 15-Jahre-Prognosen stimmen können . . . weil in sie mehrere variable Faktoren eingehen, die niemand wirklich prognostizieren kann. Es ist schon nicht möglich, mit hinreichender Sicherheit auch nur die variablen Faktoren des allernächsten Jahres richtig zu schätzen.

Als ich Finanzminister war, habe ich mir zu meiner eigenen Erkenntnis, um etwas zu lernen, die Mühe gemacht – oder andere haben sich die Mühe für mich gemacht –, die damals vorliegenden 10 Jahresprognosen des Sachverständigenrats wieder aus den Akten auszugraben und mit dem zu vergleichen, was am Ende des Jahres wirklich eingetreten war. Dabei ergab sich immer innerhalb von 13 Monaten ein tiefgreifender Unterschied zwischen Prognose und tatsächlichem Verlauf. Noch viel größer sind nach bisherigen Erfahrungen seit 1957 die jeweiligen Änderungen zwischen Prognosen auf dem Rentenversicherungsgebiet und dem tatsächlichen Verlauf.

Es kann durchaus sein, daß die Prognosen, die wir bei den uns weiß Gott nicht leicht fallenden Ankündigungen unterstellen, zu schwarz gesehen sind. Denn sie unterstellen erstens bestimmte Beschäftigungszahlen über eine ganze Reihe von Jahren, die wirklich niemand übersehen kann, und sie unterstellen zweitens bestimmte Nominallohnerhöhungen, die auch niemand übersehen kann.

> Es ist insofern gar nicht sicher, ob die Zahlen vom November 1975, von denen Herr Strauß sprach, heute, 12 Monate später, richtig sind. Es ist auch gar nicht sicher, ob sich die Zahlen, die wir heute unterstellen, in 12 oder 24 oder 48 Monaten als richtig erweisen."

Im Grunde spricht hier der ehemalige Finanzminister Schmidt die gleiche Erfahrung aus und äußert die gleiche Skepsis wie im Dezember 1971 der ehemalige Finanzminister Strauß. Aber auch hier bleiben die naheliegenden, sich geradezu aufdrängenden Fragen unbeantwortet. Warum hat man damals, wie jetzt wieder, die Sache nicht grundsätzlich behandelt? Warum haben beide Finanzminister diese Prognosepolitik immer mitgetragen? Was gab es denn an brauchbaren Alternativvorschlägen? Wenn die Zahlen wacklig waren und von der Realität immer wieder überholt und korrigiert wurden, welche Konsequenzen hätte die Politik denn daraus zu ziehen?

Auf diese Fragen kam man nicht. Aber auch die sehr beherzigenswerten Feststellungen des Bundeskanzlers blieben auf beiden Seiten des Hauses unkommentiert. Er hatte auf befremdliche Weise ein Stück Wahrheit aufgedeckt, und niemand wollte es wissen.

Die Debatte zur Regierungserklärung des Bundeskanzlers konnte im Dezember 1976 nicht beendet werden und fand am 20. Januar ihre Fortsetzung. Das politische Beben der Rentenvorschläge hatte sich über Weihnachten und im Neuen Jahr nicht gelegt, es kam zu weiteren Verhandlungen und neuen Vorschlägen, die dann in der fortgesetzten Debatte am 20. Januar vorgestellt wurden. Die Kommentare der Opposition fielen entsprechend gehässig aus.

Geblieben waren die erniedrigte Anpassung von 9,9% zum 1. Juli 1977 und die Verschiebung des folgenden Anpassungstermins auf den 1. Januar 1979. Wie geplant sollten die zuletzt auf 17% angestiegenen Beiträge in die Krankenversicherung wieder auf

11% zurückgeführt werden. Die Beitragsbemessungsgrenze werde nunmehr aber nicht auf 100% der Rentenversicherung, sondern nur auf 85% angehoben, um eine Fluchtbewegung in die private Krankenversicherung zu vermeiden. Neu war auch, daß nunmehr die Bundesanstalt für Arbeit die vollen Beiträge für die Arbeitslosen in die Rentenversicherung zu zahlen hatte. Der Zugriff auf die 35,8 Mrd. DM Rücklage in der Rentenversicherung sollte ermöglicht werden, aber sie sollte nicht unter 1,5 Monatsausgaben sinken. Nicht beschlossen werden sollte im 20. Rentenanpassungsgesetz die Nettolohnanpassung für die Jahre 1979/80. Das sollte erst beim 21. Rentenanpassungsgesetz geschehen.

In der Januardebatte sprachen nicht mehr die „Elefanten", sondern die Fachpolitiker. Den Anfang machte Katzer (CDU/CSU)[142], der noch einmal die Vorschläge der Regierung mit den gemachten Wahlversprechen verglich. Versprochen habe man die bruttolohnbezogene Anpassung, stattdessen wolle man in den Jahren 1979/80 nur an das Netto mindestens anpassen. "Das heißt, sie sollen gekürzt werden." Versprochen habe man die jährliche Anpassung, in Wahrheit lasse man die in 1978 ausfallen. Versprochen wurde schließlich, keine Beiträge zu erhöhen. Schon im laufenden Jahr plane man aber durch die Erhöhung der Beitragsbemessungsgrenze in der Krankenversicherung auch eine drastische Erhöhung der Beiträge. Er vertritt die Meinung, daß die Regierung den Zusammenhang zwischen Wirtschafts-, Finanz- und Sozialpolitik verkannt habe, daß aber hier die Gründe für die Probleme in der Rentenversicherung lägen. „Stattdessen versucht man, in der Rentenreform 1972 einen ‚schwarzen Peter' zu finden." Hämisch zitiert er Äußerungen von Arendt und Schmidt, daß „unsere gestrigen Rentenbeschlüsse nur dann finanziert sein werden, wenn Sozialdemokraten bis 1985 für kontinuierliche

[142] Katzer, 8. Wahlperiode, 8. Sitzung, 20.1.1977

Vollbeschäftigung in diesem Lande sorgen". Scharf kritisiert er auch, daß in den Jahren 1979/80 die laufenden Renten nicht brutto, sondern nettolohnbezogen angepaßt werden sollen.

„Wie man angesichts dieser Handhabung vermeiden will, daß zwei Arbeitnehmer, die zu unterschiedlichen Zeiten in Rente gehen, aber in ihrem Erwerbsleben die gleichen Leistungen erbracht haben, dann unterschiedliche Beträge erhalten, bleibt mir völlig unerklärlich."

Daß damals gleich hohe Rentenansprüche durch ganz unterschiedlich hohe Beiträge erworben werden konnten, scheint diesen Politiker wie viele andere nie beunruhigt zu haben.

Unter welchen Bedingungen die Opposition an der Lösung mitzuarbeiten bereit ist, drückt er in folgenden Worten aus:

„Dies wird nur möglich sein, wenn wir uns uneingeschränkt und konsequent auf die bewährten Grundsätze der bruttolohnbezogenen, dynamischen und beitragsgerechten Rente mit ihrer Lohnersatzfunktion besinnen, so wie wir sie im Jahre 1957 unter Konrad Adenauer und Anton Storch eingeführt haben."

Das hieß nichts anderes, als daß sich an den Renten nichts ändern dürfe, daß die Lösung also ausschließlich in Einnahmeerhöhungen zu finden seien.

Der SPD-Sprecher Sund[143] führt den Gegenangriff und erinnert die Union daran, daß sie allen Rentengesetzen immer zugestimmt habe. Sie pendele zwischen Sozialgarantie und Rentenhysterie. Er verteidigt den Rücklagenabbau und die Nettoanpassung:

„Für die Dauer des Finanzierungsengpasses werden wir also bei der Anhebung der Bestandsrenten aus dem bisherigen Mechanismus ausklinken, jedoch nicht, um ihn außer Kraft zu setzen, sondern um

---

[143] Sund, 8. Wahlperiode, 8. Sitzung, 20.1.1977

später wieder in eine bruttolohnbezogene Dynamik einzuschwenken."

Auch hier wird das strukturelle Problem der Rentenversicherung völlig verkannt. Man spricht sich selbst Trost zu, indem man die Maßnahmen als **vorübergehende** kennzeichnet, so als wäre man in einen plötzlichen Regenschauer geraten. Was wäre denn zu tun, wenn die Wirtschaftskrise länger anhielte, oder in wenigen Jahren erneut ausbräche? Heute haben wir mit ganz anderen Arbeitslosenzahlen zu kämpfen und mit viel bedrohlicheren Zahlen der Bevölkerungsentwicklung. Heute ist das Bewußtsein über die Notwendigkeit des Eingriffs eher vorhanden. Dennoch überrascht die Naivität der damaligen Politiker und ihre Beharrlichkeit, vor der Wirklichkeit die Augen zu verschließen.

In der bereits beschriebenen Schlachtordnung weiter fortfahrend, jeweils dem Gegner seine Fehler vorzuwerfen, sagte Schmidt (Kempten)[144] an die Adresse der CDU/CSU: „Ihrem Herrn Bundesvorsitzenden blieb es vorbehalten, am 2. Mai 1976 seitens der Opposition eine volle Sozialgarantie für den Fall in Aussicht zu stellen, daß Sie am 3. Oktober die Mehrheit erringen."

Auch gegen die Äußerung von Katzer (CDU/CSU), die Maßnahmen würden zu Rentenkürzungen führen, wendet er sich und nennt es eine klare Täuschung der Öffentlichkeit. „Es wird keine einzige Rente gekürzt. Die Renten werden langsamer angepaßt werden." Die Anhebung der Beitragsbemessungsgrenze in der Krankenversicherung auf 85% bezeichnet er als tragbar. Dabei handele es sich um einen Betrag von ungefähr 20 DM. im Monat.

Die nun folgenden Gesetzesänderungen werden, wie gewohnt, im Zuge der jährlichen Anpassungsgesetze beschlossen. Der „Big Bang" war aber in der Eröffnungsdebatte zur Regierungserklärung schon eingetreten und gab einen Eindruck, wie ungemein

[144] Schmidt (Kempten), ebd.

risikoreich das Geschäft der Konsolidierung in den Rentenfinanzen war, und zwar vor allem für eine Regierung und die sie tragenden Parteien. Die Versuchung für die Opposition, das weidlich auszunützen, war dementsprechend groß. Gerecht ging es bei der Rentenproblematik insofern zu, als sich der Film mit demselben Drehbuch, nur mit ausgetauschter Besetzung später wiederholen sollte.

10.2 Die erste Etappe

Das 20. Rentenanpassungsgesetz bot den Anlaß und Rahmen für das Bündel der Sanierungsvorhaben. Der neu in das Amt des Bundesarbeitsministers berufene Ehrenberg hatte die undankbare Aufgabe, die Vorschläge dem Parlament vorzustellen. Sein Vorgänger im Amt, Arendt war kurz nach der Kanzlerwahl zurückgetreten.

Ehrenberg[145] beginnt mit den gewohnten Beschwörungen. Das Konsolidierungsprogramm der Bundesregierung sichert die Finanzgrundlagen für die dynamische Rente und gewährleistet, daß die Renten weiterhin am wirtschaftlichen Wachstum teilhaben. Es stärkt das Solidarprinzip der Rentenversicherung und den Generationenvertrag und es gestaltet die Finanzgrundlagen der Rentenversicherung konjunkturunabhängiger. Er zählt auf:

- Durch Begrenzung der Zahlung, welche die Rentenversicherung an die Krankenversicherung leisten muß, auf 11% wird der Zustand der Regelung vor 1967 wiederhergestellt. In der Zwischenzeit waren diese Zuschüsse auf 17% angewachsen.

---

[145] Ehrenberg, 8. Wahlperiode, 18. Sitzung, 18.3.1977

- Die Bundesanstalt für Arbeit zahlt für die Arbeitslosen volle Beiträge an die Rentenversicherung. Damit wird die Rentenversicherung von der Konjunkturlage und dem Grad der Beschäftigung unabhängiger, sozusagen wetterfest. Dem stimmt die Opposition zu.
- Wiederherstellung des alten Anpassungstermins durch die Anpassung erst zum 1.1.1979. Auch dem stimmt die Opposition zu.
- Eine Teilaktualisierung wird den Zeitraum verkürzen, der für die jährliche Anpassung zugrunde gelegt wird.

Die Anpassung vorübergehend unterhalb der Entwicklung der Bruttoentgelte müsse erst beim 21. Rentenanpassungsgesetz beschlossen werde. Damit war zunächst einmal der größte Tabubruch auf das kommende Jahr verschoben, nämlich von der Rentenformel abzuweichen, oder besser von der sich auf die Formel berufenden Anpassungspraxis. Ehrenberg formuliert das vorsichtig so:

> „Die Bundesregierung kann nicht ausschließen, daß es die Entwicklung der Finanzlage in der Rentenversicherung erforderlich machen könnte, die laufenden Renten vorübergehend unterhalb der Entwicklung der Bruttoentgelte anzupassen, jedoch, um hier ähnliches wie 1958 zu verhüten, nicht unterhalb der Entwicklung der verfügbaren Einkommen der Arbeitnehmer."

So sehr dieses neue Paket auf Zustimmung der Union hin verändert worden war, so wenig bremste das den Elan einer kontroversen Debatte. Schon der Bundesarbeitsminister greift die CDU/CSU an, weil sie Beitragserhöhung oder die Wiedereinführung des Krankenversicherungsbeitrags fordere. Er findet in allem, was er vorschlägt, Solidität und Ausgewogenheit, in den Gegenvorschlägen weder das eine noch das andere.

Ihm folgt der wortgewaltige Franke[146] (CDU/CSU), der zunächst den Sozialbeirat zitiert. Dieser halte die Maßnahmen für nicht ausreichend. Er beklagt dann die 3 jährige Verschleppung, die CDU/CSU habe während dieser Zeit immer schon auf die Dekkungslücke hingewiesen, schon am 14. März 1976, also vor der Wahl habe man das Problem angesprochen. Für die Regierung habe es sich bis zum 3. Oktober um ein **„Problemchen"** gehandelt, danach erst um das dickste Problem. Die Ursachen sieht Franke in der katastrophalen Arbeitsmarktlage begründet. Es seien 2 Millionen Arbeitsplätze verloren gegangen und entsprechend weniger Beiträge in die Rentenversicherung gezahlt worden. Eine Änderung der bruttolohnbezogenen Rentenanpassung lehnt er ab, nicht aber die Verschiebung der Anpassung zum 1.1.1979, schweren Herzens.

„Wir sind uns der Schwere der Verantwortung bewußt. Schuld aber hat die Bundesregierung, die die wirtschaftlichen Daten nicht in den Griff bekommen hat."

Beitragserhöhung will er nicht ausschließen und befürwortet einen Krankenversicherungsbeitrag für Mehrfachrentner, deren Überversorgung er beklagt. Der einfache Rentner (wer immer das ist) soll, insbesondere wenn 2 Personen von seiner Rente leben, von dieser Pflicht freigestellt bleiben.

Diese Vorschläge sind verworren, sie lassen eine Einsicht in die Struktur einer Versicherung, wenn auch einer Sozialversicherung, und die dort erworbenen Rechte völlig vermissen und sind einem Denken verhaftet, das eher zu einem sozialistischen Versorgungsstaat paßt.

---

[146] Franke, 8. Wahlperiode,18. Sitzung, 18.3.1977

Für die SPD spricht Glombig,[147] der das Paket der Bundesregierung pflichtgemäß verteidigt, aber zu erkennen gibt, daß auch er eine Beitragserhöhung für denkbar hält. Die Anpassung an die Nettoentgelte bezeichnet er als vorübergehende Abweichung vom herkömmlichen Anpassungsverfahren. Etwas trotzig klingt seine Versicherung, daß für die SPD die Rückkehr zur Bruttoanpassung Vorrang vor der Wiederauffüllung der Rücklagen habe.

Schmidt (Kempten) setzt einen Schlußstrich unter eine „in allen Fraktionen und in diesem Hause nicht immer rühmliche Diskussion in den letzten Jahren. Wenn ich dies hier so bewußt sage, so weiß ich weshalb, denn auch ich war an dieser Diskussion beteiligt."

Auf Frage eines CDU-Kollegen, ob die FDP das sogenannte 3-Stufenmodell mit einer staatlichen Grundrente immer noch favorisiere, antwortet er, daß die FDP über einer Sockelrente eine leistungsbezogene Rente und darüber hinaus zusätzliche Vermögensbildung aufbauen und damit die Struktur der Alterssicherung besser gestalten wolle. Er selbst habe schon im Jahre 1976 von der Zukunftsnotwendigkeit der Strukturmaßnahmen in der Rentenversicherung gesprochen.

So kommt hier einmal wieder der alte Mischnick-Plan zum Vorschein, den die FDP ja noch im 1969er Programm formuliert, dann aber nicht mehr zur Diskussion gestellt hat.

Schmidt (Kempten)[148] begrüßt die notwendige Verschiebung des Anpassungstermins zum 1.1.1979, die „Sie (die Opposition) dankenswerter Weise in Rücknahme eines sicher falschen Beschlusses von 1972 mittragen wollen." Neu ist, daß er klar vor dem unbedingten Festhalten an der bruttolohnbezogenen Rentenan-

[147] Glombig, 8. Wahlperiode, 18. Sitzung, 18.3.1977

[148] Schmidt (Kempten), ebd.

passung warnt. Dies richtet sich sicher zunächst an die CDU/CSU, zeigt aber schon an, daß die FDP einen grundsätzlichen Richtungswechsel in dieser Frage wünscht.

Geisenhofer (CDU/CSU)[149] argumentiert wie Franke.

> „Wir haben diesen Schuldenberg nicht verursacht, wir haben die Regierung vor diesem falschen Weg gewarnt. Sie ist uns nicht gefolgt. Das ist nun das traurige Werk dieser Regierung, das sie selbst auszubaden hat. Die Ursachen der Fehlentwicklung liegen doch nicht im Rentensystem begründet, sondern in einer verfehlten Wirtschafts- und Währungspolitik dieser Regierung."

Auch er sagt, daß die Union der Verschiebung der Rentenanpassung schweren Herzens zustimme, aber nicht ohne den Hinweis, daß „diese bittere Maßnahme allein von der SPD/FDP-Regierung verursacht worden ist." Die als Manipulation bezeichnete Nettoanpassung im 21. Rentenanpassungsgesetz lehnt er ebenso ab wie eine Änderung der Beitragsbemessungsgrenze in der Krankenversicherung. Dagegen wiederholt er den Vorschlag eines Krankenversicherungsbeitrags mit Befreiungsgrenze.

Mit ähnlichen Schuldzuweisungen argumentiert der CDU-Politiker Dr. Blüm[150]. Man sei am Ende einer Hoch-Renten-Sozialpolitik nach dem Motto: „Ist Geld in der Kasse, wird es ausgegeben, ist kein Geld in der Kasse, wird alles wieder zusammengestrichen." Dann hebt er zu goldenen Sätzen an, die in der Regierungszeit der CDU/CSU niemand aus dieser Partei je sagte.

> „Die Rente ist kein Geschenk, sondern ein Anspruch, den man sich durch lebenslange Arbeit sauer verdient hat. Deshalb haben die Rentner niemandem in diesem Lande und schon gar nicht Herrn Ehrenberg Dankeschön zu sagen. Die haben sie sich selber verdient."

---

[149] Geisenhofer, ebd.

[150] Dr. Blüm, 8. Wahlperiode, 18. Sitzung, 18.3.1977

Deshalb wehrt er sich gegen eine Nettoanpassung, weil damit der Staat, der die Abgaben bestimmt, auf die Renten mehr Einfluß habe. Daß man sich durch verschiedene einvernehmlich beschlossene Rentenreformgesetze schon längst diesen Einfluß beschafft und ihn mißbräuchlich ausgeübt hat, verschweigt er.

Für die FDP ergreift nun der Abgeordnete Cronenberg das Wort und sagt, daß es erfreulich sei, daß „in dem Bestreben, das zu heilen, was 1972 falsch gemacht worden ist, nämlich in dem Bemühen, den Anpassungstermin wieder in Ordnung zu bringen, gemeinsame Auffassung bestehen." Er sei allerdings der Meinung, daß es richtig wäre, mit dieser Verschiebung schon eher zu beginnen, „weil das Notwendige, Unvermeidliche und Richtige gar nicht früh genug getan werden kann."

„Viele wären glücklich, wenn sie die Erkenntnisse von heute und die Folgerungen auch im Wahlkampf vertreten hätten." Er betont, daß die FDP bei der Beitragserhöhung eine sehr harte Haltung einnehme.

So weit die Stimmen aus der Debatte. Sie lassen erkennen, daß über den Reformbedarf kein Zweifel bestand und daß in großen Teilen das Sanierungskonzept von allen getragen wurde. Die Schuldfrage stellten alle Parteien, aber nur ganz wenige Abgeordnete bekannten sich zu ihrem eigenen Irrtum. Wenn die Opposition immer schon gewarnt haben wollte, so hat sie das nie mit eigenen Vorschlägen oder Gesetzesentwürfen dargelegt, ganz anders als in den Jahren 1971ff. Da konnte sie gar nicht schnell genug handeln, um den vermeintlichen Geldsegen auszustreuen. Die Regierungskoalition begnügte sich andererseits damit, nur den Vorschlag der Union anzuprangern, nämlich das Vorziehen der Rentenanpassung. Das war sicher ein teurer Vorschlag, aber die Koalition hatte damals von ihren eigenen Plänen nicht lassen wollen und ihren armen Arbeitsminister zu neuen, noch abenteuerlicheren Berechnungen veranlaßt, die alle Wünsche erfüllen ließen. Und das bei dem Kenntnisstand ihres damaligen Finanzministers, der doch allen Prognosen mißtraute!

In der zweiten und dritten Lesung wiederholt sich das Schauspiel gegenseitiger Vorwürfe, es fallen aber auch wieder einige grundsätzliche Äußerungen zur Rentenversicherung, die wiederzugeben sich lohnt.

Das hohe Lied der richtigen Entscheidung trägt der SPD-Abgeordnete Lutz[151] vor. „Wir stehen am Ende eines nervenzehrenden, unter dem Diktat des Terminkalenders stehenden und die Kräfte aller Kolleginnen und Kollegen im Übermaß beanspruchenden, aber sorgfältigen parlamentarischen Beratungsvorgangs." Die Rentenversicherung müsse von einem Defizit von 78,3 Mrd. DM bewahrt werden. Er richtet seinen Dank an Arendt und Ehrenberg, der „dieses Parlament mit dem Bündel seiner Gesetzgebungsvorlagen antrieb, ein ausgewogenes, sachgerechtes, in die Zukunft wirkendes, die kurzfristigen Sorgen behebendes und die langfristigen Sorgen weitgehend ausschließendes Gesetzeswerk zu formulieren."

Anders sieht das der CDU/CSU-Sprecher Franke[152], der in der zweiten Lesung erst einmal die eigenen tapferen Taten aufzählt:

> „Die CDU/CSU ist froh, daß es ihr, zusammen mit den Bürgern unseres Landes, gelungen ist, den Anschlag, den die Regierung vorhatte, zu verhindern, nämlich die versprochene Rentenanpassung zum 1. Juli 1977 nicht vorzunehmen. Das hat zu einer tiefen Vertrauenskrise zwischen den Bürgern unseres Landes und der Bundesregierung geführt. Ich glaube sogar, das Vertrauen in die Glaubwürdigkeit der Aussagen der politischen Parteien ist durch ihre Schuld in ganz erheblichem Maße erschüttert worden."

---

[151] Lutz, 8. Wahlperiode, 26. Sitzung, 12.5.1977

[152] Franke, ebd.

Da mag er durchaus recht gehabt haben, nur lag das an den unglaubwürdigen Aussagen aller Parteien. Wie sollte ein Rentner den Glauben an die Union nicht verlieren, wenn diese eine „Sozialgarantie" vor der Wahl abgibt, dann aber einen Krankenversicherungsbeitrag von den Rentnern fordert?

Den Ernst der Lage sieht die Opposition auch, nicht aber die Notwendigkeit der vorgeschlagenen Maßnahmen. So lehnt sie die ins Auge gefaßte Nettoanpassung in den Jahren 1979/1980 ebenso ab wie die Teilaktualisierung. Weiterhin lehnt sie die Senkung der Pauschalzahlungen an die Krankenversicherung ab und die deswegen nötige Anhebung der Bemessungsgrenze auf 85% der Rentenversicherung. Sie lehnt schließlich die Abschmelzung der Rücklagen ab. Insgesamt bezweifelt sie aber, so der Sprecher der Union Zink, ob das alles ausreicht. Ihr eigener Vorschlag beschränkt sich auf die Erhebung eines Krankenversicherungsbeitrags der Rentner von 2,6–4%.

Gegen diesen Vorschlag wendet sich insbesondere Glombig SPD[153]: das sei ein dauerhafter Eingriff, wohingegen die Nettoanpassung nur vorübergehend geplant sei. Außerdem bringe der Krankenversicherungsbeitrag zu wenig Geld.

Wer fühlt sich angesichts dieser Debatte nicht an 1967/68 erinnert? Auch damals wollte die CDU/CSU einen Eingriff in die Anpassungsmechanik unbedingt vermeiden, die Rentenformel unbedingt schützen und kam mit ihrem Krankenversicherungsbeitrag durch. Wie schnell ist dieser Krankenversicherungsbeitrag mit Zustimmung aller, auch der Union, später wieder kassiert worden! Man sprach sogar von einem schweren Unrecht, das man den Rentnern damals zugefügt habe.

---

[153] Glombig, 8. Wahlperiode, 26. Sitzung, 12.5.1977

Cronenberg (FDP)[154] tritt noch einmal dafür ein, die Anpassung der Renten schon früher als geplant hinauszuschieben.

> „Ist es denn wirklich so unredlich, wenn ich eine als notwendig und richtig erkannte Maßnahme so schnell wie möglich durchführe? Diese ganze Diskussion fände nicht statt, wenn nicht dieses Parlament 1972 Ihren Wünschen entsprechend den Anpassungstermin vorgezogen hätte. Ich habe dies seinerzeit für falsch gehalten, weil ich es für abenteuerlich gehalten habe, auf Grund des damaligen Beitragsbooms und der niedrigen Anpassungen, die sich aus der Rezession 1966/68 ergeben hatten, diese Dinge zur Voraussetzung einer solch schwerwiegenden Entscheidung zu nehmen."

Noch 1975 habe sich Franke dem Bundesminister Arendt gegenüber dieser Sache gerühmt und auf die namentlich Abstimmung verwiesen, mit der der entsprechende Antrag der CDU/CSU im Sommer 1971 abgelehnt wurde. „Mir wäre es lieber gewesen, wir hätten einen Juliusturm von 200 Mrd. DM zur Verfügung, wie ihn zu jener Zeit der Kollege Katzer vorgerechnet hat."

Cronenberg spricht sich ausdrücklich für die Aktualisierung aus, einmal weil der Abstand von 4 Jahren viel zu lang sei, zweitens, weil dadurch das kostenträchtige Jahr 1974 aus der Anpassungspflicht herausfalle, was der Rentenversicherung zugute komme. Die parallele Entwicklung von Beitragseinnahmen und Ausgaben der Renten sei vorteilhaft, schon weil den Politikern der Anreiz genommen werde, ein so verführerisches Polster zu verfrühstücken.

Für die Nettoanpassung tritt er grundsätzlich ein und begründet das mit Zahlen. So betrage das Rentnereinkommen 63,3% im Jahr 1977, aber nur 51,7% im Jahr 1970. Wenn diese Entwicklung sich fortsetze, dann gliche sich das dem nicht beamteten öffentlichen Dienst an, wo es 100% und mehr im Ruhestand gebe. Das sei nicht sozial und nicht gerecht.

---

[154] Cronenberg, ebd.

Ganz anders Dr. Blüm (CDU/CSU)[155]. Er redet gegen die Teilaktualisierung, „Im Klartext: **Rentenkürzung**. Wenn die Renten nicht so hoch werden, wie sie ohne diese Regelung wären, dann handelt es sich um eine **Rentenkürzung**." Da das Nettoprinzip in den Rechnungsgrundlagen enthalten sei, heiße das im Klartext **Rentenkürzung**, das sei unsozial, weil es auch Kleinrentner treffe, deren Rente unter Sozialhilfeniveau liege. „Sie scheren Reich und Arm über einen Kamm. Haben Sie Geld in der Kasse, benutzen Sie die Gießkanne, haben Sie kein Geld in der Kasse, benutzen Sie die Heckenschere. Gießkanne oder Heckenschere, mehr Gartengeräte haben Sie in der Sozialpolitik offensichtlich nicht."

Wie schön diese bildkräftige Sprache, die Blüm immer auszeichnete! Wie krottenfalsch die zutage tretenden Auffassungen, die die CDU/CSU-Politiker der ersten Stunde auf die Barrikaden getrieben hätte! Reich und Arm, sozial und unsozial, all das sollte es in der gesetzlichen Rentenversicherung, so wie sie in 1957 konzipiert worden war, ja gerade nicht geben. Man wollte eine Versicherung, in der Rechtsansprüche entsprechend der Beitragsleistung entstehen und bei der soziale Tatbestände keine Rolle spielen sollten. Das Wort **Rentenkürzung** war der wiederholte Dolchstoß, von allen Rednern der Regierungsseite entrüstet zurückgewiesen.

Hier hielt die Geschichte allerdings auch für den Politiker Blüm eine gerechte Strafe bereit. Er selbst mußte sich den gleichen Vorwurf gefallen lassen, als er im Amt des Bundesarbeitsministers mit einem demographischen Faktor die Rentensteigerung abbremsen wollte. Wie oft, wie nachdrücklich hat er sich gegen das Wort Rentenkürzung gewehrt, keine Rente würde gekürzt, nur die Steigerung verlangsamt. Das half ihm nichts, die SPD wiederholte diesen Vorwurf immer wieder. Daß er aber 20 Jahre

[155] Dr. Blüm, 8. Wahlperiode, 26. Sitzung, 12.5.1977

zuvor selber diesen Begriff für seine Angriffe verwendet hatte, wußte wahrscheinlich weder er selbst noch die Opposition.

Zum Rentensystem selbst gab es kaum Aussagen. Es war, als ob die Politiker beider großer Parteien die Schwächeanfälle der Rentenversicherung nur mit unterschiedlichen Stärkungsmitteln kurieren, sich aber eine gründliche Diagnose ersparen wollten.

Nur Hölscher (FDP)[156] fordert eine sorgfältige Untersuchung der möglicherweise nicht mehr zeitgemäßen Strukturen unseres Rentensystems.

> „Dieses Umlagesystem, bei welchem ja die Aktiven mit ihren Beiträgen unmittelbar die fälligen Renten zahlen, ist nun einmal konjunkturabhängig und vor allem auch sehr abhängig von der demographischen Entwicklung. Heute werden . . . 18% Beiträge gezahlt für Renten, deren Bezieher zu ihrer aktiven Zeit nur zwischen 5 und 10% einschließlich des Arbeitgeberanteils zu zahlen hatten. Dies zeigt deutlich die Entwicklung eines solchen Systems, wenn die demographische Entwicklung ins Ungleichgewicht gerät."

Die Zeit bis 1980 könne man nutzen, um zu langfristigen Lösungen zu kommen. „Die Diskussion über langfristige Lösungen muß aber sehr unvoreingenommen geführt werden. Sie darf vielleicht nicht so sehr parteipolitisch fixiert geführt werden, wie das bei Rentendebatten in der Vergangenheit der Fall war."

Auf die Unproportionalität zwischen der Höhe der Beitragsleistung einer arbeitenden Generation und der Höhe des Unterhalts im Alter hat man in der politischen Auseinandersetzung nur selten hingewiesen. Man sprach zwar von der Belastung der Beitragszahler und ist den einfachen Weg der Beitragserhöhung in der Krise 1977 nicht gegangen. Aber zu grundsätzlichen Zweifeln ließ man es nicht kommen. Alles wurde erstickt unter dem Wort Solidarität. Gerade die Solidarelemente, wie die flexible Alters-

---

[156] Hölscher, 8. Wahlperiode, 22. Sitzung, 12.5.1977

grenze und die Rente nach Mindesteinkommen, galten als Errungenschaften und waren zu festen Bestandteilen der sozialen Rentenversicherung geworden. Dies hebt gerade Ehrenberg in seinem Beitrag hervor, der mit dem Satz endet[157]: "Der Deutsche Bundestag legt heute die Grundlagen für solide Finanzen in der Rentenversicherung und der Krankenversicherung."

Für solide hielt man bislang wohl noch jede Veränderung in der Rentenversicherung. Dieses Mal hatte sich die Regierung ja auch an schwierige Tabus gewagt. Die Geldströme an die Krankenversicherung zu verringern, Geldströme aus der Arbeitslosenversicherung in die Rentenversicherung zu veranlassen, Rücklagen zu verzehren, das alles war nur alarmierend für die Insider. Aber die schon zu Gewohnheitsrecht gewordenen Rentenanpassungen im Zeitrythmus und in der Höhe verändern zu wollen, war gefährlich und löste unerwartet heftige Reaktionen aus. Daran erkennt man, daß die Öffentlichkeit auf derartige Entscheidungen überhaupt nicht vorbereitet war und daß vor allem unter den Rentnern der Eindruck vorherrschte, daß man von ihnen Sonderopfer verlange. Ihre Rente war doch sicher, wieso gab es denn dann Finanzierungsschwierigkeiten? Wieso war denn ihr Geld nicht mehr da, das sie jahrelang in die Rentenversicherung eingezahlt hatten? Es gab doch keinen Krieg, es gab doch keine große Inflation, durch die in früheren Zeiten die Vermögenswerte verloren gegangen waren. Unkenntnis über das Umlageverfahren herrschte vor, das Wort von der Solidarität der Beitragszahler mit den Rentnern wurde nicht begriffen. Jeder dachte, daß ein Beitragszahler mit seinen Beiträgen für sich sorgt.

---

[157] Ehrenberg, ebd.

10.3 Zweite Etappe

Im Lauf der Jahres 1977 und 1978 trübte sich das Bild weiter ein. Die Erwartungen der Experten, des Sachverständigenrats, der Wirtschaftsinstitute und der Bundesbank waren fehl gegangen, das Bruttosozialprodukt stieg nur um 2,4%, man hatte das Doppelte (5%) prognostiziert. Die Zunahme der Beschäftigten halbierte sich, die Löhne und Gehälter stiegen nicht wie erwartet um 7,5%, sondern man ging nunmehr von 5,5%–6,2% aus. Die neue Finanzierungslücke wurde mit 32 Mrd. DM beziffert.

Nun wurde es ernst. Die Koalition beschloß ein neues Maßnahmepaket:

- Die Renten steigen 1979 um 4,5 und in den Jahren 1980 und 1981 um 4%. Erst ab 1982 sollte die alte Bruttoanpassung wieder gelten.
- Der Beitragssatz wird ab 1981 um 0,5 auf 18,5% angehoben. Falls es die wirtschaftliche Lage erlaubt, soll durch Rechtsverordnung der Beitragssatz wieder auf 18% gesenkt werden.
- Der Krankenversicherungsbeitrag wird individualisiert, d.h. die Pauschalzahlungen werden abgelöst, wobei die Renten zunächst um 11% erhöht werden. Die Rentner werden dann in ihrer Kasse beitragspflichtig. Für die Berechnung ihres Beitrages werden alle früheren Beschäftigungsverhältnisse herangezogen.

Das waren die Kernpunkte, die im 21. Rentenanpassungsgesetz verankert und im März 1978 ins Parlament gebracht wurden.

Mit der Festsetzung der künftigen Anpassungen auf 4,5 und 4% in den kommenden drei Jahren wich man von der noch ein Jahr zuvor genannten untersten Grenze ab, wo es geheißen hatte, daß die Renten mindestens in Höhe der Nettolöhne steigen sollten. Die genannten Zahlen lagen eindeutig darunter; unklar war, wie man sie festgesetzt hatte. Die Neuzugänge sollten wie die Bestandsrenten behandelt werden.

Der SPD-Abgeordnete Glombig hatte die undankbare Aufgabe, diese Entscheidungen vorzutragen, sie zu begründen und vor allem zu verteidigen.[158] Zur Rechtfertigung wies er auf die Steigerung der Renten in den letzten Jahren hin, seit 1969 waren es 124% im Vergleich zu den Nettolöhnen, die nur um 98% zugenommen hatten. Daß der Beitragssatz auch ansteigen sollte, und zwar auf 18,5%, verschaffte ihm vielleicht eine gewisse Erleichterung. „Für die sozialdemokratische Bundestagsfraktion gehören die Abflachung der Rentenzuwächse und die Beitragserhöhung zusammen."

In seltsamer Verdrehung der Fronten wirft er der CDU/CSU vor, noch 1957 gegen eine jährlich an den Löhnen ausgerichtete Rentenanpassung gewesen zu sein. Sie hätten damals alle 5 Jahre überprüfen wollen, ob die Renten den wirtschaftlichen Verhältnissen angepasst werden könnten. Dagegen seien Sozialdemokraten schon damals für die jährliche Anpassung, allerdings mit einer gewissen zeitlichen Verzögerung, eingetreten.

Das hieß aber der Union zum Vorwurf machen, daß sie jetzt in unberechtigter Weise den SPD-Standpunkt von damals einnehme und gegen die Sozialdemokraten ins Feld führe.

Für die Gereiztheit, die seiner Rhetorik eigen ist, folgendes Beispiel: „Ich meine, daß dieses christdemokratische „Rentenspiel" – und ich setze dieses Wort Rentenspiel bewußt in Anführungsstriche – mit der Angst wirklich ein mieses Spiel ist. Es war ein mieses Spiel und es bleibt ein mieses Spiel."

---

[158] Glombig, 8. Wahlperiode, 81. Sitzung, 16.3.1978

Franke (CDU/CSU)[159] kann nun die Koalition, die Regierung und insbesondere den Bundeskanzler ins Visier nehmen und scharf attackieren. Er erinnert daran, daß noch ein Jahr zuvor sowohl Minister Ehrenberg als auch Bundeskanzler Schmidt bestritten hätten, die Nettoanpassung zu fordern und durchzusetzen. Auch die Beiträge sollten nicht steigen.

> „Mit dem Abgehen von der bruttolohnbezogenen Rente verlassen SPD und FDP den Hauptgedanken der größten Sozialreform seit 1950. Die Arbeitnehmer müssen . . . Beiträge von ihrem Bruttoeinkommen bezahlen, erhalten dafür aber heute einen Gegenwert, der sich absolut nach der Kassenlage der Rentenversicherung richtet. Niemand kann mehr vorausschauen und seine Rente ausrechnen . . . Die Väter der Rentenreform von 1957 haben sich etwas dabei gedacht, daß diejenigen, die diese Republik mit aufgebaut haben, nicht der Willkür der Kassenlage der Rentenversicherung unterworfen werden dürfen."

Auf den Vorschlag des Krankenversicherungsbeitrags zurückkommend, den die Union vertritt, betont er nochmals, daß von dieser Pflicht Renten unter 650 DM. freigestellt werden sollen. "Meine Damen und Herren, das ist Sozialpolitik, die auf die individuellen Einkommensverhältnisse von Rentnern mit langen Versicherungszeiten Rücksicht nimmt und sie nicht einfach in ein sozialistisches kollektives Versorgungssystem zu treiben versucht."

Merkwürdiger Weise spricht er aber auch die langfristige demographische Entwicklung an, nicht die Langlebigkeit, aber den Geburtenrückgang und den damit zusammenhängenden Bevölkerungsrückgang von 58 Millionen auf 39,4 Millionen mit Hinweis auf das Prognosgutachten. Demnach würde der Beitrag zur Rentenversicherung bis 2030 auf 41,5% steigen. Die Regierung denke aber nur bis 1980. Kein Wort, wie er selbst darüber denkt.

---

[159] Franke, ebd.

Wie man in Kenntnis dieser Zahlen seitens der CDU/CSU die Bruttoanpassung verteidigen konnte, die ja die Renten viel schneller als das verfügbare Einkommen der Arbeitnehmer wachsen ließ, ist ein ungeklärtes Geheimnis. Noch rätselhafter ist, warum man ausgerechnet mit einem sozial gestaffelten Krankenversicherungsbeitrag soziale Elemente in die Rentenversicherung einfügen wollte. Das hätte, wie schon gesagt, die Väter der Reform von 1957 viel mehr umgetrieben als eine verlangsamte Anpassung.

So ist das Bündel der vorgebrachten Ablehnungsgründe der Union in sich unstimmig. Sie hält das Gesetz auf Grund der wirtschaftlichen Annahmen für verfehlt, also nicht ausreichend in seinen Sanierungseffekten. Sie hält das Gesetz für sozial ungerecht, weil damit überwiegend den Rentnern Sanierungsopfer abverlangt werden und keinerlei Unterschied zwischen Rentnern mit hohen Alterseinkünften und Kleinrentnern gemacht wird. Sie lehnt das Gesetz schließlich ab, weil es die Abkehr von der bruttolohnbezogenen Anpassung bringt.

Beim Thema der Rentenversicherung argumentierte die CDU/CSU damals so, als ob sie niemals mehr die Verantwortung übernehmen wollte, zumindest wenn man den Reden ihrer Sozialpolitiker zuhört.

Die FDP tat sich in dieser Debatte viel leichter. So erinnert Schmidt (Kempten) noch einmal an das Jahr 1957:[160] „Es war nun einmal 1957 leider so, daß alle Warnungen, auch die wirtschaftlichen Probleme, die wirtschaftlichen Querverbindungen einer automatischen Dynamik zu sehen, in den Wind geschlagen wurden. Es war leider so, daß die erste Schwierigkeit, die sich zur Zeit der großen Koalition zeigte, allein über Beitragserhöhung gelöst wurde. Zum dritten war es so, daß wir alle 1972 in einer

---

[160] Schmidt (Kempten), 8. Wahlperiode, 81. Sitzung, 16.3.1978

gewissen Wahleuphorie etwas zu tief in die Tasche gegriffen haben." Deswegen sei alles, was jetzt beschlossen werden sollte, notwendig. Er betont aber auch, daß man zur bruttolohnbezogenen Anpassung zurückkehren wolle. Dagegen sei der Vorschlag der CSU/CSU, erst nach altem Muster anzupassen, dann durch einen Krankenversicherungsbeitrag das Rentnereinkommen wieder zu schmälern, einschneidender, und zwar dauerhaft.

Hier macht sich nun auch der Freidemokrat Schmidt (Kempten) Illusionen, sowohl was die dauerhafte Rückkehr zur Bruttoanpassung anlangt, als auch was das Heranziehen der Rentner zur Finanzierung der Krankenkasse betrifft. Von der Bruttoanpassung war gerade die FDP im Begriffe, sich zu verabschieden. **Immer wieder trifft man in der Rentenpolitik auf diesen Weihnachtsglauben, daß nur die jetzige Situation problematisch ist, die Zukunft aber freundlicher und heller sein wird.**

Cronenberg (FDP) hält der CDU/CSU ihr Sündenregister von 1972 vor:[161] „Ich habe den Eindruck, daß damals ein edler Wettbewerb bestand, sich die Feder anzustecken unter dem Motto: "Wir haben den Anpassungstermin um ein halbes Jahr vorgezogen". Heute ist niemand bereit, die Folgen dieser Maßnahme zu tragen." Und unter Nennung der Namen aller CDU/CSU-Kollegen und der Summen in den entsprechenden Jahren kommt er mit Zinsen auf einen Betrag von 29,5 Mrd. DM, der jetzt fehle.

Klar spricht er sich bereits gegen bruttolohnbezogene Erhöhungen aus.

> „Wer behauptet, er habe immer die Wachstumsprognosen für zu hoch gehalten, immer gewußt, die Arbeitslosigkeit würde höher als prognostiziert sein, dann aber als Schlußfolgerung eine Garantie für die bruttolohnbezogenen Erhöhung – auch unter der Berücksichti-

[161] Cronenberg, 8.Wahlperiode, 81. Sitzung, 16.3.1978

gung eines Krankenversicherungsbeitrags – gibt, handelt in meinen Augen nicht seriös."

In den folgenden Debatten der zweiten und dritten Lesung wiederholt sich das Schema der Argumentation. Für die CDU/CSU spricht der Abgeordnete Franke. Er prangert das Abgehen von der bruttolohnbezogenen Anpassung an und wirft der Koalition vor, daß sie das, ohne den Gründen der politischen Vernunft und der sozialen Gerechtigkeit nachzugeben, hier durchzupeitschen suche[162]. Er wiederholt auch den CDU/CSU-Vorschlag eines sozial gestaffelten Krankenversicherungbeitrags, nennt aber keine Zahlen. Daß dieser Sparvorschlag nur zwei Drittel der benötigten Finanzen deckt, gibt er zu. Den Rest decke eine bessere Wirtschaftspolitik, die mehr Beschäftigung bringe. Diese sei allerdings von der gegenwärtigen Regierung nicht zu erwarten. Eine Beitragserhöhung lehnt er ab.

Es ist leicht einzusehen, daß die Union mit dieser schlichten Strategie der Koalition viele Angriffsflächen bietet. Auf den Vorwurf, weder für die Vergangenheit noch die Zukunft die notwendige Verantwortung wahrzunehmen, reagierte sie nicht. Beispielhaft für die Erwiderung Cronenberg (FDP):[163] „Sie haben sich, wie in der Vergangenheit schon festgestellt, darauf beschränkt, den Fetischismus der bruttolohnbezogenen Anpassung hochzuhalten, ohne ein Konzept vorzulegen, das es ermöglicht, das Defizit abzudecken." Und er stellt fest, daß der Vorschlag der Union nur zwei Drittel abdecke, den Rest besorge das Prinzip Hoffnung.

Ein echtes Schelmenstück war aber das, was Franke (CDU/CSU)[164] zum Thema der Bundeszuschüsse vorbrachte: Er erinnert ausgerechnet an den Sozialdemokraten Professor Schellenberg und

---

[162] Franke, 8. Wahlperiode, 95. Sitzung, 8.6.1978

[163] Cronenberg, 8. Wahlperiode, 95. Sitzung, 8.6.1978

[164] Franke, ebd.

zitiert ihn mit den Worten: "Es ist unsozial, wenn Sie im Rahmen der Regelung dieses Gesetzes die Bundeszuschüsse an die Rentenversicherung für sachfremde Leistungen von 40% auf 31% kürzen." Und fragt dann, wie das denn heute aussehe. 1957 seien noch 32% der Rentenausgaben durch Bundeszuschüsse gedeckt gewesen, 1967 20%, 1977 nur 14%. Die Kürzung auf 14% in 1977 hätte man nicht vornehmen dürfen.

> „Aber auch wenn die Bundeszuschüsse bis 1981 auf 16,8% der Rentenausgaben ansteigen, ist das nicht eine Kompensation der Forderung, die Professor Schellenberg im Jahre 1957 hier aufgestellt hat. Sie stehlen sich aus der Verantwortung." Hätte man also einen Bundeszuschuß in Höhe von 1957 oder 1967, dann wäre das Defizit beseitigt. Allerdings könne man nicht auf die Bundeszuschüsse bauen, weil ja die Kasse leer sei. „Sie haben die Mittel so verwirtschaftet, daß man auch daher nichts holen kann."

Darauf gibt es eine sehr zutreffende, sachliche Entgegnung des FDP-Abgeordneten Schmidt (Kempten):[165]

> „Wir halten jedenfalls nichts davon, den Bundeszuschuß auf Dauer nach irgendwelchen Prozentsätzen zu bemessen. Wir denken vielmehr an – bisher haben uns die Versicherungsträger leider das nicht sagen können, was wir dazu brauchen – Erstattungen aus Steuermitteln, aus Mitteln der Allgemeinheit dort, wo die Rentenversicherung Leistungen im Rahmen der Rentenzahlung übernimmt, die nicht durch Beitragsleistung und ähnliches gedeckt sind. Je eher so etwas auf den Tisch kommt, desto eher wird man über die Neuordnung des Bundeszuschusses nachdenken können. Die prozentualen Heraufschiebereien von 17% auf 25% oder 30% sind keine echten und sauberen Lösungen."

Diese sauberen Lösungen sollten nie kommen. Der Bundeszuschuß stand immer im Nebelkleid da, seine volle Bedeutung sollte er aber erst später gewinnen.

---

[165] Schmidt (Kempten), ebd.

An dieser kleinen Kontroverse kann man aber noch etwas anderes sehen: die Kenntnisse über die in 1957 ausgetragenen Meinungsverschiedenheiten begannen allmählich zu verblassen. Wie sonst ist es zu erklären, daß man die Gelegenheit verstreichen ließ, die CDU/CSU an ihre damalige Haltung zu erinnern? Wieso forderte ein Unionspolitiker die Beachtung eines damals abgelehnten SPD-Wunsches? Fand man das, was 1957 entschieden worden war und als einmalige Reform von der CDU/CSU immer gepriesen wurde, denn nun auf einmal falsch? Oder doch nur ein Schelmenstück von Franke, der die Regierungskoalition ärgern wollte? Das ist unklar geblieben. Nur daß die Opposition alle Probleme durch erhöhte Einnahmen, seien es Beiträge, seien es Zuschüsse, lösen wollte, das zumindest läßt sich als durchgängiges Prinzip erkennen.

Auf eine weitere Merkwürdigkeit in einem Debattenbeitrag sei hier hingewiesen. Der Sozialdemokrat Glombig suchte sich für seinen Gegenangriff einen Nebenschauplatz und nahm sich den ehemaligen CDU-Generalsekretär Biedenkopf vor. Der habe nämlich von Anreizen für private Altersvorsorge gesprochen. Glombig sagt dazu:[166] „Er will auf diese Weise das Netz der sozialen Sicherung aufknüpfen, das sich seiner Auffassung nach zu sehr „an den begrenzten Fähigkeiten der Schwächsten ausrichtet." Deshalb hätten die Sozialdemokraten der Union und Herrn Biedenkopf soziale Demontage vorgeworfen. Sozialdemokraten würden es dazu nicht kommen lassen. „Biedenkopfs Strategie bedeutet doch, daß der Rentenversicherung langfristig durch Förderung sogenannter privater Altersvorsorge Einnahmen entzogen würden. Der Generationenvertrag würde ausgehöhlt, die bewährte soziale Rentenversicherung ihrer Grundlage beraubt." Er verlangt eine klare Aussage der Opposition zu diesem Vorstoß, die er aber nicht bekommt.

---

[166] Glombig, 8. Wahlperiode, 95. Sitzung, 8.6.1978

Es liegt eine gewisse Ironie darin, daß es später ausgerechnet die Sozialdemokraten unter ihrem Arbeitsminister Riester sind, die diese private Altersvorsorge als tragenden Bestandteil der Alterssicherung einführen werden. Und ebenso seltsam nach all den Reden, die hier geführt wurden, ist, daß ausgerechnet die CDU/CSU unter Verantwortung ihres Arbeitsministers Blüm die bruttolohnbezogene Rentenanpassung einmal endgültig abschaffen werden und zur Nettoanpassung übergehen.

Faßt man die Ergebnisse zusammen und vergleicht die getroffenen Maßnahmen mit dem, was 1957 einmal entschieden worden war, dann bemerkt man, wie weit sich die Rentenversicherung inzwischen von dem ursprünglichen Gesetzeswerk entfernt hat. Die Anpassungen fanden zwar statt, aber nach kurzer Zeit war der Maßstab nicht mehr die wirtschaftliche Gesamtlage, sondern die Bruttolohnsteigerung. Dies widersprach der Absicht von 1957 ebenso wie die nunmehr beschlossene Anpassung zu willkürlich festgelegten Zeiten in willkürlich festgelegter Höhe. Die Rücklagen waren alle verbraucht, die Abhängigkeit vom Bundeshaushalt war gewachsen. Die Zuschüsse des Bundes waren zurückgefahren, die Beiträge zur Rentenversicherung dagegen hochgefahren worden. Alle Gefährdungen, bis auf die Veränderungen im Altersaufbau der Bevölkerung, waren eingetreten, vor denen man sich damals fürchtete. Aber das umlagefinanzierte Rentensystem blieb was es war, eine Ikone der Sozialordnung. Und die Bruttolohnanpassung besaß einen fast ebenso unumstößlichen Ewigkeitswert.

11. Programmarbeit der Parteien bis 1989

Die Schockwirkung hielt an. Sie löste endlich in allen Parteien intensive Diskussionen über das Alterssicherungssystem aus. Bis 1984 war dem Gesetzgeber durch das Bundesverfassungsgericht ohnehin aufgegeben, eine Reform der Hinterbliebenenversorgung zu beschließen, in der die Ansprüche der Witwer unter Beachtung des Grundsatzes der Gleichberechtigung geregelt werden. Die hierzu entwickelten Modelle sollen außerhalb dieser Betrachtung bleiben. Eine politisch so gefährliche Lage, wie sie 1977 und 1978 bestand, wollte man aber nicht wieder erleben, sondern rechtzeitig gewappnet sein und zu den richtigen Entschlüssen kommen.

11.1 Programme der FDP

a. Die 32 Thesen zur Alterssicherung 1979

Die erste Partei, die sich gründlich mit dem Thema befaßte, war die FDP. Sie beauftragte schon 1977 eine Arbeitsgruppe, die 32 Thesen zur Alterssicherung entwickelte. Diese wurden im Sommer 1979 auf dem Parteitag in Bremen verabschiedet.[167]

In der Einführung bekennt sich die FDP klar zum Umlageverfahren und definiert den Anspruch des Rentners gegenüber der Versicherung. Dieser richte sich auf Zahlung eines Anteils des Beitragsaufkommens, bestimmt durch die Dauer und Höhe der Beitragszahlung, die der Rentner in seinem Erwerbsleben geleistet hat. Diesen Anspruch stellt die FDP unter die Eigentumsgarantie

---

[167] 32 Thesen zur Alterssicherung, Neue Bonner Depesche, Juni/Juli 1979

der Verfassung, womit Kürzungen oder Umverteilungen ausgeschlossen wären.

Als Ursachen für künftige Strukturprobleme werden die schwächeren Wachstumsraten, mit denen ab 1974/75 zu rechnen sei, genannt, sowie der ungünstige Altersaufbau der Bevölkerung. Deswegen könne man die – ohne gesetzliche Verpflichtung – übliche Bruttolohnanpassung nicht fortsetzen. Vielmehr müßten in Zukunft die Realeinkommen der Rentner und Arbeitnehmer gleichmäßig wachsen. Die FDP schlägt vor, in Zukunft die Renten zwar nach den Bruttoentgelten zu berechnen, dann aber durch einen Abschlag in Höhe der Abgaben (Steuern und Sozialbeiträgen) den Nettoeinkommen der Erwerbspersonen anzugleichen.

Alles andere würde den Generationenvertrag überfordern. Vorsorglich weist die FDP darauf hin, daß ihr Vorschlag nicht im Widerspruch zum 21. RAG steht, wo es heißt: "Ab 1982 richtet sich der Anpassungssatz wieder grundsätzlich nach der Entwicklung der Bruttolöhne." Das Wort „grundsätzlich" bedeute, daß es keine Automatik gebe.

Die Wahlfreiheit will die FDP erweitern. Nach 40 Versicherungsjahren sollen die Versicherten aus der Versicherungspflicht befreit sein und, unter Wahrung eines entsprechenden Arbeitgeberbeitrags, sich auch anderer Formen der Alterssicherung bedienen können. Bei Weiterarbeit über das 65. Lebensjahr hinaus soll es einen versicherungsmathematischen Zuschlag geben. Mit der Herabsetzung der Altersgrenze auf 60 Jahre soll entsprechend ein versicherungsmathematischer Abschlag verbunden sein, wie auch bei einer Kombination von Teilzeitbeschäftigung und Teilzeitrente.

Bemerkenswert ist, was die FDP zur Stärkung des Versicherungsprinzips beschließt. Sie fordert eine klare Trennung zwischen den durch Beiträge erworbenen Ansprüchen einerseits und den sozialen Elementen andererseits. Dazu zählt sie die Ersatz- und Ausfallszeiten, deren Finanzierung dem Versicherungsprinzip und dem Grundsatz der leistungsbezogenen Rente widerspreche, ebenso die Rente nach Mindesteinkommen, sowie die Bundeszuschüsse, die keiner Zweckbindung unterliegen.

Damit kommt sie zu einer in dieser Klarheit nie wieder formulierten Aussage über den Bundeszuschusses in These 13:

> „Die Freien Demokraten wollen die angestrebte Transparenz durch eine Umgestaltung des Bundeszuschusses erreichen. Der Bundeszuschuß soll in Zukunft ausschließlich dazu dienen, die versicherungsfremden Leistungen der Rentenversicherung auszugleichen. Dazu gehört die Abgeltung der Kriegsfolgelasten (ggf. durch eine Pauschalierung), der beitragslosen Ausbildungs- und Mutterschaftszeiten sowie der Mehraufwendung für die Rente nach Mindesteinkommen und für die flexible Altersgrenze für Schwerbehinderte."

Um hier das Ergebnis schon vorwegzunehmen: Zu einer solchen Abrechnung des Bundeszuschusses um der Transparenz willen ist es nie gekommen. Die FDP konnte sich gegenüber ihren Koalitionspartnern, sei es die SPD, sei es die CDU/CSU, damit nicht durchsetzen. Der Bundeszuschuß blieb eine politisch manipulierbare Größe, gerade in der letzten hier behandelten Rentenreform von 1989 wird das noch einmal deutlich.

Die FDP befürwortet in ihren Thesen die jährliche Rentenanpassung, allerdings nach dem Maßstab der Nettoeinkommen der Erwerbstätigen und will eine stärkere Aktualisierung, d.h. einen verkürzten Zeitraum, der zur Bemessung herangezogen wird. Zum Zukunftsthema der Bevölkerungsentwicklung bemerkt sie ein wenig karg und vage: „An der Lösung der Finanzprobleme, die sich für die Rentenversicherung aus dem steigenden Rentneranteil ergeben, sind Beitragszahler und Rentner ausgewogen zu beteiligen."

Welche gigantischen Belastungen durch längere Lebenszeit und geringere Geburtenrate auf die Rentenversicherung zukommen werden, wurde also nicht angesprochen. Damit können die Thesen nur als mittelfristig wirksame Reformanstöße gewertet werden, genug, wenn man sich das ängstliche Festhalten der Volksparteien an der Bruttoanpassung vor Augen führt, zu wenig, falls man sich für die langfristige Entwicklung schon Lösungen erhofft hat.

Immerhin erinnert der FDP-Fraktionsvorsitzende Mischnick an den Dreistufenplan der FDP aus den 60er Jahren (Mischnick-Plan) auf dem Fachkongreß „Liberale Politik für alte Menschen".[168] Nachdem er die drei Stufen erläutert hatte, sagte er:

> „Dieses Konzept hätte die Finanzierungsprobleme der Rentenversicherung vermieden. Es hätte dem einzelnen mehr Entscheidungsspielraum beim Aufbau seiner Alterssicherung gelassen. Die Steuerfinanzierung der Grundrente wäre wegen des Wegfalls anderer staatlicher Leistungen zur Alterssicherung zu Beginn der 60er Jahre nahezu kostenneutral möglich gewesen. Die Rentenansprüche, die seit der Rentenreform von 1957 entstanden sind und durch das Umlageverfahren finanziert werden, hindern uns heute an einem radikalen Übergang auf ein anderes System."

Großzügig verfährt die FDP mit ihrem Vorschlag zur Anerkennung der Kindererziehungszeiten. Für jedes Kind sollen drei Jahre Versicherungszeit in der Rentenversicherung anerkannt werden, und zwar in Höhe des Durchschnittsverdienstes und unabhängig davon, ob eine versicherungspflichtige Tätigkeit daneben ausgeübt wird. Zur Finanzierung, so schlägt die FDP vor, soll der Staat bei Eintritt des Versicherungsfalles der Rentenversicherung die Kosten erstatten.

Da auch das hier nicht näher zu erläuternden FDP-Modell für die Reform des Hinterbliebenenrechts teuer war, enthielt das Ge-

---

[168] Mischnick, in Liberale Altenpolitik, Hsg. Friedrich-Naumann-Stiftung, 1980

samtpaket zusätzliche Kosten von circa 7,6 Mrd. DM. Der Wirtschaftsminister Graf Lambsdorff wehrte sich auch aus diesem Grunde gegen die liberalen Thesen und lehnte sie auf dem Parteitag ab.

Auf die Widersprüchlichkeit der ausgesandten Botschaften wies besonders die CDU in ihren kritischen Kommentaren hin. Einerseits male die FDP ein dunkles Bild der Finanzprobleme, um so harte Maßnahmen, wie etwa das Abgehen von der Bruttolohnanpassung, zu rechtfertigen. Andererseits schlage sie selber teure Änderungen vor.

Insgesamt war das Echo bei der SPD und der CDU/CSU verhalten ablehnend. Besonders die Nettoanpassung weckte entrüstete Kritik. Mischnick mochte ja recht haben mit seinem Hinweis, es handele sich doch im Grunde eher um die Technik, mit der man die volle Rente im Zuwachs absenke, ob mit einem Krankenversicherungsbeitrag oder mit der ehrlicheren Nettoanpassung. Es half nichts. Im Rentenanpassungsgesetz war die Rückkehr zur Bruttoanpassung ab 1981 ausdrücklich festgehalten. Ein Rückzieher mit dem Hinweis auf das Wort „grundsätzlich", also nicht unter allen Umständen, hätte in den Augen der SPD bedeutet, nach der Wahl 1980 wieder ein Rentenversprechen nicht halten zu wollen. Das war für den Partner SPD völlig unmöglich.

Die FDP hatte sich mit ihrem Vorstoß der Nettolohnanpassung also nicht **mehr** eingehandelt, als reflexhaft die Beteuerungen der Parteien SPD und CDU/CSU, an der Bruttoanpassung weiter festhalten zu wollen. Das Argument, daß Renten auf Dauer nicht stärker steigen dürfen als das verfügbare Einkommen der Arbeitnehmer, verfing nicht. Man hielt an der Vorstellung eines zu erreichenden Rentenniveaus von 50% des Bruttoeinkommens eisern fest.

Es sollten noch 10 Jahre vergehen, bis in dieser Frage die Einsicht überall eingekehrt war und alle Parteien sich auf die Nettoanpassung einigten. Gerade weil man Ende der siebziger Jahre an der Schraube Anpassung so hemmungslos herumgedreht hatte, muß wohl die Rückkehr zur alten Praxis der Bruttolohnanpassung unausweichlich erschienen sein.

b. Beschluß des Parteitags in Hannover 1986, Schwerpunkte liberaler Sozialpolitik

In der Mitte der 80er Jahre fand die FDP zu einer neuen gründlichen Erörterung der Probleme der Alterssicherung und faßte dazu Beschlüsse auf dem Parteitag in Hannover 1986.[169] Sie bekannte sich zu drei Säulen der Alterssicherung.

1. Regelsicherung im Alter durch die beitragsfinanzierte Rente oder vergleichbare Absicherung;
2. die Zusatzversorgung durch betriebliche Altersversorgung, VBL, oder vergleichbare Absicherungen;
3. die private Vorsorge durch freiwillige Leistungen (z.B. eigene Lebensversicherung und Vermögensbildung o.ä.)

Beherzigenswert sind nun klare Aussagen zur künftigen Entwicklung der gesetzlichen Rentenversicherung:

> „Für die nächsten Jahre sind die Renten der gesetzlichen Rentenversicherung sicher. Aber wir müssen den Bürgern reinen Wein einschenken. Wir müssen sie auf die schwierige Finanzlage in zwanzig oder dreißig Jahren vorbereiten. Wir müssen heute die Entscheidung treffen, die auch in Zukunft ein Leben in Würde, ohne Sorge vor materieller Not im Alter garantieren . . . Die Vermeidung materieller Not im Alter ist eine Aufgabe des Staates und nicht der Solidargemeinschaft der Rentenversicherten. Die staatliche Aufgabe

---

[169] Schwerpunkte liberaler Sozialpolitik, in Sicherung der sozialen Systeme, Dokumentation der Friedrich-Naumann-Stiftung, 1992, S. 165

kann über eine Grundsicherung nicht hinausgehen. Wir betonen daher die Notwendigkeit verstärkter eigener Vorsorge für die Alterssicherung."

Diese Sätze stehen in eigentümlicher Widersprüchlichkeit nebeneinander. Richtig verstanden, bedeuten sie eine Revolution. Zweifelhaft ist, ob die FDP, die zum Heldentum immer ein distanziertes Verhältnis hat, das wirklich so meinte. Einerseits bekennt sie sich nämlich zum System der beitragsbezogenen Rentenversicherung als Regelversicherung und Lebensgrundlage im Alter. Andererseits sieht sie den Staat nur in der Pflicht, ein minimum vitale zu garantieren und mahnt – für den nicht garantierten Rest eine verstärkte Eigenvorsorge an. Traf sie damit die Aussage, daß in Zukunft die Rente eines Durchschnittverdieners mit einer normalen Arbeitsbiographie den Lebensstandard nicht mehr absichern wird und deshalb die Eigenvorsorge substantielle Bedeutung bekommt? Wie gesagt, ganz deutlich wird es nicht. Die Angst, in der Rentenfrage als unsozial zu gelten, war latent immer vorhanden.

Die FDP formuliert im Abschnitt **„Notwendigkeit einer Strukturreform in der gesetzlichen Rentenversicherung"** ganz gängige Merkpunkte. Die Finanzierung soll auf eine langfristige tragfähige Basis gestellt werden, unter dem gemeinsamen Zusammenwirken aller Beteiligten, den aktiv Beschäftigten, den Rentnern und dem Staat. Dem bedürftigen Menschen ist die Sorge vor Armut im Alter zu nehmen. Der einzelne soll mehr Wahlfreiheit beim Übergang vom Arbeitsleben in den Ruhestand bekommen. Der durch Kindererziehung erbrachte Beitrag zur Stabilisierung des Systems der gesetzlichen Rentenversicherung muß – aus Steuermitteln finanziert – angemessen berücksichtigt werden. Von kurzfristigen konjunkturellen Schwankungen soll die Rentenversicherung unabhängig gestaltet werden.

Zur Anpassung der Renten, der damals strittigste Punkt, gibt es zwei Aussagen:

- „Die FDP bejaht die Teilnahme der Rentner an der wirtschaftlichen Entwicklung, ohne daß dies die Beitragszahler über Gebühr belasten darf. Bei der Rentenfestsetzung und -anpassung ist der demographischen Entwicklung durch die Ergänzung der Rentenformel durch eine "demographische Komponente" Rechnung zu tragen."
- „Die Rentenanpassung muß sich an den Änderungen der durchschnittlich verfügbaren Arbeitnehmerentgelte orientieren (nettoähnliche Anpassung). Dabei muß der Krankenversicherungsbeitrag der Rentner auf die für Arbeitnehmer geltende Höhe angehoben werden."

Auch diese Aussagen sind zukunftsweisend. Der demographische Faktor sollte später in der 1998 verabschiedeten Rentenreform Eingang finden. Die Anpassung, zunächst abgebremst durch einen steigenden Krankenversicherungsbeitrag, sollte schon vorher, in der Reform 1989, durch den Übergang zur Nettolohnanpassung verändert werden.

Mutig war auch, was die FDP über die Lebensarbeitszeit beschloß. So wandte man sich gegen den Trend eines immer früheren Ausscheidens aus dem Arbeitsleben, durchschnittlich bei Männern mit 59, bei Frauen bei 60 Jahren, und sagte folgendes:

> „Das frühe Ausscheiden ist für die Rentenversicherung zu teuer und auf Dauer nicht zu finanzieren. Es müssen daher Anreize gesetzt werden, um wieder zu einem höheren durchschnittlichen Rentenalter zu kommen. Eine Anhebung des durchschnittlichen Rentenzugangs um ein Jahr würde in der gesetzlichen Rentenversicherung Einsparungen zwischen 6–8 Mrd. DM (ein Beitragspunkt) mit sich bringen.
>
> Als Folge der demographischen Entwicklung ist – unter Berücksichtigung der Arbeitsmarktlage – zur Entlastung der Rentenversiche-

rung frühestens ab Mitte der 90er Jahre eine Verlängerung der Lebensarbeitszeit geboten."

In diesem Zusammenhang ist noch hinzuzufügen, was in dem Beschluß über die Wahlfreiheit des Arbeitnehmers beim Übergang in den Ruhestand steht: „Die Wahlmöglichkeiten der Versicherten sind hinsichtlich der Eintritte in den Ruhestand sowohl nach oben wie nach unten flexibler zu gestalten. Dabei muß künftig ein früherer Ruhestand durch versicherungsmathematische Abschläge berücksichtigt und darf nicht von der Solidargemeinschaft getragen werden."

Auf einem Stück Papier sind hier erstaunlich viele vernünftige Vorschläge versammelt. Sie zielen allerdings hauptsächlich auf Korrekturen innerhalb des Umlagesystems und beseitigen nur die groben Fehler, die sich die Politik in der Vergangenheit geleistet hatte. So war die Einführung einer flexiblen Altersgrenze ohne Abschläge ebenso verhängnisvoll wie die Praxis der Anpassung der Renten an die Bruttolöhne. Neu war die demographische Komponente in der Rentenformel. Das hätte man früh beginnen können und sollen. Die Forderung nach einer Verlängerung der Lebensarbeitszeit in der Mitte der 90er Jahre, eine an sich sehr richtige und gute Idee, war aber wegen der zu dieser Zeit dramatisch angestiegenen Arbeitslosigkeit kaum durchsetzbar.

Was aus heutiger Sicht fehlt, ist die Umsteuerung auf die kapitalgedeckte Altersvorsorge. Daß nur diese geeignet ist, die späteren Finanzierungsprobleme der gesetzlichen Rentenversicherung auszugleichen, war damals noch nicht Stand der Erkenntnis.

Zum Bundeszuschuß wiederholt die FDP ihre Aussage, daß dieser die versicherungsfremden Leistungen abdecken soll, die die Rentenversicherung im Interesse der Allgemeinheit übernimmt. Dies setzt eine politische Festlegung der versicherungsfremden Leistungen voraus.

„Der Bundeszuschuß muß dem Prinzip der individuellen Gerechtigkeit Rechnung tragen, so z.B. bei der Anrechnung von Ausbildungszeiten (heute Benachteiligung nicht erwerbstätiger Frauen mit Ausbildung) wie von Kindererziehungszeiten (heute Benachteiligung von Frauen, die während der Kindererziehung berufstätig sind.) Eine notwendige Erhöhung des Bundeszuschusses sollte deshalb schwerpunktmäßig zur Verbesserung der Kindererziehungszeiten in der Rentenversicherung verstanden werden."

Mit diesen Formulierungen versuchte die FDP schon früh den Bundeszuschuß an eine berechenbare Größe zu binden und ihm vor allem klar definierte soziale Funktionen zuzuweisen. Das stand allerdings schon in diesem Papier im Widerspruch zu der schwammigen Aussage, daß die künftige Finanzierung der Rentenversicherung auf verläßliche Grundlagen zu stellen sei, indem Beitragszahler, Rentner und der Staat zusammenwirken. Das heißt auf gut deutsch: Beiträge steigen, Renten sinken und der Bundeszuschuß wächst. Dies zur Politik gemacht, ließ nichts Gutes ahnen.

11.2 Programme der CDU

a. Parteitagsbeschlüsse

In der CDU begann der Umdenkungsprozeß in Rentenfragen mit der Regierungsübernahme im Jahre 1982. Als erste Tat in der Rentenversicherung mußte der neue Bundesarbeitsminister Blüm (CDU) die Verschiebung des Anpassungstermins vom 1.1.1983 auf den 1.7.1983 vor dem Parlament vertreten. Er sagte dazu:[170] „Ich weiß, daß es schmerzlich ist, daß wir die Anpassung der Renten . . . um ein halbes Jahr verschieben. Wir reduzieren die Renten nicht. Wir verschieben die Anpassung um ein halbes Jahr.

---

[170] Dr. Blüm, 9. Wahlperiode,123. Sitzung, 15.10.1982

Aber ich bin sicher: Auch die Rentner wissen, daß es besser ist, ihre Rente ist sicher, als daß ein bankrotter Staat keinen Bundeszuschuß mehr zahlen kann. Die Rentner wissen längst, daß ein Staat, der in der Währungsreform landet, ihnen nicht hilft."

Wie hatte sich mit dem Amt die Sprache geändert!

Mischnick (FDP) kommentierte:[171] „Ich weiß, wie schwer den Kollegen der Union der Abschied von dem fällt, was die automatische Rentendynamik in der Formel von 1957 bedeutet. Nicht minder schwer war das in den Diskussionen mit den Kollegen der SPD." Diese stimmte im Einklang mit ihrer neuen Rolle als Opposition gegen die Verschiebung.

Im Parteitagsbeschluß der CDU vom November 1981 mit dem schönen Titel: "Mit der Jugend – Unser Land braucht einen neuen Anfang" stand noch sehr wenig über die Zukunft der Rentenversicherung. Man formulierte vorsichtig und wohlklingend:[172]

> „Eine der wichtigsten neuen sozialen Fragen ist die Sicherung des Generationenvertrages. Er kann nur Bestand haben, wenn die jeweils arbeitende Generation durch ihre Beiträge für die Sicherung der Alterseinkommen und gleichzeitig durch Kinder für den Bestand der Gemeinschaft sorgt. Der Generationenvertrag umfaßt also drei Generationen. Deshalb muß neben der Beitragsleistung auch die Erziehungsleistung als ebenbürtige Leistung zur Sicherung des Generationenvertrages anerkannt werden."

Das sagte über die Frage, ob und wie in dreißig Jahren die Rentenversicherung über die Runden kommen wird, nichts aus. Aber es enthält die wichtige Feststellung, daß die Kindererziehung als echte Beitragsleistung gewertet werden muß und ihre Anerkennung nicht nur als ein sozialer Nachteilsausgleich gelten soll.

---

[171] Mischnick, ebd.

[172] In: Die CDU-Parteiprogramme, Hsg. Peter Hintze, 1995, Bouvier Verlag Bonn, S. 187

Im Wahlprogramm 1987 und im Parteitagsbeschluß vom Juni 1988 in Wiesbaden bekennt sich die CDU zur Notwendigkeit einer Reform, nicht ohne die Verantwortung für die Schwierigkeiten der SPD anzulasten.[173]

> „Durch die Reform von 1957 wurde das Versicherungsniveau um mehr als die Hälfte angehoben. In den Jahren der SPD-Regierung wurde durch unverantwortliche Wirtschafts- und Finanzpolitik sowie durch ständige Eingriffe in das Leistungsrecht der Rentenversicherung die Sicherheit des Rentensystems aufs Spiel gesetzt. Die Rentenversicherung wurde zum sozialpolitischen Verschiebebahnhof. CDU und CSU haben die drohende Gefahr der Zahlungsunfähigkeit der Rentenversicherung beseitigt und die Rentenfinanzen wieder auf eine solide Grundlage gestellt."

Im Wahlprogramm 1987 stehen vier Forderungen für die kommende Reform.

1. Das verfügbare Einkommen der Rentner soll in gleichem Maße steigen wie das der Arbeitnehmer

2. Aus der veränderten Bevölkerungsstruktur ergeben sich in Zukunft langfristige Folgen für Rentner und Beitragszahler. In Verbindung hiermit und mit den Strukturen der Rentenversicherung muß auch der Bundeszuschuß auf eine neue verläßliche Grundlage gestellt werden.

3. Die steigende Lebenserwartung läßt auch die Bereitschaft wachsen, länger zu arbeiten. Die Möglichkeiten dazu müssen verbessert werden.

4. Zur Sicherung des Generationenvertrages erbringen Familien mit Kindern einen unentbehrlichen Beitrag. Die Anerkennung eines Kindererziehungsjahres ist ein wichtiger Schritt zur

---

[173] Die CDU-Parteiprogramme, Peter Hintze (Hrsg.), Bouvier Verlag Bonn, 1995, S.278

langfristigen Sicherheit des Drei-Generationen-Vertrages in der Rentenversicherung.

Aus diesen gekürzt wiedergegebenen Programmpunkten lassen sich folgende Botschaften herauslesen. Die Anpassungen sollen in Zukunft auf ein Gleichmaß zwischen Löhnen und Renten hinauslaufen und werden damit auf eine Nettoanpassung umgestellt. Die flexible Altersgrenze soll attraktiver werden, aber nicht, wie bei der FDP, mit versicherungsmathematischen Zu- und Abschlägen ausgestattet sein. Kindererziehung anerkennen heißt den Generationenvertrag sichern. Der Bundeszuschuß soll verläßlich festgesetzt werden, wird aber mit der veränderten Entwicklung der Bevölkerungsstruktur in Zusammenhang gebracht. Das heißt, daß das wachsende Mißverhältnis zwischen den beitragszahlenden Erwerbstätigen und den zu unterhaltenden Rentnern durch den steuerfinanzierten Bundeszuschuß abgefedert werden soll.

Auf diesen letzten Punkt, der ähnlich auch schon bei der FDP stand, zurückkommend, soll noch mal auf den Bundesarbeitsminister Blüm verwiesen werden. Er sprach im Dezember 1982 von einer sauberen Trennung von Staat und Rentenversicherung,[174] "indem wir eine verläßliche Grundlage für den Bundeszuschuß schaffen, indem wir die Fremdleistungen eingrenzen und damit den Bundeszuschuß zahlenmäßig festlegen." Der Bundeszuschuß sollte also nur Fremdleistungen abdecken.

Nunmehr erwähnt man den Bundeszuschuß in einer ganz anderen Funktion, daß er nämlich künftige Finanzengpässe, die durch die Überalterung der Bevölkerung und den Rückgang der Geburten entstehen, zum Ausgleich zu bringen habe.

---

[174] Dr. Blüm, 9. Wahlperiode, 140. Sitzung, 16.12.1982.

Der Parteitagsbeschluß von 1988 versagt sich eine Aussage zu möglichen Funktionen des Bundeszuschusses, sondern legt fest, daß er nicht nur an die Entgeltentwicklung, sondern zusätzlich an die Beitragsentwicklung angebunden werden soll. Neben der jetzt klar angesprochenen Nettoanpassung und dem unausweichlichen Bekenntnis zum bewährten lohn- und beitragsbezogenen Rentensystem steht als neuer, sehr lobenswerter Punkt zur Lebensarbeitszeit folgendes:[175]

> „Die Altersgrenze von 60 und 63 Jahren für vorzeitige Altersgrenzen sollen unter Berücksichtigung der Arbeitsmarktsituation und stufenweise bis zum Jahre 2010 auf die Regelaltersstufe von 65 Jahren angehoben werden.
>
> Ein **vorzeitiger Bezug** von Altersrenten vor der Regelaltersgrenze soll möglich sein; die dadurch entstehende längere Rentenbezugsdauer soll durch einen **Rentenzugangsfaktor** ausgeglichen werden."

Der Zeitraum von der Einführung der flexiblen Altersgrenze im Jahr 1972 bis zur Wahrnehmung ihrer verhängnisvollen Wirkung auf die Kosten in 1988 beträgt 16 Jahre. So lange brauchte es, bis die Union zu Korrekturen bereit war. Aber hier bewegte sie sich nur im Feld der Reparaturen vergangener Torheiten. Sonst war sie, wie gewohnt, großzügig im Fordern von zwei weiteren rentenbegründenden Kindererziehungsjahren, ohne Hinweis, wie nun diese zu finanzieren sind.

Wenngleich die Programmpunkte schon Hinweise geben auf die kommende Rentenreform von 1989, so versagen sie völlig vor der gestellten Aufgabe einer **langfristigen** Sicherung der Renten. Sie tragen alle den Charakter des zufälligen undurchdachten Herumhantierens und verraten damit die ganze Hilflosigkeit der

---

175 In: Die CDU-Parteiprogramme, Hrsg. Peter Hintze, Bouvier Verlag, 1995, S. 279

Union bei dieser Thematik, nicht besser als die SPD zu ihrer Regierungszeit.

b. Modell der Mittelstandsvereinigung der CDU/CSU

Die Programmarbeit der CDU wäre nicht vollständig beschrieben und damit auch nicht gerecht bewertet, wenn der Beitrag der Mittelstandsvereinigung der CDU/CSU zur Zukunft der Rentenversicherung hier unberücksichtigt bliebe. Unter der Leitung von Schwarz-Schilling (CDU), dem stellvertretenden Vorsitzenden der Mittelstandsvereinigung, wurde im November 1987 eine Kommission gebildet mit dem Auftrag,[176] "eine sorgfältige Analyse der Rentenproblematik zu erstellen, sowie bis zum Herbst des Jahres 1988 Beschlußempfehlungen zu formulieren, damit die Mittelstandsvereinigung der CDU/CSU noch rechtzeitig Gelegenheit erhält, sich in die anstehende Reformdiskussion der Gesetzlichen Rentenversicherung einzuschalten."

Die Kommission zog eine Reihe von Wissenschaftlern und Experten der Praxis hinzu und erarbeitete ein Modell, das ein Jahr später, 1988 mit der geforderten Analyse und 39 Beschlußempfehlungen vom Vorstand gebilligt wurde. Veröffentlicht wurde es als Buch mit dem Titel: **Langfristig sichere Rente, ein Weg zur Erfüllung des Generationenvertrages.**

Man liest diese Schrift heute betrübt, weil leicht auszumalen ist, wieviel besser es um die Rentenfinanzen stünde, wenn die Union und insbesondere ihr Bundesarbeitsminister Blüm sich an die Aussagen und Empfehlungen der Kommission gehalten hätten. Nicht auszuschließen ist jedoch, daß die dort versammelten Ideen und Vorschläge subversiv weiter gewirkt haben und weiter

---

[176] Christian Schwarz-Schilling (Hrsg.), Langfristig sichere Rente, Economico Verlag1988, S. 3

wirken. Aber die politische Bühne hat mit diesem Werk niemand betreten.

Der Kommissionsbericht erinnert zunächst noch einmal an die Ziele der Reform von 1957. Die Rente sollte den Lebensstandard sichern, also keine Grundrente sein. Die Rente sollte nach 40 Versicherungsjahren 60% des durchschnittlichen Lebenseinkommens des Versicherten betragen und an den steigenden Lebensstandard angekoppelt bleiben. Die Rente sollte den wesentlichen Anteil der Alterssicherung tragen, ergänzt durch betrieblichen und individuelle Altersvorsorge.

Im weiteren Verlauf des Berichts wird deutlich, daß die Kommission sich von diesen Zielen nicht verabschiedet, sondern an ihnen im wesentlichen festhält. Den Reformüberlegungen wird aber eine ungeschminkte Beschreibung der Belastungen in den kommenden Jahrzehnten vorangestellt. Es beginnt mit dem Hinweis auf den in den 70er Jahren einsetzenden Rückgang der Geburtenrate auf 1,3 Kinder pro Ehe mit seinen gewaltigen Auswirkungen auf das Rentensystem. Das Verhältnis der Erwerbstätigen zu den Rentnern im Jahre 1986 wird mit denen im Jahre 2030 verglichen:

1986 auf 1000 Erwerbstätige 481 Rentner

2030 auf 1000 Erwerbstätige 1122 Rentner.

Ohne grundlegende Reform ergebe das eine Steigerung des Beitragssatzes von 18,7% auf ca. 40% im Jahre 2030. „Eine solche Beitragsanhebung ist unvorstellbar und keiner Generation gegenüber zumutbar, auch nicht gegenüber den Generationen unserer Kinder und Enkel."[177]

Die Lösungsmodelle einer Grundrente, die nur das Notwendigste abdeckt, werden als unvereinbar mit den ursprünglichen Zielen

[177] Langfristig sichere Renten, Christian Schwarz-Schilling (Hrsg.), 1988, S. 18

der Rentenreform von 1957 angesehen und abgelehnt, politisch realistisch in der Einschätzung ihrer mangelnden Durchsetzungschancen. Aber auch das Anpassungsmodell des Verbandes der Versicherungsträger (VDR), das innerhalb des Systems durch einen überproportional steigenden Bundeszuschuß die Finanzierung sicherstellen will, wird abgelehnt, weil Beitrag und Zuschuß ab 2015 in unvertretbare Größenordnungen wachsen.

Wie sehen die Vorschläge der Kommission aus?[178]

Angesichts der außergewöhnlichen Situation der demographischen Entwicklung empfiehlt sie, „diese voraussehbaren Lasten nicht allein auf die zahlenmäßig schmalen Schultern unserer Kinder und Enkel zu laden, sondern durch angemessene Beteiligung der heutigen Erwerbsgeneration auf die Schultern aller drei Generationen zu verteilen."

1. Das Nettorentenniveau von über 70% kann nicht gehalten werden, sondern muß auf 63 bis 68% gesenkt werden durch geringeren Zuwachs in mehreren Stufen. Bis 1995 ist das zu erreichen.

2. Der Beitragssatz sollte bei 15 bis 20% liegen.

3. Um sicherzustellen, daß dieser Beitragssatz langfristig gehalten werden kann, soll die zahlenmäßig immer noch sehr günstige Situation der jetzigen Erwerbsgeneration genutzt werden, um mit einer höheren Beitragsleistung von 20 bis 25% die notwendigen Reserven aufzubauen. Diese Reserven, die nicht in die Umlage fließen, sondern einen Kapitalstock bilden sollen, können dann ab 2015 den Beitragssatz stabilisieren. Das wäre der Solidaritätsbeitrag der heutigen Erwerbsgeneration zum Generationen-Lastenausgleich.

---

[178] ebd. S. 24ff

4. Der Bundeszuschuß soll in einem festen Prozentsatz zu den Rentenausgaben festgesetzt werden. Richtig sei es, ihn an den Beitragssatz zu binden. Da dieser durch die demographische Entwicklung auf maximal 25% ansteige, sollte auch der Bundeszuschuß so weit erhöht werden, aber auch nicht weiter steigen dürfen. „Er ist nicht dafür gedacht, mittlere und langfristige Strukturprobleme der Gesetzlichen Rentenversicherung, die sich aus dem gewählten Finanzierungsverfahren ergeben, durch steigende Subventionen aus allgemeinen Steuermitteln auszugleichen."

5. Das Renteneintrittsalter ist zu erhöhen. Das entspreche der erheblich verlängerten Lebenserwartung. Ein früherer Rentenbezug sollte nur möglich sein bei versicherungsmathematischen Abschlägen.

6. Der Kapitalstock soll so konstruiert werden, daß dem Versicherten individualisierte Ansprüche an den Deckungsstock gewährt werden, um einen Zugriff der Politik zu verhindern.

Ausgehend von dem der Rentenversicherung zugrunde liegenden, drei Generationen umschließenden Vertrag, wurden nach diesem Konzept die kommenden Belastungen also gerecht verteilt. Es sollten nicht die Erwerbstätigen von morgen und übermorgen die Last allein schultern, sondern auch die Erwerbstätigen und Rentner von heute. Den Rentnern sollte ein abgebremstes Wachstum zugemutet werden, mit der Folge, daß das Rentenniveau auf 63% absinkt. Den Erwerbstätigen sollte ein längeres Arbeitsleben zugemutet werden und zusätzlich eine größere Beitragslast, um mit einem angesammelten Kapital die kommenden Finanzprobleme zu bewältigen.

Es ist nicht schwer zu verstehen, warum diesem Maßnahmepaket keinerlei Resonanz beschieden war. **Die Erwerbstätigen und die Rentner heute zu belasten, um die Kindern und Enkel morgen**

vor Überlast zu schützen, ist ein Unterfangen, für das in einem demokratischen System die Politik nur sehr schwer zu gewinnen ist.

Jedenfalls ist der Vorschlag, den diese Kommission ausgearbeitet hat, der einzige in dieser Zeit geblieben, der sich ehrlich mit den Problemen der nächsten Jahrzehnte auseinandergesetzt und sie zu lösen versucht hat, im Grundsatz überzeugend, wenn auch nicht in allen Details. So wäre z.B. eine Kapitalansammlung innerhalb der Rentenversicherung nicht unproblematisch, besser ließe sich dasselbe Ziel mit einer privaten Altersvorsorge, wie sie 2001 beschlossen wurde, erreichen. Richtig ist aber der Gedanke, daß das Umlageverfahren durch ein Vorsorgeelement der Kapitalansammlung ergänzt und gestützt werden muß. Die Kommission empfahl damals, unverzüglich damit zu beginnen, denn nur so könnten die Beitragserhöhungen in 20 Jahren verhindert werden. Man hätte das tun sollen.

Mit einem weiteren sehr kontrovers diskutierten Punkt hatte sich die Kommission auseinandergesetzt, ohne hierzu schon eigene konkrete Empfehlungen zu geben, nämlich mit der Frage, welche Bedeutung die Kinderaufziehung in einem Umlageverfahren hat.

Dem monetären Beitrag wird der generative Beitrag als gleichwertig zur Seite gestellt. Solange der generative Beitrag, also das Aufziehen einer ausreichend großen Zahl von Kindern, die später als Beitragszahler auftreten, gesichert war, mußte man sich um diese Frage wenig kümmern. Da jetzt aber die Zahl der Ehen mit Kindern zurückgehe, die Kinderzahl insgesamt abnehme, könne man nicht eine ständig wachsende Belastung als selbstverständlichen Akt der Solidarität auch in Zukunft einfordern. Der generative Beitrag solle in die Beitragsgestaltung eingearbeitet werden, d.h. Familien mit mindestens 2 Kindern zahlen weniger Rentenversicherungsbeiträge. Damit werde „die Ungerechtigkeit beseitigt, daß Familien mit ausreichend generativer Leistung sich an zusätzlichen monetären Leistungen beteiligen müssen, die erforderlich werden, weil insgesamt die generative Leistung zu schwach ist."[179] Aus dem gleichen Grund fordert die Kommission, daß sich diese Familien nicht an der erhöhten Beitragslast beteiligen müssen, die für die Ansammlung des Kapitals erforderlich wird. Hierzu sollten Regierungskommissionen gebildet werden, die entsprechende Modelle entwickeln sollten.

Alle diese Überlegungen sind höchst strittig. Im Grundsatz hat die gesetzliche Rentenversicherung das persönliche Schicksal der Kinderlosigkeit zugunsten einer Solidarversicherung abgelöst. Durch die Störung der Generationenbreite kommt die Frage der Kindererziehung als neues Strukturelement nun wieder in das System. Fraglos eher akzeptabel ist eine auf Kapitalansammlung beruhende Alterssicherung, in der jeder für sich Vorsorge treibt und im Alter das angesparte Kapital entspart. Aber auch diese Form der Alterssicherung löst das Problem der kindererziehenden Familien nicht, denen die Mittel zur ausreichenden Vorsorge oft fehlen.

Den Staat als Hauptverantwortlichen für den Familienlastenausgleich heranzuziehen, liegt daher nahe. Auf alle Fälle löst der Bundeszuschuß, der dafür stehen soll, diese Frage höchst unbefriedigend, indem er nämlich völlig undiffenrenziert und ungezielt als Globalbetrag in die Rentenversicherung hineinfließt, in Formen der Umlage, nicht aber in denen der Vorsorge. Kindererziehungsleistungen sollten, wenn sie nicht innerhalb des Systems über niedrigere Beiträge und höhere Renten honoriert werden, durch den Staat in Vorsorgeleistungen gewährt werden. Das wäre vereinfacht ausgedrückt der Gedanke einer Kapitalansammlung für erziehende Mütter und Väter.

---

[179] Langfristig sichere Renten, Hrsg. Christian Schwarz-Schilling, 1988, S. 39

Auf die sehr fragwürdige Lösung, die in der Rentenreform 1989 gefunden wurde, ist noch einzugehen.

11.3 Programmaussagen der SPD

Für die Programmarbeit der Sozialdemokraten sollen hier die Papiere aus den Jahren 1980, 1985 und 1989 herangezogen werden.

Das Programm zur **zukunftsgerechten Weiterentwicklung der Alterssicherung**, beschlossen auf dem Parteitag im Juni 1980, war für die Wähler bestimmt, allerdings von einer Sozialdemokratischen Partei, die sich in der Regierungsverantwortung befand und die gerade eine äußerst riskante und eingreifende Sanierung hinter sich gebracht hatte. So war das Programm auf Trost und Verheißung hin ausgerichtet, weniger auf ein für die nächsten Jahrzehnte taugliches Konzept.[180]

> „Durch entschlossenes Handeln haben vor allem die Sozialdemokraten die Rentenversicherung durch die Weltwirtschaftskrise gesteuert und mit sozial ausgewogenen Maßnahmen die finanzielle Stabilität der Rentenversicherung gesichert."

> „Für die 80er Jahre stehen wir vor neuen sozialen Herausforderungen. Die Sozialdemokratische Partei Deutschlands antwortet darauf mit einem umfassenden Programm zur Weiterentwicklung der Rentenversicherung."

Grundlage sollte das 21. Rentenanpassungsgesetz sein mit seiner Rückkehr zur bruttolohnbezogenen Rentenanpassung ab 1982 und der Erhöhung des Beitragssatzes um 0,5% auf 18,5% ab 1981.

---

[180] Programm zur zukunftsgerechten Weiterentwicklung der Alterssicherung, v. 9.6.1980, S. 3

Unter Weiterentwicklung verstand die SPD nicht eine Kurskorrektur des Umlageverfahrens als Erkenntnisgewinn aus der Vergangenheit, sondern vor allem kostenträchtige Verbesserungen im Leistungsrecht. Der Katalog ist lang und furchterregend: Ausbau der Rente nach Mindesteinkommen, Verbesserungen des Übergangs in den Ruhestand, Einführung der Kindererziehungszeiten und vieles mehr.

Die hier besonders interessierenden Aussagen zur Finanzierung enthalten eher Andeutungen. So wird darauf hingewiesen, daß die Renten seit 1969 so erhöht worden sind, daß die Kaufkraft um die Hälfte zunahm und daß dies Ausdruck der Solidarität zwischen den Generationen sei. Diese Solidarität bleibe auf Dauer nur gesichert, wenn sich die Einkommen zwischen Rentnern und Arbeitnehmern im Gleichgewicht entwickelten.

Davon gehen die Sozialdemokraten aus. Falls die Entwicklung anders verläuft, wollen sie unter dauerhafter Aufrechterhaltung der bruttolohnbezogenen Anpassung den Krankenversicherungsbeitrag der Rentner erhöhen, so daß die Rentner den halben Beitrag selbst zahlen.[181] Dies soll schrittweise und sozial abgesichert erfolgen, und nur dann, wenn die Renten stärker steigen als die Nettolöhne.

Daß der wirtschaftliche Strukturwandel und die Veränderungen im Bevölkerungsaufbau neue „Herausforderungen für die Generationensolidarität" darstellen, wird zwar gesagt, auch daß diese zusätzlichen finanziellen Lasten von der Solidargemeinschaft zu tragen sind (welcher?), aber Genaueres dazu findet man in dem Programm nicht.

Zu der 1984 anstehenden Reform und der langfristigen Stabilisierung der Rentenfinanzen steht nur: „Sie muß das volkswirt-

[181] ebd. S. 14

schaftliche Leistungsvermögen und die daraus resultierenden finanziellen Möglichkeiten der Rentenversicherung und der öffentlichen Haushalte berücksichtigen und zu einem gerechten Interessenausgleich aller Betroffenen führen."

Die bedarfsorientierte Mindestrente, eine alte Lieblingsidee der Sozialdemokraten, soll eingeführt werden, wenn Länder und Gemeinden sich bereit zeigten, das dadurch eingesparte Geld der Rentenversicherung zukommen zu lassen.

Die Kindererziehungszeiten, die damals noch nicht eingeführt waren, aber von allen Parteien im Programm vertreten wurden, sollen nach den Formulierungen im SPD Programm nicht nur den Charakter des sozialen Nachteilsausgleichs haben, sondern durchaus strukturelle Bedeutung.

> „Die Beziehung zwischen den Erwerbstätigen als den künftigen Rentnern und der nachwachsenden Generation als den künftigen Beitragszahlern wird im gegenwärtigen Rentenrecht nicht berücksichtigt, obwohl die nachwachsende Generation für die dauerhafte Finanzierung der Renten entscheidend ist. Denn die Familien mit Kindern und nicht etwa die gegenwärtigen Beitragszahler allein schaffen die Voraussetzungen für die Erfüllung der Rentenansprüche, die die heutigen Erwerbstätigen mit ihrer Beitragszahlung für ihr eigenes Alter erwerben."

Für Kinder, die nach 1985 geboren werden, sollte ein Jahr in der Rentenversicherung zusätzlich zu den durch Beiträge erworbenen Ansprüchen anerkannt werden. Keinen Zweifel haben die Sozialdemokraten aber daran, daß die Ausgaben für diese Kindererziehungszeit mit öffentlichen Mitteln zu bezahlen sind, und zwar ab 1985 in Form von Beiträgen an die Rentenversicherung. Das ist seltsam, aber sehr kennzeichnend für das Denken in der Rentensystematik. Wenn Beiträge gezahlt werden, dann entstehen Rentenansprüche. Daß das Geld der öffentlichen Hand in die Umlage fließt, also gar nicht der Anerkennung der Kindererziehung dienen kann, sondern für den Unterhalt der Rentnergeneration ausgegeben wird, sollte wieder einmal ausgeblendet werden.

Dann kommt der Schlußsatz, der noch die Regierungsverantwortung widerspiegelt: „Die (anderen) strukturellen Verbesserungen können nur schrittweise im Rahmen der künftigen finanziellen Möglichkeiten verwirklicht werden".

Das Papier aus dem Jahre 1985 mit dem Titel: "Bleibt meine Rente sicher?" stammt nun wieder aus einer Zeit, in der die SPD auf der Oppositionsbank sitzt und der Regierung Unvermögen und Kurzatmigkeit vorwerfen kann. Sie selbst tritt ein für eine langfristige Stabilisierung der Rentenfinanzen und setzt an zwei Punkten an, der Abhängigkeit der Rentenversicherung von der Arbeitsmarktlage und dem veränderten Altersaufbau der Bevölkerung.[182]

Um bei steigender Arbeitslosigkeit nicht Beitragseinbußen und Finanzengpässe in der Rentenversicherung ausgleichen zu müssen, soll die Bundesanstalt für Arbeit Beiträge auf der Grundlage von erst 75%, später 100% des Bruttoarbeitsentgelts des Arbeitslosen in die Rentenversicherung zahlen. Aus dem Blickwinkel der Rentenversicherung bliebe damit der Arbeitslose ein Erwerbstätiger. Ordnungspolitisch läßt sich das vertreten, aber im Grunde handelt es sich um die bloße Verlagerung der Kosten auf einen anderen Träger. Dann müßte bei einer größeren Zahl von Entlassungen die Arbeitslosenversicherung ihre Beiträge erhöhen und damit die Lohnnebenkosten steigern, oder der Bund müßte mit Steuermitteln der Bundesanstalt beispringen. Das sind etwas naive Vorschläge, weil sich die Vorteile für die Rentenversicherung in Nachteile für die Arbeitslosenversicherung verwandeln.

---

182 Bleibt meine Rente sicher?, Vorschlag der SPD zur Rentenreform 1985, S. 6

Zum Thema "sozial ausgewogene Verteilung der demographischen Lasten" schreibt die Partei immerhin die Zahlen der künftigen Entwicklung von Jung und Alt in das Papier. Danach kämen im Jahr 1985 auf 100 Einwohner im erwerbsfähigen Alter (20 bis 59 Jahre) nur 36 im Rentenalter (60 Jahre und mehr). Im Jahr 2035 auf kämen auf diese 100 Einwohner dagegen schon 68 ältere Einwohner. Die Folgen könnten nicht allein durch Beitragserhöhungen abgefangen werden, denn dann müßte der Beitragssatz auf 35% ansteigen, aber auch nicht durch das Absenken des Rentenniveaus. Dagegen will die SPD „eine sozial ausgewogene Verteilung der Lasten. Nach unserem Lösungsvorschlag sollen alle Beteiligten in der gesetzlichen Rentenversicherung, also Beitragszahler, Rentner und der Bund gemeinsam die wachsende Alterslast tragen."

Um diesem Vorschlag den Anstrich von Seriosität zu geben, bringt man ein Beispiel, wie etwa der Fehlbedarf von 6,4 Mrd. DM gedeckt werden könnte: Der Beitrag steigt von 18,5 auf 19,5%,die Anpassung der Renten beträgt statt 3,5% nur 2,7%, der Bundeszuschuß wird von 34,5 auf 36 Mrd. DM erhöht. Man könnte schon über diese Medizin bei einer so leichten Krankheit den Kopf schütteln, denn die Staatsquote erhöht sich ja entsprechend. Was die SPD ihren Wählern aber wohlweislich verschweigt, ist, wie das Zahlenbeispiel für die Daten des Jahres 2030 aussähe Der dann auftretende Fehlbedarf liegt nicht bei 6 Mrd. DM., sondern weit über 100 Mrd. DM[183], und die Erhöhung aller drei Parameter müßte gigantisch ausfallen.

Auch im Rentenpapier der SPD aus dem Jahr 1989[184], das den getroffenen Kompromiß mit der CDU/CSU und FDP des Jahres

---

[183] Setzt man einen Beitragspunkt im Jahre 1985 ohne Bundeszuschuß mit 7,8 Mrd. DM an, dann ergibt sich für 17 Beitragspunkte ein Fehlbedarf von 132,6 Mrd. DM

[184] Der Kompromiß zur Rentenreform, in: Wir sichern die Renten, 1989, S. 3

1989 erklärt, finden sich in der Darstellung der künftigen Entwicklung all die damals bekannten düsteren Zahlen wieder. Im folgenden soll nicht die Bewertung dargestellt werden, die die SPD dem Reformgesetz gab, sondern lediglich die von der SPD selbst vorgebrachten Forderungen an das Gesetz.

Dieses Mal wird die Zahl der Rentner genannt, die 100 Erwerbstätigen im Jahre 2030 gegenüber stehen, nämlich 143, im Vergleich zu 59 im Jahre 1990. Die Lücken in der Finanzierung dieser Renten betragen schon in den Jahren 2002 zwischen 345 und 470 Mrd. DM. „Langfristig werden sich also die Finanzierungsprobleme der Altersversorgung so zuspitzen, daß die Systemfrage gestellt ist." Dennoch hält die SPD daran fest, daß auch in Zukunft die beitrags- und lohnbezogene Lebensstandardsicherung durch eine Reform erhalten werden kann.

Das Papier listet nun die Vorschläge auf, die die SPD in die Verhandlungen einbringen wollte. Darunter finden sich, als eingebaute Ballaststoffe, die steuerfinanzierte Grundrente ebenso wieder wie die Einführung einer Wertschöpfungsabgabe, die Angleichung der Alterssicherungen, insbesondere der Beamtenversorgung und die Abschaffung der Geringfügigkeitsgrenze bei der Sozialversicherungspflicht. Von diesen Forderungen wird nicht einmal die SPD selbst erwartet haben, daß sie durchsetzbar sind.

Konkreter und eher machbar ist hingegen der Vorschlag, die Rentenformel zu ändern und die Nettoanpassung einzuführen. Sodann soll der Bundeszuschuß auf 20% der Rentenausgaben erhöht werde, um den Bund am Risiko der wachsenden Alterslast zu beteiligen. Die Bundesanstalt soll wieder volle Rentenversicherungsbeiträge für Arbeitslose zahlen müssen.

Ein neuer Regelmechanismus soll die Anpassung, den Beitragssatz und die Höhe des Bundeszuschusses der **„tagespolitischen**

Willkür entziehen und dem System Verläßlichkeit verleihen".[185] Dieser Satz läßt die Alarmglocke läuten, er bedeutet, daß in Zukunft die Geldhähne sich von alleine aufdrehen und die benötigten Finanzmittel von alleine fließen. Kein Parlament muß sich mehr Gedanken machen und lästige Entscheidungen fällen. Keine Regierung kann zur Verantwortung gezogen werden. Wenn Geld fehlt, wird es „automatisch" beschafft, durch Beitragserhöhung und durch Bundeszuschußerhöhung. Die durch die Nettoformel entsprechend niedrigere Anpassung der Rente hilft, Geld zu sparen. Niemand macht sich mehr die Hände schmutzig. Ein Schleusensystem feinster bürokratischer Machart! Konnte man sich ernsthaft vorstellen, daß dieser Vorschlag angenommen wird? Eigentlich nicht.

Im Wunschzettel der Sozialdemokraten fehlt nicht die Forderung, die im Rentengesetz befristete Rente nach Mindesteinkommen zu einer Dauerlösung auszubauen. Einer Verlängerung der Lebensarbeitszeit will man nicht zustimmen, solange Massenarbeitslosigkeit besteht.

In der Substanz ändert sich mit diesen Vorschlägen schon mittelfristig nichts. Die Verbesserung der Finanzen ist lediglich von der endlich als richtig erkannten Nettoanpassung zu erwarten, im Grunde eine Korrektur, welche die Fehlentwicklung der Vergangenheit betrifft. Für die Zukunft gibt es keine Vorschläge, die geeignet wären, der kommenden Belastung der zukünftigen erwerbstätigen Generation entgegenzuwirken.

---

[185] ebd. S. 4

12. Rentenreform 1989: Der trügerische Friede

Die Schwierigkeiten mit der Rentenversicherung nahmen auch nach dem Wahlsieg der sozialliberalen Koalition 1980 ihren Fortgang. Noch im September 1982 mußte Glombig ein Rentenversicherungsänderungsgesetz begründen, in dem ein Krankenversicherungsbeitrag für Rentner erhoben werden sollte, beginnend mit 1% wachsend auf 4% in 1986. Gegen die Unkenrufe der Union wehrt sich der SPD-Politiker Heyenn[186] mit der Versicherung, der Rentner wisse, daß seine Rente gesichert sei. Zum Geschäft mit der Angst sagt er die beunruhigenden Sätze:

„Einige kochen, wie der Kollege Franke mit heller Freude diese Suppe. Sie tun dies auf dem Rücken von Menschen, die ein Leben lang gearbeitet haben und vor denen es mehr Achtung geben sollte."

Das war noch ganz wohlgemut gesprochen am 10.9.1982, aber am 17.9. war die Koalition am Ende. Schon in der Haushaltsdebatte im Dezember 1982 mußte nun der Arbeitsminister Blüm ein Maßnahmepaket vorlegen, das auch die verzögerte Rentenanpassung vorsah. Gegen die Vorwürfe an die Vorgängerregierung, den Rentnern mehr gegeben zu haben, als diesen zustehe, wehrt sich in dieser Debatte der SPD-Abgeordnete Leber mit einleuchtenden Sätzen:[187]

> „Viele Rentner sagen uns – wahrscheinlich uns allen: Ich habe doch Beiträge gezahlt, deshalb habe ich auch Anspruch auf meine Rente. Das ist gewiß wahr. Aber daß die Höhe der Rente, die dieser Rentner erhält, sich nicht aus den Beiträgen errechnet, die er vor Jahr-

---

[186] Heyenn, 112. Sitzung, 10.9.1982

[187] Leber, 9. Wahlperiode, 138. Sitzung, 14.12.1982

zehnten einmal gezahlt hat, als er einen viel niedrigeren Lohn hatte, sondern daß die Rente, die er heute erhält, nach dem höheren Einkommen bemessen wird, das ein anderer, der heute die gleiche Arbeit verrichtet wie er, nach einem Einkommen, das dieser jetzt verdient, das ist vielen Rentnern nicht klar. Vielen Rentnern ist daher auch nicht klar, daß die Renten, die sie jetzt erhalten, aus den Beiträgen finanziert werden, die heute von denen geleistet werden, die noch heute in Arbeit sind."

Deshalb müsse man das den Rentnern erklären, und sie nicht durch die Vorwürfe an die Adresse der Vorgängerregierung mißtrauisch machen. Wahr gesprochen, aber erst nach 32 Jahren.

Die Wende von 1982/83 mit der wieder die Regierungsverantwortung übernehmenden CDU/CSU hatte sich für die Rentenversicherung nicht segensreich ausgewirkt. Man laborierte am Krankenversicherungsbeitrag der Rentner, verschob mehrfach die Anpassung um ein halbes Jahr, geriet in Liquiditätsschwierigkeiten Immerhin erfolgte bei den Kindererziehungszeiten ein Durchbruch, indem für die Erziehung pro Kind 1 Jahr bei der Rente gutgeschrieben wurde. Das war im Jahr 1986.

An der Notwendigkeit einer Reform zweifelte im Grunde niemand. Dazu sagte Cronenberg (FDP) in einer Debatte 1984:[188] „Manche Einsicht – das trifft für die derzeitige Opposition, wie für die Regierung zu – ist dann durch den Stellungswechsel von der Oppositionsbank auf die Regierungsbank gefördert worden. Das nehmen wir mit Freude zur Kenntnis."

Für diese Reformnotwendigkeit wurden vor allem die Auswirkungen einer längeren Lebenszeit und geringeren Geburtenrate auf die Rentenversicherung ins Feld geführt. Aber die Ergebnisse zeigen, wie auch schon die Parteiprogramme früher, daß es um die Zukunftsprobleme eigentlich gar nicht ging. Es ging um die gegenwärtigen Probleme der Rentenversicherung, um den An-

---

188 Cronenberg, 10. Wahlperiode, 50. Sitzung, 26.1.1984

passungsmodus, nämlich ob die Renten an die Nettolöhne oder wie bisher an die Bruttolöhne angepaßt werden sollten. Hierzu wollte man unbedingt die SPD gewinnen, weil verständlicher Weise die Union nicht gerne einen Wahlkampf um diesen Punkt hätte führen wollen. Zu leicht wollte sie sich nicht an ihre eigenen Sprüche erinnern lassen.

Die Reform 1989 war also eine Konsensreform. Die Opposition wurde von vornherein in die Beratungen mit einbezogen und der eingebrachte Gesetzentwurf war kein Regierungsentwurf, sondern ein Fraktionsentwurf der Parteien CDU/CSU, SPD und FDP. In allen drei Lesungen fehlen damit im Grunde die Kontroversen, das Ausfechten mit Argumenten und Gegenargumenten. Jeder lobte moderat sich selbst, lobte den gefundenen Kompromiß und den parteiübergreifenden Konsens und hielt das Ganze für eine gute Sache für die Rentner. Stimmen, die Zweifel anmeldeten, ob durch diese Beschlüsse die Rentenversicherung wirklich konsolidiert werde, sind mit zwei Ausnahmen nicht laut geworden. Als einzige Opposition wirkten damals die GRÜNEN: Sie bemängelten, daß die Altersarmut nicht energischer bekämpft worden sei und vertraten das Konzept einer steuerfinanzierten Grundrente. An die Generationenungerechtigkeit erinnerten sie nicht, an der Brauchbarkeit des Finanzierungsweges äußerten sie keine Kritik. Die einzigen, die, allerdings erst ganz zum Schluß, kritische Anmerkungen machten und Warnungen aussprachen, waren die CDU-Abgeordneten Kolb und Professor Biedenkopf, nicht ohne den Widerspruch des Arbeitsminister Dr. Blüm (CDU) sofort hervorzurufen.

Auch den Auftakt machte Blüm (CDU)[189], der als Abgeordneter den Gesetzentwurf in der ersten Lesung begründete. Er sagte, daß nach der Rentenreform von 1957 dies die zweite große

---

[189] Dr. Blüm, 11. Wahlperiode, 132. Sitzung, 10.3.1989

Rentenreform sei, und erinnerte daran, daß die Rentenversicherung dieser Tage hundert Jahre alt geworden sei.

> „Zwischen der Schaffung der Rentenversicherung und unserer heutigen Rentenreform liegt ein Jahrhundert schwerer Erschütterungen mit zwei furchtbaren Weltkriegen, zerstörten Städten, der Teilung unseres Vaterlandes, Inflation und Währungsreform. Unser Rentensystem hat dies alles überstanden. Es hat Millionen von Flüchtlingen und Vertriebenen aufgenommen. Die gute alte Rentenversicherung hat sich als zäh und überlebensfähig erwiesen. Niemand kann und will sich diese Erschütterungen der letzten hundert Jahre noch einmal wünschen."

Das gebeugte, alte Mütterchen, so erscheint die Rentenversicherung hier wieder, eine Art Mutter Courage der Sozialpolitik, sie hat alles überlebt, niemand sollte ihr etwas zuleide tun.

Aber auch die Jetztzeit hält Aufgaben bereit: „Wir antworten heute rechtzeitig und vorausschauend auf die Herausforderungen der Zukunft." Der Kern des Problems liege im Altersaufbau der Bevölkerung, den gesunkenen Geburtenzahlen und dem steigenden Lebensalter der Bürger. Er macht sich die Forderung zu eigen, daß alle Alterssicherungssysteme auf Grund dieser Tatsache reformbedürftig seien. Um aber nur keine Angst aufkommen zu lassen, es könne zu ernsthaften Maßnahmen gegriffen werden, erinnert er an die Worte des damaligen Bundesarbeitsminister Storch, der 1957 folgendes gesagt hatte:

> „Die Sicherstellung des einmal erworbenen Lebensstandards ist . . . nicht ein Akt der Barmherzigkeit seitens der jeweils Erwerbstätigen oder gar des Staates, sondern die Erfüllung einer geschuldeten Pflicht und der Ausdruck einer von den Umständen begründeten Solidarität zwischen den Generationen."

Daß die Erfüllung dieser Pflicht den Erwerbstätigen mittlerweile aber zu ganz anderen, und zwar ständig wachsenden Preisen abgefordert wurde, sagte Blüm freilich nicht. Und daß die Belastung vierzig Jahre später geradezu unerträglich wird, sagte er auch nicht. Die Rente solle nicht nur Not lindern, sondern den Lebensstandard sichern und mit der allgemeinen Lohnentwicklung wachsen. Die Rente solle leistungsbezogen bleiben, allerdings sei der Leistungsbegriff zu erweitern. Auch Kindererziehung sei Leistung, und ihre Anerkennung werde in der Rentenversicherung jetzt weiter ausgebaut.

Die Lasten der Zukunft werde auf 3 Schultern verteilt, auf die **Beitragszahler**, die **Rentner**, deren Rentenerhöhungen nicht mehr so ausfallen, wie vor dem Rückgang der Geburten und dem **Bund**.

Zum Bundeszuschuß führt Blüm aus, daß dieser vorab erhöht und von dieser erhöhten Basis aus verbessert fortgeschrieben werde. Die Erhöhung betrage im Jahr 1990 0,3 Mrd. DM und 1991 2,3 Mrd. DM. Dazu komme für die Erstattung der verbesserten Kindererziehungszeiten nochmals ein Betrag von voraussichtlich 4,8 Mrd. DM, alles in allem also knapp unterhalb 20% der Rentenausgaben. Um diesen Verhandlungserfolg gegen den Finanzminister recht deutlich werden zu lassen, vergißt der Minister nicht zu erwähnen, daß ohne eine solche Festlegung der Bundeszuschuß bis zum Jahre 2010 auf 14,5% zurückgegangen wäre. Das liege vor allem daran, daß dann die Erstattungen für die Kriegsopfer weggefallen sind.

Zur Begründung der Nettoanpassung greift Blüm (CDU/CSU) wieder auf das Problem der Lastenverteilung zurück und sagt: „Wenn die Beitragszahler mehr Steuern und Beiträge zahlen müssen, wenn die Aktiven, die Söhne und Töchter der Rentner mehr belastet werden, weil sie beispielsweise höhere Rentenversicherungsbeiträge bezahlen müssen, dann sollten sich an dieser Bewältigung der Lasten auch die Alten beteiligen. In dem Maße, wie die Beiträge steigen, sinkt die Rentenerhöhung." Unter diesem Blickwinkel entspreche die Nettoanpassung dem Solidaritätsprinzip sogar mehr als die Bruttoanpassung.

Um das Rentenniveau zu sichern, sei auch eine **Verlängerung der Lebensarbeitszeit** unerläßlich. Die durch die längere Lebensdauer bewirkte längere Rentenlaufzeit könne nicht bezahlt werden, weil sich allein durch diesen Tatbestand im nächsten Jahrhundert die Rentensumme um ein Fünftel erhöhe.[190] Im zukünftigen Jahrhundert müßte man die Renten um 20% absenken. „Das wird doch niemand wollen. Wir würden damit doch viele Rentner in Armut stürzen." Die Regelgrenze soll 65 Jahre sein, wer länger arbeite, bekäme einen Zuschlag, wer früher aufhöre, einen Abschlag.

Während das noch vernünftig klingt und auch wirklich in die Zukunft wirkt, ist das, was zum **automatischen Regelmechanismus** gesagt wird, höchst befremdlich. Blüm:[191]

> „Niemand kann vorrechnen, wie die Belastungen im Jahre 2030 sein werden. Wer das versuchen würde, der würde Prognosen mit Wahrsagerei verwechseln. Wir sagen nicht bis ins Jahr 2030 voraus, das wäre eine Überschätzung der Politik, aber wir schaffen ein System, das antworten kann,
>
> (Dreßler SPD: Jawohl!)
>
> das sich selbst steuert. Es ist nicht mehr auf die jährlichen Rentenentscheidungen, es ist nicht mehr auf Interventionen des Gesetzgebers angewiesen. Höhere Beiträge – niedrigere Rentenanpassung, niedrigere Rentenanpassung – höherer Bundeszuschuß, ein System, das sich selber ins Gleichgewicht bringt. Es ist ein Regelkreis, der sich selbst steuert, eine Rentenversicherung, die vom Gesetzgeber unabhängig wird. Die Rente ist sicher. Wir haben die Rentenversicherung – und dazu haben viele beigetragen – aus dem parteipolitischen Streit herausgebracht. Die alten Mitbürger haben das verdient. Es ist jetzt eine Generation in Rente, deren Angehörige die schlimmsten Erlebnisse dieses Jahrhunderts in ihrem Leben

[190] Dr. Blüm, 11. Wahlperiode, 132. Sitzung, 10.3.1989
[191] Dr. Blüm, 11. Wahlperiode, 132. Sitzung, 10.3.1989

verarbeitet hat: zwei Weltkriege. Sie haben es verdient, daß sie ihre Rente ohne Angst und Unsicherheit genießen können."

Der Stein der Weisen? Das Ei des Kolumbus? Alle Parteien waren den Streit über die Rentenversicherung und die ewigen Finanzprobleme gründlich satt. So haben sie eine Mechanik erfunden, die der politischen Unschuld dienen soll. Alle künftigen Schwierigkeiten lösen sich von selbst. Die Politik ist nicht schuld, wenn Lohnnebenkosten steigen, wenn die Steuerlast infolge der Rentenversicherung wächst, wenn die Staatsquote sich laufend erhöht. Sie hat vorsorglich ihre Verantwortung schon vorher abgegeben. Warum hat niemand eine Wette abgeschlossen, wie lange diese Selbststeuerung funktionieren wird und wie lange wohl der Gesetzgeber sich entspannt zurücklehnen kann?

Die Ausdehnung der Kindererziehungszeiten auf drei Jahre pro Kind wird als Fortschritt gerühmt, denn „es wäre ungerecht, Leistung auf Erwerbsarbeit zu beschränken. Wer wegen Kindererziehung auf Erwerbsarbeit verzichtet, dem sollte daraus kein Schaden für seine Alterssicherung entstehen."

Während der Bundesarbeitsminister Blüm den gefundenen Konsens sehr versöhnlich als ein gutes Werk aller darzustellen sucht und davor warnt, ihn in Teile aufzulösen und die jeweils schmackhaften für sich zu reklamieren, versagt sich der Oppositionssprecher Dreßler (SPD) keineswegs einen kritischen Rückblick.

Er verweist darauf, daß bei Regierungsantritt Kohl/Blüm die Rentenversicherung noch einen Überschuß von 20,5 Mrd. DM gehabt habe, daß die erste Amtshandlung die Halbierung der Rentenversicherungsbeiträge durch die Arbeitslosenversicherung gewesen sei und dadurch die Renten 1984 kurzfristig über Kredite finanziert werden mußten. Er erinnert daran, daß der Beitrag von 18,5 auf 19,2% angestiegen ist, daß Anpassungstermine verschoben wurden, daß schließlich die Rentner mit ihrem Eigenbeitrag von 6,5% in der Krankenversicherung noch zusätzlich zur Kasse gebeten wurden. Vor allem verweist Dreßler auf den SPD-Gesetzentwurf aus dem Jahr 1984, der die gerechte Verteilung der Lasten auf Beitragszahler, Rentner, Staat bereits vorgesehen habe. Aus diesem Grundsatz folge für die SPD auch, daß die Rentenanpassung sich in Zukunft nach Maßgabe der Entwicklung der verfügbaren Arbeitseinkommen (sprich Netto) richten müsse.

Vor allem schreibt sich die SPD die Erhöhung des Bundeszuschusses zugute, wobei Dreßler einige sehr aufschlußreiche Details verrät. Der erhöhte Aufwand für die Kindererziehungszeiten werde nicht mehr über den Weg der genau berechneten Erstattung beglichen, sondern in die Pauschale von 20% der Rentenausgaben übernommen. Und er rühmt sich der Tatsache, daß über diesen Weg vom Bund höhere Aufwendungen getragen werden, als es der Mehraufwand für die zwei weiteren Jahre Kindererziehung über 2030 hinaus erforderte.

Daß es für diese in einer Pauschale versteckten Aufwendungen im Jahre 1989 überhaupt noch keine Rechtfertigung gab, weil sie ja nur für Kinder gelten sollten, die nach 1992 geboren werden, verschwieg er, alle anderen aber auch. Man bezahlte also im vorhinein, das Geld gluckerte in die Umlage. Zumindest die SPD war auf dieses Schurkenstück stolz.

In gleicher Weise als Verdienst wertete Dreßler den Umstand, daß es der SPD gelungen sei, die ins Auge gefaßte und im Grunde auch als notwendig erkannte Verlängerung der Lebensarbeitszeit erst im Jahr 2001, statt 1995 beginnen zu lassen.

Als Pflichtprogramm absolvierte Dreßler dann die Wiederholung uralter SPD-Vorschläge, z.B. einer Wertschöpfungsabgabe und einer sozialen Grundsicherung. Auch von ihm wurde diese Rentenreform als eine historische Reform begriffen:[192] „Bei der gemeinsamen Rentenreform handelt es sich sehr wohl um ein historisches Ereignis. Es zeigt sich, daß die im harten Konkurrenzkampf stehenden politischen Parteien taktische Erwägungen zurückstellen können, wenn es um eine gesellschaftliche Reform geht, bei der langfristige Beständigkeit und Verläßlichkeit besonders wichtig sind."

Aus den sehr bissigen und aggressiven Bemerkungen, die Dreßler zu späteren Gesetzesnovellen abgab, die er allesamt als Verrat an der einvernehmlich beschlossenen Rentenmechanik empfand, läßt sich folgern, daß er wirklich geglaubt hat, mit dieser Reform alle künftigen Probleme der Rentenversicherung gelöst zu haben.

Cronenberg (FDP)[193] betonte die Notwendigkeit der Konsolidierung der Rentenfinanzen und bezog sich auf die 32 Thesen der FDP, die schon 1979 den Grundsatz einer Lastenverteilung auf Beitragszahler, Rentner und den Staat formuliert hätten. Bei dem Thema der Nettoanpassung erinnert er an die vielen Anfeindungen sowohl aus den Reihen der SPD, als auch der CDU/CSU, „als wir es wagten, das für sakrosankt erklärte System der bruttolohnbezogenen Anpassung in Frage zu stellen."

In der Tat ist es Cronenbergs großes Verdienst, daß die Nettoanpassung endlich durchgesetzt wurde.

Die Verknüpfung von Beitragssatz, Rente und Zuschuß trage zur Stabilisierung der Rentenversicherung bei. Der breite politische Konsens habe einen eigenen Wert und fördere das Vertrauen in das System. Mit der Rentenmechanik habe man den Versuch unternommen, die Rentenpolitik aus der Tagespolitik herauszuhalten. „Ich hoffe, daß uns das auch gelingen wird."

---

[192] Dreßler, 132. Sitzung, 10.3.1989

[193] Cronenberg, 11.Wahlperiode,132. Sitzung, 10.3.1989

Mit diesem Satz verrät Cronenberg zumindest, daß dieser Teil des gefundenen Kompromisses auf dem Prinzip Hoffnung gründet. Er erwähnt auch, daß die Erhöhung des Bundeszuschusses in der eigenen Fraktion ebenso schwer durchzusetzen war wie beim Bundesfinanzminister.

Schließlich sagt er in seiner Schlußbemerkung sehr zutreffend und in die Zukunft weisend:

> „Unser umlagefinanziertes Rentensystem wird auch in Zukunft die maßgebliche Basis für die Alterssicherung bleiben. Wer aber den hohen, in den aktivsten Jahren erreichten Lebensstandard auch im Alter sichern will, muß zusätzlich Vorsorge treffen, muß um zusätzliches Alterseinkommen bemüht sein. Hierbei spielen Betriebsrenten, Direktversicherungen und Eigenvorsorge eine wichtige Rolle."

In diesen Äußerungen kamen erste Zweifel an der Lebensstandardsicherung der gesetzlichen Rente zum Vorschein.

Der Abgeordnete Günther (CDU/CSU)[194] setzt sich nochmals nachdrücklich für eine Verlängerung der Lebensarbeitszeit ein. Ohne eine solche Maßnahme würden die Beiträge in Zukunft noch stärker steigen, es stelle sich die Frage nach der Zumutbarkeit einer solchen Belastung und dem darin steckenden Konfliktpotential.

> „Diese schwer belastete künftige Erwerbstätigengeneration könnte aber sehr nachdrücklich fragen, wieso sie ganz vorwiegend dafür aufkommen soll, daß ihre Eltern eine ganz simple Einsicht mißachtet haben, nämlich daß ein umlagefinanziertes Alterssicherungssystem und damit die Sicherheit der Renten ganz entscheidend von den nachwachsenden Kindern abhängt."

Diese erwerbstätige Generation könnte fragen, wenn man schon die Lasten der Kindererziehung nicht hätte auf sich nehmen wollen, warum man dann nicht wenigstens materielle Vorsorge

---

[194] Günther, 11. Wahlperiode, 132.Sitzung,10.3.1989

hätte treffen können. Und er drückt drastisch aus, wie die Vorwürfe dieser Generation einmal ausfallen werden:

„Ihr könnt aber nicht von uns verlangen, daß wir auch ein Rentenniveau finanzieren, wohlgemerkt über ein Umlageverfahren, als wäre die Umlagebasis dafür ungeschmälert vorhanden, so wie ihr – Eltern und Großeltern – seinerzeit genügend Beitragszahler zur Finanzierung der damaligen Renten wart."

Seine Folgerungen sind: „Wer also an die Verlängerung der Lebensarbeitszeit nicht heran will, . . . nimmt in Kauf, daß eine Senkung des Rentenniveaus erzwungen wird."

Das Generationenproblem ist hier zutreffend geschildert und die daraus gewonnenen Erkentnisse sind aller Ehren wert. Nur stellt eine längere Lebensarbeitszeit allein auch noch nicht die richtige Lösung dar, selbst wenn das Rentenalter 67 oder gar 70 Jahre betragen würde. Die eigene Vorsorge bleibt auch dann noch notwendig.

Die zweite und dritte Lesung fand am 9. November 1989 statt. Das war ein in der Tat historisches Datum, aber nicht wegen der Rentenreform. An der Grundstruktur des Gesetzes hatte sich in den Ausschußberatungen kaum etwas verändert. Die Zahlen der sinkenden Geburtenrate und der längeren Lebenszeit werden wieder herangezogen, die Argumente wiederholen sich. Die Beitragssatzsteigerungen werden genannt, die ohne die Reform 2010 zu erwarten seien, von 18,7 auf 24,8%, dagegen mit der Reform nur 21,4%. Dies wird im wesentlichen erreicht durch die Steigerung des Bundeszuschusses auf beständige 19,2% der Rentenausgaben.

Merkwürdiger Weise akzeptierte man diese Prognosen, während man die weitergehenden Voraussagen, welche auch die Krisenjahre 2030ff. umfassen, für unsolide und nicht fundiert hielt.

Dabei krankten ja schon die Voraussagen der Arbeitsmarktdaten für die kommenden Monate am Mangel fehlender Treffsicherheit.

In unserem Zusammenhang interessieren jetzt nur noch Äußerungen der Parlamentarier, die in den Debatten neue Argumente, Bedenken oder Erwartungen ausdrücken. So wehrt sich der Abgeordnete der Union Günther gegen die Vorstellung, man solle den Bundeszuschuß über das vereinbarte Maß hinaus auf 25% der Rentenausgaben steigern:[195]

> „Die Erhöhung des Bundeszuschusses ist trotzdem für viele eine Vorstellung, an der sie festhalten möchten. Zur Begründung verweist man darauf, daß die Veränderung im Altersaufbau der Bevölkerung und die damit verbundene Zunahme der sogenannten demographischen Last eine Sache der Allgemeinheit und damit eines jeden Steuerzahlers sei."

Aber 25% brächten schwerwiegende Gefahren mit sich. Je mehr die Finanzierung aus Steuermitteln käme, desto stärker würden die Forderungen nach der Umwandlung in eine steuerfinanzierte Grundsicherung.

Günther betont nochmals die Notwendigkeit, daß die Lebensarbeitszeit verlängert wird, und begrüßt, daß bei früherem Rentenbezug pro Jahr ein Abzug von 3,6% erfolgt. Das sei für die Bewältigung der Zukunftsherausforderungen von großer Bedeutung.

Er resümiert am Ende: „In der Öffentlichkeit kann der Eindruck entstehen, daß die Bedeutung des Gesetzes nicht groß sein kann, weil es über Monate kein großes Getöse gegeben hat. Aber deswegen kam es zum Konsens. Nach 1957 ist das der zweite historische Tag für die deutsche Rentenversicherung."

---

[195] Günther, 11. Wahlperiode, 174. Sitzung, 9.11.1989

Von Dreßler (SPD) läßt sich neben allen schon bekannten Meinungsäußerungen nur noch ergänzen, daß er meinte, mit diesem Gesetz gehe eine 15-jährigen Turbulenzphase vorbei:[196] „Die Grundsatzentscheidung schafft einen automatischen Regelmechanismus, der die Rentenversicherung künftig steuern und für die nächsten zwei Jahrzehnte Korrekturen durch den Gesetzgeber überflüssig machen wird."

Die nächsten zwei Jahrzehnte umfassten schon nach damaliger Erkenntnis einen Zeitraum, in dem die Rentenversicherung noch vergleichsweise gut dastehen würde, weil das Mißverhältnis der Rentner zu den Erwerbstätigen sich erst später ausbilden sollte. Die Zukunft hatte man damit noch nicht gemeistert. Daß noch völlig unerwartete Ereignisse dazu kommen könnten, wie die deutsche Wiedervereinigung, hat sich an dem Tag der Debatte, als die Mauer in Berlin sich öffnete, niemand vorstellen können.

Cronenberg (FDP)[197] wiederholt seine Aussage, daß die Renten in Zukunft nicht mehr als eine Basissicherung darstellen, daß also die Lebensstandardsicherung durch die zweite und dritte Säule erreicht werden müsse. Er bedauert, daß mit der Verlängerung der Lebensarbeitszeit nicht eher begonnen werde, und kommt zum Ergebnis: „Das Gesetzeswerk beinhaltet die Chance, die Probleme unserer Alterssicherung bei normaler wirtschaftlichen Entwicklung bis weit in das nächste Jahrtausend zu regeln."

Es verwundert nicht, daß der Bundesarbeitsminister Blüm von allen am meisten begeistert ist und den gefundenen Konsens in bewegten Worten lobt[198]. Er nennt es einen guten Tag für die Sozialgeschichte unserer Republik, daß sich Parteien und Verbände in Sachen Renten geeinigt haben und „gegenüber unseren

---

[196] Dreßler, ebd.

[197] Cronenberg, 11. Wahlperiode, 174. Sitzung, 9.11.1989

[198] Dr. Blüm, 11. Wahlperiode, ebd.

älteren Mitbürgern die Zusage geben, daß wir eine Rentenreform geschaffen haben, rausgehalten aus dem parteipolitischen Streit, . . . denn das Schlimmste, was der Rentenversicherung passieren könnte, wäre eine jährliche Diskussion über ihre Zukunft."

Deswegen hält er es für einen großen Vorteil, daß die Rentenversicherung von jährlichen Beschlüssen des Gesetzgebers abgekoppelt wird und damit von pausenlosen gesetzlichen Interventionen befreit ist.

Und noch mehr Lob spendet er allen Beteiligten mit den Worten: "Damit entkräften wir den Vorwurf an alle Politiker, wir würden nur taktisch und kurzfristig handeln und nur an den nächsten Wahlkampf denken." Seine Bewertung ist: „Wir machen jetzt eine Rentenreform für Generationen".

Fern von dieser Hoffnungsfreude ist hingegen das, was sein Kollege Kolb (CDU/CSU) sagt[199], und zwar zu den Prognosen, die dem Gesetz zugrunde gelegt sind: „Wir können bis 2050 die 65jährigen plus minus 5% berechnen. Aber ab dem Jahre 2010 wird die Zahl derer, die in das Arbeitsleben eintreten, das große Fragezeichen sein."

Und vor allem sagt er etwas Richtiges zu der angeblichen Gerechtigkeit, die kommende Belastung auf drei Schultern zu verteilen:

> „Wer sagt, der Bundeszuschuß muß erhöht werden, muß sich auch einmal die Mühe machen, der Frage nachzugehen, wie der Bundeszuschuß finanziert wird. Wenn die Haupteinnahmequelle der Steuerfinanzen die Mehrwertsteuer und die Lohnsteuer sind, dann sind es im Endeffekt wieder diesselben Leute, die auch zur Beitragsfinanzierung herangezogen werden."

---

[199] Kolb, ebd.

Im Gegensatz dazu hatte Blüm beim Thema "Verteilung der Lasten auf alle Schultern" über den Staat noch formuliert: "Er muß als Dritter im Spiel sein."

Ganz zum Schluß gießt der CDU-Politiker Professor Biedenkopf noch einmal den selben Essig in den gelobten Wein.[200] Dabei holt er weit aus. Es lohnt sich aber, diese Ausführungen hier genau wiederzugeben.

Er wendet sich zunächst gegen die Erwartung, mit dem Gesetz erreiche man die Sicherheit in der Rentenversicherung bis 2030, und erinnert an die Skepsis der jungen Leute in diesem Punkt. Zwei Elemente müsse man auseinanderhalten, die **Altersfürsorge** und die **Altersvorsorge**.

„Entgegen einer in fast 90% der Bevölkerung verbreiteten Illusion garantieren die Beiträge nicht das künftige Alterseinkommen." Das sei abhängig von Vorsorgeleistungen der jeweiligen Erwerbsbevölkerung. Vorsorgeleistungen seien Kinder und die Vermögensbildung. Ohne diese hingen Rentenerwartungen in der Luft. So sei 1957 das Problem der Altersfürsorge neu und fortschrittlich gelöst worden, nicht aber das Problem der Altersvorsorge. Die Frage sei, welchen Beitrag man heute zum Thema der Altersvorsorge leiste.

> „Es wird gesagt, die durch die demographische Entwicklung verursachte Belastung werde gleichmäßig auf drei Schulterpaare verteilt. Ich kann das nicht akzeptieren. Das dritte Schulterpaar, der Bund oder der Staat, ist kein separates Schulterpaar". Es würden im wesentlichen die Beitragszahler sein, die gleichen Leute also. „Wenn aber diese kombinierte Last, höherer Bundeszuschuß, sprich höhere Steuerlast plus Beitragslast auf die Beitragszahler zukommt, werden sie eine Frage stellen – diese Frage müßten wir heute eigentlich beantworten – ist es ein Element der Gerechtigkeit und Solidarität, von uns diese höheren Leistungen zu verlangen?"

---

[200] Professor Biedenkopf, 11. Wahlperiode, 174. Sitzung, 11.9.1989

Um Solidarität könnte es sich dann höchstens handeln, wenn die Vorsorge aus der Not heraus unterblieben sei. Man könne sie aber nicht einfordern, „wenn die Vorsorge bewußt unterblieben ist, um in der Gegenwart zu genießen, was eigentlich der Zukunft gehört."

Das demographische Defizit entstehe, weil nur zwei Drittel der Kinder geboren und aufgezogen werden, die zu einer demographischen Stabilität gehörten. Dadurch spare man im Jahr rund 50 Mrd. DM. Von 1970 bis zum Jahr 2000 seien es 1000 Mrd. DM.

> „Wenn dieses Geld nun in Form von Vermögensbildung oder auf andere Weise als Ersatz für Humaninvestitionen investiert würde, dann würde der Generationenvertrag eingehalten. Das geschieht aber nicht. Die Folgen werden die nachkommenden Generationen zu tragen haben. Meine Enkel werden meine Kinder fragen: Was habt ihr eigentlich getan, um die Lasten auf unseren Schultern nicht höher als das werden zu lassen, was ihr euch früher selbst habt zumuten können?
>
> (Kolb [CDU/CSU]: oder wollen.)
>
> Wenn wir heute diese höheren Belastungen zumuten würden, würden wir die größten politischen Schwierigkeiten bekommen."

Biedenkopf war damit der einzige im Parlament, der seine Stimme für die kommende Generation erhob und für sie Partei ergriff. Er tat dies sehr spät und, wie sich zeigte, völlig folgenlos. Der Bundesarbeitsminister Blüm antwortete postwendend, schroff und mit dem Hochmut des Fachpolitikers.

Es handele sich bei Renten nicht um Fürsorge, sondern um durch eigene Arbeit erworbene Ansprüche. Die Aufgabe der Fürsorge obliege der Sozialhilfe. Die soziale Sicherheit basiere immer auf der Arbeit der gerade Erwerbstätigen. Man könne eine Sicherheit des ganzen deutschen Volkes nie im Kapitaldeckungsverfahren organisieren. Das System, das man heute beschließe, reiche weit ins nächste Jahrhundert.

Diese Replik bedarf einer genaueren Analyse. Der Gebrauch des Begriffes Alters**fürsorge** im Gegensatz zur Alters**vorsorge** von Professor Biedenkopf war etwas eigenwillig und ermöglichte einem Sozialpolitiker den leichten Angriff. Fürsorge ist eine staatliche Hilfeleistung, die die Bedürftigkeit voraussetzt. Das ist der Rentenanspruch gerade nicht. Was Biedenkopf meinte, war aber durch den zweiten Begriff Altersvorsorge, den er der Altersfürsorge gegenüberstellte, durchaus klar. Kinder oder die Ansammlung von Vermögen stellen im Grunde die Zukunft sicher und nicht, wie der Gesetzentwurf vorgaukelt, die Verteilung der in die Zukunft ungebremst wachsenden Hochbelastung auf die dann arbeitenden Beitrags- und Steuerzahler.

Mit der Bemerkung, das ganze deutsche Volk könne man nicht im Kapitaldeckungsverfahren versichern, offenbart der Minister seine hoch entwickelte Technik der Polemisierung durch Übertreibung. Biedenkopf sprach nicht davon, daß man das ganze System nunmehr auflösen und in ein anderes überführen solle. Er wies nur auf die Lücke in der demographischen Basis hin, die durch Formen der Vorsorge, und zwar von der jetzigen, noch vergleichsweise wenig belasteten Generation der Beitragszahler geschlossen werden müsse. Wie das zu geschehen hat, im System, außerhalb des Systems, war nicht angesprochen.

In den Äußerungen des Bundesarbeitsministers zeigt sich aber auch die Auffassung der ganz überwiegenden Mehrheit im Bundestag, daß die Reform ungeachtet der ihr zugesprochenen historischen Bedeutung eigentlich nur die Schwierigkeiten der unmittelbaren Gegenwart und der nahen Zukunft lösen sollte. Es ging nicht um die Krisenjahre 2030ff., es ging um die saubere Lösung der Nettoanpassung, die zehn Jahre im Gespräch war und nun endlich beschlossen wurde.

Auffallend ist, wie wenig man in der Debatte auf die Argumente Bezug nahm, die man früher gegen die Nettolohnanpassung ins Feld geführt hat. So blieb das Thema, welches Niveau die Renten eigentlich im Vergleich zu den Nettolöhnen haben sollten, ziemlich unbeleuchtet. In früheren Debatten waren das noch stolze Bekenntnisse gewesen, immer mit dem Rückblick ausgestattet, welche Steigerungen die Renten in den vergangenen Jahren erfahren hatten. Warum stellte man aber jetzt die furchterregenden Zahlen der Bevölkerungsentwicklung in den kommenden Jahrzehnten dar, wenn zur Linderung dieser daraus folgenden Belastungen außer der zaghaften Verlängerung der Lebenarbeitszeit nichts beschlossen wurde?

Die Vermutung liegt nahe, daß man das Szenario brauchte, um die Nettoanpassung akzeptabel zu machen. Der schlichte Hinweis, in Zukunft könnten die Renten doch nicht schneller wachsen, als das Nettoeinkommen der Arbeitenden, war offensichtlich nicht ausreichend. Dem Gedanken der verteilenden Gerechtigkeit diente dann die Trias Beitragszahler – Rentner – Bundeszuschuß. Dieser Gedanke hatte verheerende Folgen. Denn ohne es vielleicht letztlich zu durchschauen oder gar zu beabsichtigen, war man mit dieser Regelung des Bundeszuschusses auf eine neue Quelle gestoßen. Sie hatte es in der Vergangenheit nicht gegeben.

Man hatte an der Anpassung der Renten gedreht, sowohl den Zeitraum verschoben, als auch in der Höhe gesenkt, man hatte zusätzliche Einnahmen durch neue gut zahlende Versicherte erzielt, man hatte andere Sozialversicherungen herangezogen, die Arbeitslosenversicherung als Zahler, die Krankenversicherung als Empfänger, jeweils zugunsten der Rentenversicherung. Die für den Bundeszuschuß zuständigen Finanzminister aber hatte man eher in ihrer Eigenschaft als Finanzverweigerer erlebt, weil sie meist ihren Haushalt für wichtiger hielten als die Rentenkasse, und den Zuschuß öfter kürzten.

So war der Ruf, den Bundeszuschuß grundsätzlich besser abzusichern, ihn zu einer festen Größe werden zu lassen und gesetzlich zu verankern, immer lauter geworden und wurde von allen Parteien in ihren Programmen vertreten. Nur ein äußerst weitsichtiger, geschickter, zumal in Rentenfragen versierter Finanzminister hätte sich gegen die Zumutung einer so hohen und nicht begründeten Pauschalsumme erfolgreich zur Wehr setzen können. Die Tatsache, daß dieser Zuschuß im Jahre 2010 auf etwa 14,5% der Rentenausgaben gesunken wäre, weil die Verpflichtung zur Erstattung der kriegsbedingten Kosten sich dann erübrigt hätte, war bekannt. Daß die immer noch als Versicherung gedachte gesetzliche Rentenversicherung somit in eine Mischfinanzierung hineingleitet, mit einer festen Beteiligung des Bundes an der Finanzierung der Renten, war zu keiner Zeit Thema grundsätzlicher Auseinandersetzung.

Die SPD frohlockte geradezu, daß dieser Zuschuß mehr einbringe, als für die drei Jahre Kindererziehungszeit im Versicherungsfall überhaupt gebraucht würde. Wiederum war es die demographische Entwicklung, die zur Begründung der Erhöhung des Bundeszuschusses herangezogen wurde, ebenso wie ja schon bei der Einführung der Nettolohnanpassung. Aber der Bundeszuschuß kann das demographische Risiko der Jahre 2030ff. gar nicht mildern. Umgekehrt konnte sich im Jahre 1992, dem Jahr, in dem die Reform in Kraft treten sollte, der Geburtenrückgang auf die Rentenversicherung noch gar nicht ausgewirkt haben, ebensowenig, wie die Kosten der auf drei Jahre verlängerten Kindererziehungszeit, die noch gar entstanden waren. Spürbar war zu diesem Zeitpunkt allerdings schon der längere Rentenbezug durch die sich permanent verlängernde Lebenszeit und die Folgen der flexiblen Altersgrenze, durch die das Rentenzugangsalter immer mehr absank. Sollte das nun ausgerechnet der steuerfinanzierte Bundeszuschuß bezahlen?

Mit dem Einbau der neuen Quelle in der Rentenversicherung erübrigten sich alle Forderungen, man möge den Bundeszuschuß exakt an den nicht von den Versicherten zu erbringenden Fremdleistungen ausrichten. Dies hätte der Transparenz gedient. Alle weiteren Finanzmittel hätten dann einer genaueren Begründung bedurft. Man könnte sehr wohl vertreten, daß soziale Elemente, als Aufgabe der Allgemeinheit, vom Bund zu tragen sind. Diese wären dann aber ebenfalls genau zu definieren und zu begründen.

Heute steckt in jeder Rente, auch der des Millionärs, ein Anteil Steuergeld, ohne daß man erklären könnte warum. Der Bundeszuschuß in der Rentenversicherung ist ein Musterbeispiel fehlgeleiteter Staatsmittel im sozialen Bereich. Er paßt nicht in die Versicherung, er ist nur ein bequemes Schmiermittel für Engpässe und Strukturdefizite. Im Kapitel Rückblick – Ausblick wird darauf noch einmal eingegangen.

Die Rentenreform von 1989 segelt hier unter der Flagge: **trügerischer Friede.** Sie diente ausschließlich der Bewältigung von unmittelbar anstehenden Finanzproblemen, obwohl sie sich im Gewande der langfristigen Sanierung präsentierte. Die Nettoanpassung war endlich unter Dach und Fach, und zumindest die Verlängerung der Lebensarbeitszeit war verabredet, allerdings erst spät und insgesamt unzureichend. Das sollte sich besonders rächen, weil nach der Wiedervereinigung mit den großen Strukturproblemen im Osten und der plötzlich hoch ansteigenden Arbeitslosigkeit diese Verlängerung besonders unpassend erscheinen mußte. Die sorglose Freude, die man an der Einrichtung der neuen Rentenautomatik empfand, sollte bald vergehen.

13. Rückblick und Ausblick

13.1 Rückblick

Fünf Rentendebatten sind nun genauer untersucht und dargestellt, mit Blick auf nur einige, ausgewählte Strukturfragen. Sie zwingen zu einigen Erkenntnissen. Es wäre schulmeisterlich, wollte man den Parlamentariern nur Unvermögen, geistige Enge, Leichtsinn oder eine zu große Gutgläubigkeit unterstellen. So handelten die jeweilige Regierungen mit den sie stützenden Parteien immer unter dem Eindruck, das beste aus einer meist mißlichen Lage herausgeholt und zum Wohle aller entschieden zu haben. Die Opposition ließ sich, wenn sie eingebunden war, auch zu unpopulären Eingriffen bewegen, zeigte sich aber auf alle Fälle gern in der Rolle eines Schutzpatrons der Rentner. Wohl bei keinem anderen politischen Thema wird das Wort **Vertrauen** im Parlament so inflationär gebraucht wie in Rentendebatten. Nirgends sonst ist das Wort so fehl am Platze.

Im Jahr 1957 stieg man noch voller Skrupel und äußerst behutsam in das Umlageverfahren ein. Man hatte einen Sozialbeirat geschaffen, der für Sachverstand bürgen sollte. Man hatte Reserven in der Rentenkasse vorgesehen, man hatte ein an Versicherungsgrundsätzen eng angelehntes System errichtet, das keine soziale Aufgaben wahrnehmen, sondern nur Rechtsansprüche auf Grund eigener Beitragsleistung gewähren sollte; das Äquivalenzprinzip sollte gelten. Der Bundeszuschuß war von 40 auf 31% reduziert worden, aber da spukten noch die Vorstellungen eines Garanten, nicht zuletzt wegen der im Krieg verloren gegangenen Vermögenswerte, in den Köpfen. Langfristig sollte er, bis auf die Erstattungen, im System ganz wegfallen. Die größte Errungenschaft aber, die Anpassung der Renten an das Wirtschaftswachstum, war an viele Kautelen gebunden, alle aus Vorsicht, daß man des Guten vielleicht zu viel tun könnte. Die erste Anpassung des Jahres 1958 ließ man sogar ausfallen, was später noch zu unendlichen Vorwürfen und Reparaturanstrengungen geführt hat. Es gab also am Anfang ein hohes Maß an Vorsicht, bei allem Pathos und allem Weihrauch, den man sich gönnte.

Jährlich feierte man dann das Fest der Rentenanpassung, nicht ohne Grund. Denn die Renten waren anfangs kümmerlich, und das Wirtschaftswunder durfte nicht an den Rentnern vorübergehen. Heute muten die Steigerungen geradezu märchenhaft an. Das entsprach aber den Lohnsteigerungen. Zehn Jahre ging das gut. Zehn Jahre sind aber genug, um in den Köpfen den Eindruck zu verfestigen, daß Renten immer steigen, und zwar nach den Bruttolöhnen. Die Politiker, die sich jedes Mal auch selbst feierten, taten das Ihrige, um diese Rentensteigerungen als Erfolg ihrer Politik darzustellen.

Um so schwerer fiel ihnen dann die Korrektur, als sich 1967 die ersten Schwierigkeiten durch die Ebbe in der Rentenkasse abzeichneten. Das wichtigste Mittel, zu dem man griff, war die Beitragssatzsteigerung, von 14% auf 17%. Das sollte noch nicht das Ende sein. 1989 erreichte der Beitragssatz 18,7%. Aber in diesem Punkt stiegen von Mal zu Mal dann auch die Hemmungen, bei auftretenden Finanzproblemen immer nur den Beitragszahler zu belasten.

Viel umstrittener als die Beitragssatzerhöhung waren Veränderungen bei den Rentenanpassungen. Nach dem hoch brisanten Geschenk der vorgezogenen Anpassung von 1973, das man wenige Jahre später wieder zurücknehmen mußte, fing in den Jahren 1978ff. eine Politik der Anpassungsmanipulationen an, immer mit der treuherzigen Zusage, daß man nach Überwindung der Krise wieder zur Bruttoanpassung zurückkehren wolle. Erst 1989 gelang es, wenigstens die Nettoanpassung festzuschreiben.

Weitere Geldquellen erschlossen sich durch einen von den Rentnern erhobenen Krankenversicherungsbeitrag, der allmählich auf 6,5% anstieg, durch Ausdehnung des Versichertenkreises auch auf gut verdienende Angestellte und durch Einnahmen aus den von der Arbeitslosenversicherung zu zahlenden Rentenbeiträgen für Arbeitslose.

Schließlich kam man auf die Idee, den Bundesanteil zu erhöhen. Der Bundeszuschuß sollte 20% der Rentenausgaben decken. Mit dieser Entscheidung glaubte man nun, das Fundament gefestigt zu haben, auf dem die Rentenversicherung lange Zeit ruhen könne, allen Parteiquerelen entrückt und vor allen gesetzgeberischen Aktionen geschützt.

Einnahmeverbesserungen waren bei den Sanierungsbemühungen die Regel, also höhere Beiträge und mehr Steuergeld. Demgegenüber waren Leistungseingriffe höchst selten. Die Nettoanpassung kann kaum dazu gerechnet werden, weil 1957 eine Bruttoanpassung keineswegs vorgeschrieben war, sondern nur eine der Wirtschaftsentwicklung angemessene. Nicht einmal die Heraufsetzung der Altersgrenze, wie sie 1989 vereinbart wurde, stellt gegenüber 1957 einen Eingriff dar, weil damals die Altersgrenze 65 als Regel bestand. Alle anderen Veränderungen im Rentengesetz liefen auf Ausdehnung der Leistungen hinaus, die Rente nach Mindesteinkommen, die flexible Altersgrenze und die Kindererziehungszeiten. Für diese Errungenschaften gab es jeweils gute Gründe, aber kein Zweifel besteht darüber, daß der Tanker Rentenversicherung immer schwerer beladen wurde.

Im Rückblick wird auch deutlich, daß die politische Konstellation beim Dilemma der Rentenversicherung kaum eine Rolle gespielt hat. Ob die CDU/CSU, ob die große Koalition, die kleine Koalition, die sozialliberale Koalition regierten, ihre Reformen blieben immer Stückwerk. Alle Kanzler, alle Arbeitsminister dachten gleich, handelten gleich, reagierten spät. Die Erfahrungen mit dem Umlageverfahren waren im Grunde schlecht. Immer wieder zeigte sich, wie anfällig es ist gegenüber Schwankungen der wirtschaftlichen Entwicklung, gegenüber Veränderungen der Altersquotienten, wie ungerecht es ist dadurch, daß die erwerbstätigen Generationen ganz unterschiedliche Beiträge zum Unterhalt der Rentner zahlen. Aber das System wurde nicht angetastet, im Gegenteil:

Die Augen-zu-Politik trieb die Entwicklung der Alterssicherung in die immer größere Umlage und ließ für Vorsorge kaum mehr Raum. Wie schon gesagt, nur in Deutschland und Österreich beträgt die umlagefinanzierte Rentenversicherung einen Anteil von über 80% der Alterssicherung. Eine Zukunftssicherung ist in keinerlei Hinsicht gewährleistet. Die kommenden Generationen werden mit ihrem Problem der größeren Zahl von Rentnern gegenüber der kleineren Zahl von Erwerbstätigen allein gelassen. Die Politik atmet in den Zeiträumen der vierjährigen Wahlperiode. So unterließ man in all den Jahren sowohl die gründliche Analyse als auch die geeigneten Maßnahmen, vor allem die nachhaltige Förderung der Eigenvorsorge.

13.2 Ausblick

In den 90er Jahren hatte die Regierung Kohl/Blüm erneut mit den Finanzproblemen der Rentenversicherung zu kämpfen. Im Jahr 1996 zerbrach der trügerische Friede, den man sich von der 89er Reform erhofft hatte und die Koalition beschloß in einem Gesetz zur Förderung von Wachstum und Beschäftigung vor allem Einschnitte bei vorzeitigem Übergang in den Ruhestand wegen Arbeitslosigkeit. Mittlerweile gingen nämlich die Hälfte eines Rentenjahrganges wegen Arbeitslosigkeit vorzeitig in den Ruhestand. Das lag nicht allein am Aufbau Ost, sondern auch am Strukturwandel in der Wirtschaft. Mit einem Abschlag von der

Rente sollten die finanziellen Einbußen der Rentenversicherung ausgeglichen werden.

Der Druck hielt aber an. So mußte der Beitrag 1997 auf 20,3% angehoben werden, dieser Wert löste geradezu einen Schock aus. Der Bundesarbeitsminister legte einen Gesetzesentwurf vor, der im Dezember 1997 verabschiedet wurde und der die Rentenformel veränderte. Es sollte nunmehr eine demographische Komponente eingebaut werden, die das Ansteigen der Lebenszeit berücksichtigt und das Steigen der Renten verlangsamt. Außerdem sollte die Mehrwertsteuer um eine Punkt erhöht werden und der Ertrag der Rentenkasse zufließen.

Es sollten also wieder die durchaus vertrauten Instrumente, mehr Steuergeld und Veränderungen bei der Anpassung, zum Einsatz kommen. Das Ziel war, für die nächsten Jahrzehnte Beitragsstabilität zu sichern, mittlerweile eine deutlich formulierte Forderung der Liberalen und von Teilen der Union. Vom Senken der Lohnnebenkosten sprach man ja auch unentwegt.

Aber es war schon zu spät. Der Wahlkampf hatte schon begonnen, die Rentenversicherung war zwar beschlossen, die viel populärere Steuerreform scheiterte dagegen im Bundesrat. Die SPD versprach, das 1999 in Kraft tretende Reformgesetz und die dann erstmals wirkenden Rentenkürzungen – so bezeichnete sie jetzt die gebremste Anpassung – sofort zu stoppen. Das war hochtöricht. Noch schlimmer wurde es dadurch, daß sie ihr Versprechen nach der gewonnenen Wahl in 1998 auch wahr machte. Sie setzte sich damit in Zugzwang und mußte nun selbst eine Rentenreform vorlegen.

Bevor es so weit war, tat sie genau das, was sie der Vorgängerregierung im Wahlkampf und danach immer vorgeworfen hatte, sie fummelte an der Anpassungsmechanik. Zwei Jahre sollte die Anpassung der Renten nur in Höhe der Inflation erfolgen. Das bezeichnete man als einen Beitrag, den die Rentner erbringen.

Das sei aber besser als der außer Kraft gesetzte Demographiefaktor, denn der würde dauerhaft das Niveau senken. Armer vertrauensseliger Rentner und Wähler!

Die Reform der SPD enthält zwei wichtige Neuerungen, die eine ist verhängnisvoll, die andere im Ansatz Hoffnung erweckend.

Der Bundeszuschuß wird über die Ökosteuer erhöht, um den Beitragssatz senken zu können. Dieser sinkt in der Tat auf 19,5%. Darüber hinaus soll der Bundeszuschuß aber auch die aus der Pauschale wieder herausgenommenen Kindererziehungszeiten und die sogenannten einigungsbedingten Kosten (Renten der DDR-Bürger) der Rentenversicherung ersetzen. Letzteres war das Ergebnis einer sehr wirksamen Kampagne der Rentenversicherungsträger und der SPD, die bei den Beitragszahlern und Rentnern des Westens eine enorme Resonanz fand. Der Eindruck, der erweckt wurde, war, daß über die Rentenversicherung die Kosten der Wiedervereinigung bezahlt wurden. Die Ostrenten kamen aus der Rentenkasse, obwohl die Rentner nie dort eingezahlt hatten. Und da ja immer noch der Glaube vorherrschte, daß in der Rentenkasse Geld liegt und wartet, weil man also das Umlageverfahren nicht begriff, mußte das Auszahlen der Ostrenten als Akt der Rentenräuberei erscheinen. Ziemlich skrupellos wurde von der SPD diese Vorstellung benutzt und das Problem sehr geschickt durch Ökosteuer gelöst.

Die 1989 entdeckte Quelle Bundeszuschuß verbreitert sich durch das Anschwellen dieser Ökosteuer und führt zu unfaßbaren Summen. Jüngst veröffentlichte Daten der mittelfristigen Finanzplanung weisen aus, daß der Bundeszuschuß von 118 Mrd. DM im Jahre 1998, (damals schon systemwidrig durch die Mehrwertsteuer um 16 Mrd. DM erhöht), auf 156 Mrd. DM im Jahre 2004 ansteigen wird. Rechnet man das Steuergeld in Beitragspunkte um, wäre man schon bei 30%.

Die Stabilität des Beitrags wird erkauft durch Wachsen der Steuerlast. Wenn das jetzt schon solche Dimensionen annimmt, wie sollen dann später einmal die wirklichen Krisen bewältigt werden?

Zu diesen krassen Fehlentscheidungen der Rot-GRÜNEN Regierung gesellt sich ganz überraschend aber eine richtige Entscheidung, nämlich die kapitalgedeckte Eigenvorsorge. Bis zu 4% des Einkommens sollen die Versicherten von ihrem Einkommen für sich selbst sparen. Damit soll die spätere Versorgungslücke der gesetzlichen Rente geschlossen werden.

Daß diese Idee von der SPD kommt, daß sie überhaupt im Bundesarbeitsministerium Fuß fassen konnte, wo seit Jahrzehnten eine ausgeprägte Abneigung schon gegen das Unwort Kapital herrscht, ist ein Wunder.

Mit der Abkehr vom ausschließlichen Umlagesystem und neuen Wegen zur kapitalgedeckten Eigenvorsorge sind zum ersten Mal die Weichen gestellt, die kommenden Belastungen durch heute in Gang gesetzte wirksame Maßnahmen abzumildern. Allerdings gibt es auch hier noch ungelöste Fragen. Die Eigenvorsorge soll freiwillig geleistet werden, dazu gibt der Bund finanzielle Anreize. Offen ist, ob diese Anreize den gewünschten Effekt haben und die Vorsorge auf breiter Front betrieben wird. Falls man in den kommenden Jahren feststellt, daß dies nicht geschieht, müßte man die Eigenvorsorge zur Pflicht machen. Bis dahin wäre aber wertvolle Zeit verstrichen – Zeit, die zur Ansammlung des nötigen Kapitals gebraucht wird.

Die Formen der Ausgestaltung sind so wenig einladend, abenteuerlich kompliziert und bürokratisch, daß nicht sicher ist, ob die Eigenvorsorge auf Anhieb gelingt. Sicherlich wichtig ist, daß der Grundgedanke verankert wurde: **Das Umlageverfahren wird in Zukunft nicht ausreichen, die zusätzliche Eigenvorsorge ist unverzichtbar notwendig.**

Der Ausblick verheißt Gutes und Schlechtes. In der Rentenproblematik haben richtige Ideen, wichtige Korrekturen vorangegangener Fehler, notwendige Weichenstellungen für die Zukunft immer länger gebraucht, als verantwortliches Handeln gebietet. So hätte das energische Umsteuern in die kapitalgedeckte Eigenvorsorge schon 20 Jahre früher begonnen werden müssen. Sie wäre dann heute ein tragender Bestandteil der Alterssicherung.

Bis jetzt hat die Demokratie in Deutschland die Feuerprobe beim Thema Rente also noch nicht bestanden. Parteien versprechen immer noch, für das Glück der Bürger zu sorgen, und meinen damit das Glück der heutigen Wähler. Dabei zeigt die Geschichte der letzten 45 Jahre, daß man das Wort Vertrauen gerade bei der Rentenversicherung meist zu Unrecht gebraucht hat. Erst wenn man den Mut findet, zu sagen, daß die beitragsbezogene Rente nur gesichert ist, wenn die Eigenvorsorge dazukommt, daß sie sonst in die gleichmacherische Grundversorgung absinkt und daß dazu Anstrengungen **heute** zu leisten sind, erst dann kann man die Worte **Vertrauen in die gesetzliche Rentenversicherung** wieder aussprechen.

Die Autorin

Gisela Babel ist 1938 in Berlin geboren und verbrachte ihre Kindheit in Tübingen, Jena, Würzburg und wieder Berlin. Nach einem einjährigen Studienaufenthalt in Edinburgh, wo sie Englisch und Geschichte studierte, wechselte sie zur Rechtswissenschaft und promovierte 1964 in Berlin über Probleme der abstrakten Normenkontrolle. Sie ist verheiratet und hat drei Kinder erzogen.

Ihre politische Tätigkeit begann sie 1981 im Marburger Stadtparlament als Fraktionsvorsitzende der FDP. 1987 zog sie in den Hessischen Landtag ein und drei Jahre später in den Deutschen Bundestag, dem sie bis 1998 angehörte.

Im Landtag wie im Bundestag war die Sozialpolitik Schwerpunkt ihrer Tätigkeit. Als sozialpolitische Sprecherin hat sie im Landtag für die FDP-Fraktion das Kindergartengesetz sowie Gesetze zum Krankenhaus- und Rettungswesen verhandelt. In gleicher Funktion (ab 1992) hat sie im Deutschen Bundestag Gesetze zur Pflegeversicherung, Sozialhilfe, Ladenschluß, Arbeitsförderung und immer wieder auch zur Rentenversicherung mit und oft gegen die Minister Blüm und Seehofer ausgehandelt und mitgestaltet. Die dabei gewonnenen Erfahrungen und Einsichten in die begrenzten Möglichkeiten politischer Vernunft haben wesentlich dazu beigetragen, den „Blick zurück im Zorn“ auf vergangene Rentendebatten zu werfen.

Personenregister

Denker der Freiheit

Herausgegeben vom Liberalen Institut
der Friedrich-Naumann-Stiftung

Band 1:
Hardy Bouillon
John Locke
1997. 48 S. 7,50 €.
14,8 x 21 cm. 3-89665-021-1.

Band 2:
Roland Hahn
Wilhelm Röpke
1997. 56 S. 7,50 €.
14,8 x 21 cm. 3-89665-020-3.

Band 3:
Detmar Doering
Frédéric Bastiat
1997. 54 S. 7,50 €.
14,8 x 21 cm. 3-89665-022-X.

Der Liberalismus kann auf eine stolze Geistestradition zurückblicken. Große Denker aller Wissensdisziplinen haben sich ihm und seiner Freiheitsidee verschrieben. Bei der Auseinandersetzung mit anderen politischen Strömungen braucht der Liberalismus die stete Rückbesinnung auf seine Geistesgeschichte. Nur so kann er sich immer wieder erneuern, ohne sich von seinen Gegnern zur Anpassung an freiheitsfeindliche Tendenzen verführen zu lassen. Denker der Freiheit soll diese Rückbesinnung ermöglichen.
In jeder Ausgabe von *Denker der Freiheit* werden Leben, Werk und Wirkung eines bedeutenden Verfechters der liberalen Idee von einem renommierten Experten gewürdigt. Damit macht das Liberale Institut der Friedrich-Naumann-Stiftung die große Geistesgeschichte des Liberalismus wieder für jedermann zugänglich.